Raoul Schrott

HANDBUCH DER WOLKENPUTZEREI

Gesammelte Essays

Carl Hanser Verlag

1 2 3 4 5 09 08 07 06 05

ISBN 3-446-20576-4

Satz: Satz für Satz. Barbara Reischmann, Leutkirch
Druck und Bindung: Ebner & Spiegel, Ulm
Printed in Germany

Inhalt

Erster Teil
POSEN & POSSEN

Zweiter Teil
EINE ERDUNG DER POESIE

Dritter Teil
KOMPENDIUM DER BLITZABLEITUNGEN

Achter Teil
JOURNAL

HAMLET Seht Ihr die Wolke dort, wie sie beinah einem Kamel gleicht?
POLONIUS Beim Himmel, sie sieht wirklich aus wie ein Kamel.
HAMLET Mich dünkt, sie ähnelt eher einem Wiesel.
POLONIUS Sie hat den Rücken eines Wiesels.
HAMLET Oder eines Walfischs.
POLONIUS Ganz wie ein Walfisch!

Shakespeare

Erster Teil
POSEN & POSSEN

in memoriam H. C. Artmann

Vorrede

Sehr geehrte Damen und Herren, bevor wir mit diesem Buch beginnen und ich es vor Ihnen ausbreite, diesen Bauchladen voller Schriften, Reden und Pamphlete, lassen Sie mich vorausschicken, daß es mich heute ebensosehr freut, vor Ihnen zu stehen, wie damals, als man mich als Zaungast ans Kolleg der ETH Zürich holte, um mit leibhaftigen Naturwissenschaftlern an einem Tisch sitzen zu können: das war eine Spezies, mit der ich persönlich bis dato kaum Bekanntschaft gemacht hatte, ich wußte von ihnen nur durch *Nature* und *Science*, die ich seit Jahren aus reinstem Dilettantismus abonniert hatte, und sah folglich gespannt dem entgegen, was andere einen Spagat zwischen Natur- und Geisteswissenschaften nennen, mir jedoch naheliegend erscheint, weniger Kür denn Pflicht, selbst wenn es meinerseits einige Klimmzüge in mir unbekannte Höhen voraussetzt und nicht alle Kollegen meiner Spezies so denken: aber Vögel waren schließlich schon immer schlechte Ornithologen.

Noch eine Woche zuvor hatte mich ein Dichter eindringlich davor gewarnt, zu diesem Seminar an der Zürcher Sternwarte anzutreten, weil er bezweifelte: *daß die Versöhnung der ›zwei Kulturen‹ Positives mit sich bringen würde. Denn ich glaube, daß die Kunst in einer Zeit globaler Technisierung, Vereinheitlichung und des ›Sieges‹ des westlichen Modells ihren kritischen Blick und ihr Potential an Widerständigkeit nicht durch Anpassung (euphemistisch ›Flexibilität‹ oder ›Zeitgemäßheit‹ genannt) verspielen sollte. Aus diesem Grund sehe ich keinen Sinn darin, sich wissenschaftliche Erkenntnisse zu eigen zu machen und sie in meine Gedichte einfließen zu lassen. Das käme mir vor wie ein Kniefall.*

Ich hielt sein Argument für einen Trugschluß, weil er einerseits nicht bereit schien, zwischen Wissenschaft, Technik und Politik Unterschiede einzuräumen (was ebenso absurd wäre, wie sich der Literatur zu verweigern, weil es auch Verlagskonzerne gibt und einmal so etwas wie ein Literarisches Quartett), er andererseits dieser ›zweiten Kultur‹ aber nur inhumane Beweggründe attestierte. Sie sei – so mein werter Kollege weiter – so abstrakt, so mittelbar, unsinnlich und logisch, im Gegensatz zur humanen und würdevollen Kritik der Kunst, deren Wesen im ›*Unaussinnbaren*‹ *der Natur und des Menschen liegt, etwas, das gleichsam den inneren Kern, Herz und Seele von Wesen und Dingen vor der Auslöschung durch totale Erklärung beschützt.*

Für meine Begriffe propagierte er, wahrscheinlich unwissentlich, einen Humanismus, der auf eine poetisch anthropomorphisierte Idylle hinausläuft, ein neues Biedermeier, das sich (und seine Naturlyrik) bewußt vom gegenwärtigen Wissen um die Welt ausgrenzt. Ich dagegen sehe nach wie vor die Naturwissenschaft, wie viele andere menschlichen Beschäftigungen auch, vom selben Impetus getragen wie die Poesie: ein Ausdruck von Neugier auf die Welt, verrät sie das Bedürfnis nach Sinnsetzungen und ist ein Zeichen dafür, daß uns immer das interessieren wird, was jenseits unseres Horizontes liegt. Die ›totale Erklärung‹ wird auch sie uns dennoch immer schuldig bleiben.

Auf die Poesie bezogen habe ich meinem hochgeschätzten Kollegen schließlich mit einem Zitat des Physikers Richard Feynman geantwortet, das ich für eine Herausforderung an, nicht jedoch für eine Kapitulationserklärung vor dieser sogenannten »anderen Kultur« halte: *Die Dichter sagen, daß die Wissenschaft der Schönheit der Sterne etwas nimmt und sie zu bloßen Bällchen aus Gasatomen macht. Doch nichts ist »bloß«. Auch ich kann die Sterne in einer Nacht über der Wüste sehen und sie fühlen. Aber sehe ich dabei mehr oder weniger? Die Weite des Himmels zwingt meine Phantasie zu einiger Akrobatik – auf diesem Karussell der Erde, auf dem ich festsitze, trifft Millionen Jahre altes Licht auf meine Augen. Ein weites Netz von Sternen, ein Muster – von dem auch ich ein Teil bin –, denn vielleicht wurde der Stoff, aus dem ich bin, von irgendeinem vergessenen Stern ausgespien, so wie ich jetzt gerade dort einen sein Licht ausspeien sehe. Oder ich schaue auf die Sterne mit dem riesigen Auge des Palomar-Teleskops, wie sie alle von einem gemeinsamen Ausgangspunkt, der vielleicht auch ihr Ursprung war, auseinanderstieben. Wo liegt da eine Struktur, der Sinn oder das* Warum? *Es schadet überhaupt nicht, ein wenig darüber zu wissen. Die Wahrheit ist bei weitem wunderlicher, als es sich ein Künstler der Vergangenheit ausmalen konnte! Warum aber sprechen gegenwärtig unsere Dichter nicht darüber? Was für Leute sind diese Dichter, die zwar über den Jupiter schreiben können, als wäre er ein Mensch, doch stockstumm bleiben, wenn es sich bei ihm um eine immense Sphäre aus Methan und Ammoniak handelt?*

Was ich Ihnen heute anbieten kann – *Gedichte, 'n Groschen jedes!* –, ist von diesem, nun zweifach angeprangerten Verlangen getragen; doch dafür müssen erst einmal alle nur denkbaren Linsen geputzt werden, zumindest aber die Gläser, um nicht für nebulös zu halten, was bloß an den eigenen beschlagenen Brillen liegt. Das heißt freilich nicht, daß das, worauf man dann mit der Nase oder dem Fernstecher stößt, klarer faßlich sein wird als die Wolken: wie alle Kunst sind auch sie ein Vexierbild, in dem der eine dieses, der andere jenes darin erblikken mag. Und Gedichte sind nun einmal solche Gebilde aus kondensiertem Wasser. Man mag sich über die Nomenklatur streiten, sie mit den Augen eines Stubenhockers oder Seglers betrachten, man kann sich über unterschiedliche Arten der Blitzableitung ebenso unterhalten wie über die unterschiedlichen Arten, Regen zu säen, sie ganz unter meteorologischen Gesichtspunkten begutachten oder Orakel aus ihnen lesen – über eines aber herrscht Klarheit: über den poetischen Funken, der von ihnen überspringt, um sich in eine leere Nacht zu gabeln.

Der Blick dabei richtet sich diesmal weniger auf das Naturwissenschaftliche ihrer Phänomenologie (dazu haben meine Poetikvorlesungen in Graz einen Anfang zu machen versucht), sondern auf Motivgeschichten, eine Vererbungslehre von Ideen gewissermaßen, wie sie uns in immer wieder anderer Form vor Augen stehen, ohne je neu zu sein, kaleidoskopisch, aber stets aus gleichen Elementen zusammengesetzt, Luft und Wasser, um uns vom Wind zu erzählen. Gedichte sind auch darin wie Wolken – und selbst wenn im folgenden von ihren mannigfaltigen Formen die Rede sein wird, dann im Bemühen, ihre Konturen zu umreißen. Ob Übersetzung oder Kritik, Poetologie so gut wie Poetik, Politik, Musik und Religion – das Wandelbare ihrer Silhouetten entschuldigt deshalb noch kein verblasenes Gerede darüber. Wie läßt Aristophanes seinen Sokrates sagen – *Gib all deine anderen Götter auf und glaub an unsere: Chaos und Wolken und Argument.* Ihre Profile in die Luft zu zeichnen kommt dabei trotzdem einer illusorischen Wolkenputzerei gleich, um so mehr, als einem dazu nur das Handwerkszeug eines Kaminkehrers zur Verfügung steht.

In diesem Sinne möchte ich mich Ihnen heute vorstellen als einer, der diesen offenkundigen Widerspruch, seine Weissagerei und Schwarzmalerei, auf seine Art verkörpern will, als Schornsteinfeger auf der Jakobsleiter, der gern hinter die Himmel schauen würd' und seine Bürste dafür wie einen Degen hält, so wie er's weiland von Meister Artmann gelernt hat, als Bänkelsänger und Spielmann nämlich und als Goliarde und Vagant, jene uralten Figuren im Repertoire der kosmischen Komödie, die das Lachen, die Ironie und den Zweifel an sich und allem gepachtet zu haben meint: der Ernst kommt noch früh genug. Lassen Sie mich Ihnen also zunächst den an die Wand malen, der ich bin: ein der Öffentlichkeit dargebotener Schriftsteller – der ihr jedoch nur seine Masken hinhalten mag, und dies in einer tragikomischen Travestie, einer hochgestapelten Himmelfahrt zu den Sternen mit dem Titel:

De Personis & Larvis Earumque Apud Veteres Usu Et Origine Syntagmation oder Über eine Schiffsgeburt auf dem Weg nach Brasilien

Haremswächter, *Seiltänzer, Bauchredner, höherer Magiker, Flohtheaterbesitzer, Wahrsager, Zirkusdirektor, Feuerfresser, Messerschlucker, lebende Kaninchen Verschlinger, Doktor Eisenbart, Schlangenmensch, vereidigter Brettlspringer, Akrobat, Verwandlungskünstler, der nicht Dagewesene am Reck, Clarinettenvirtuose, Champion of the World!* nannte sich, nein, in diesem Fall weder der Artmann noch der Urs Widmer, auch nicht der Hans Arp oder einer der anderen Zürcher Dadaisten, obwohl's für Hugo Ball wirklich zugetroffen hätte, sondern einer, von dem ich annehme, daß Sie's weder von ihm erwarten würden, noch daß Sie von ihm mehr als nur seinen Namen kennen, Detlev von Liliencron nämlich, stolzer Sohn der Hafenstadt Kiel, wo auch ich meinen ältesten Bubentraum erfüllt bekam, die *Gorch Fock* anlegen zu sehen, die Segel gerefft, Matrosen in den Wanten, und den Bootsmann pfeifen zu hören, mit vollen Backen, ums Haar wie besagter Detlev von Liliencron, den man wegen seinen, ich zitiere: *Burgunderbacken und dem Bierbrauer-Rittmeister-Gutbesitzersgesicht* nicht für einen Dichter gehalten hat, einen dieser Dichter mit, ich zitiere wieder: *tellergroßen Augen und Schmalzlocken im Schmachtgesicht*, um zu behaupten, daß es mir in der Regel ähnlich ergeht, man traut mir bestenfalls noch einen Schilehrer oder einen amerikanischen Touristen zu, und nur wenn ich einmal zu früh zu einer Lesung erscheine, hält man mich für den Hauswart oder den Kassier, danach jedoch manchmal für einen Schriftsteller, obwohl ich nur ein schlechter Schauspieler war, die Liste der Mißverständnisse ist lang, das ahnen Sie bereits, es gibt viel auszuräumen, woran ich selbst nicht zur Gänze schuldlos bin, doch aus diesem Grund stehe ich nun vor Ihnen, sehr geehrte Damen und Herren, ich stelle mich Ihnen, um Ihnen reinen Wein über meine Biographie und die darin enthaltene sogenannte Schiffsgeburt einzuschenken, denn die Gerüchte haben ein Ausmaß angenommen, das vor Unlauterkeiten nur so strotzt, Inkommensurabilien, denen ich jedoch mit Vergnügen Vorschub leiste, nur um im nachhinein in den Genuß zu kommen, sie wieder korrigieren zu dürfen, dafür hat man ja die Berufsbezeichnung ›Dichter‹ gewählt, sie tun ja nichts anderes als vollkommen erdichtete Behauptungen in Umlauf zu bringen, die danach wieder aus der Welt zu schaffen sind, so entsteht aus allem immer noch eine Wahrheit, doch von dieser ewigen Wiederkunft des Gleichen, ohne daß es das Selbe ist, werden wir später noch zu sprechen haben. Zuerst jedoch müssen Sie sich ein Bild der vor Ihnen stehenden Person machen, und zu diesem Zweck kam einmal, lang her ist's inzwischen, die Photographin einer Zeitung nach Innsbruck, wo ich mich zu der Zeit gerade aufhielt, das Service ist lausig, das Ticket doppelt so teuer wie nach New York, aber es ist ein schöner Flug über die Alpen, die letzten fünf Minuten zumindest, ein Blick auf eine Gebirgsinsel im steinernen Meer, Ikarien, doch als Hintergrund für ein Porträtphoto leider unbrauchbar, es sei denn für Fallschirmspringer oder meteorologische Ballons, da ich aber keinen Fallschirm habe, statt dessen jedoch eine Seele, die zwar, wenn sie es nur einmal wollte, zwischen Himmel und Erde zu schweben imstande ist, doch dies ohne auf den fleischlichen Rest Rücksicht zu nehmen, wäre solch eine Pose nur eine letztmalige Gelegenheit, um dann wie ein Meteor vom Mond im freien Fall zu verglühen, so wie mir das in jedem Gedicht geht, obwohl ich es dauernd mit Cyrano de Bergeracs berühmter Methode probiere, nämlich emporzuschweben, steil aufzusteigen in einer ganz privaten Apotheose, viele kleine Apothekersfläschchen um den Leib gebunden, alle mit ein paar Tropfen Wasser gefüllt, weil nicht nur die Attraktion des Mondes auf uns Dichter bekannt ist, sondern seine Schwerkraft auch für das Meer bezeugt ist, wo er zweimal am Tag wie aus dem Nichts Wellen zur Flut auftürmt – ergo seine Anziehung sich ebenfalls auf das wohlweislich destillierte Wasser dieser Fläschchen einwirken und mich zusammen mit ihnen gen Himmel erheben müßte: was wäre ich dann für ein Luftschiffer, ich würde nur an meinem Dreispitz drehen wie weiland Pan Tau, ach Flieger, ich grüße die Sphären des Äthers! Aber so stehe ich nur da wie ein Depp und nichts rührt sich, ich hebe zuerst die Hände, dann das eine Bein, schließlich das zweite, doch das Fliegen, das stellt sich dabei nicht ein, denn obwohl ich weiß, daß das Geheimnis ist, sich fallen zu lassen, ohne dabei die Erde zu treffen, mag's mir nicht gelingen, ach, es ist eine Schande, ich weiß mir kaum mehr zu helfen, auch jetzt, was meine Lichtbildnerin betrifft, die für mich in Innsbruck einen passenden Hintergrund sucht, bis wir schließlich im Schloß Ambras landen, weil mir das für einen Au-Tor zu passen scheint, der ja, wie das Wort besagt, nichts ist als ein Narr auf seinem Feld, eine Art Vogelscheuche in einem Weizenacker also, ein Wolkenputzer und Bäumchenbesinger, für den ich keinen besseren Rahmen wüßte als das Kuriositätenkabinett Erzherzog Ferdinands II., mit seinen Astrolabien und Einlegearbeiten aus Korall, Volieren aus Elfenbein und Bildern aus Spinnweb, dem ausgestopften Kugelfisch und dem verschrumpelten Hai, dem mit seinem Gehörn ins Holz gewachsenen Hirsch und viel schlimmeren Sachen noch auf der Wand mit den Gemälden, vor denen ich porträtiert werden soll, der Blick wie immer zur Unzeit seelenvoll zerknirscht, vor Ölbildern, die den Wolfsmensch samt Familie darstellen, einen auf dem Bauch liegenden Zwerg, dem Arme und Beine verkehrt herum angewachsen sind, einen Riesen und einen armen Teufel von einem Schildknappen, dem eine Lanze durchs linke Auge und bei der Stirn wieder hinausgedrungen ist, all dieses und jenes, nur um dann einen Monat später mich im Feuilleton vor dem Hintergrund dieser Monstrositäten stehen zu sehen und in der Legende darunter zu lesen, daß sich, ich zitiere, *der Dichter gerne in die Gesellschaft von Aristokraten begibt*, wozu der Artikel noch passend behauptet, ich würde *von einer hochangesehenen Diplomatenfamilie abstammen, fließend an die zwanzig Sprachen sprechen, und wäre auf dem Weg nach Brasilien zur Welt gekommen.*

Sehr geehrte Damen und Herren, ich weiß, auch dies ist eine Vorrede, und ich stehe vor Ihnen wie zum Rapport angetreten, aber was Sie sich bei diesem Antritt erwarten, ist wohl eher eine Rede im Antritt, auf dem Rücken eines Pegasos, doch dabei vergessen Sie, daß dies geflügelte Pferd seinen Reiter auf dem Weg vom Helikon zum Parnaß einfach abwarf, wo er in die Dornbüsche fiel, um seither hinkend und blind umherzuirren, ein wahrlich abschreckendes Beispiel von einem Feld-Narren, und ich tue mein Bestes zu diesem Behufe, ich weiß, meine Berufung ist ein prekäres Geschäft, eine falsche Betonung und alles fällt in sich zusammen, darum lassen Sie mich nur einmal kurz Luft holen, um Ihnen zu sagen, daß ich all das nicht bin, weder Kapitän noch Aeronaut und schon gar kein Herrenreiter mit Lipizzanergestüt, vor allem aber: daß nicht Ich es bin, der hier vor Ihnen steht. Ich unterbreche meine Sätze nur ungern, wie Sie merken, das habe ich mir schon früh im Umgang mit den Medien angewöhnt, als noch keiner über meine Bücher berichten wollte, ich redete deshalb möglichst lange, nur nicht auf den Punkt, ohne einmal abzusetzen oder auch nur nachzuatmen, also konnte der Beitrag auch nirgendwo beschnitten werden, und so gewann ich ein, zwei Minuten mehr an Redezeit im Radio, was wichtiger ist als eine Hundertstelsekunde beim Schirennen, und so wurde ich schließlich zwar nicht berühmt, so doch notorisch – um so deutlicher sollte also der Punkt sein, den ich gerade eben gesetzt habe, nicht wahr, um noch einmal mit allem Ausdruck zu betonen, daß nicht Ich hier vor Ihnen stehe. Im allerbesten Fall noch mein lyrisches Ich, nicht jedoch meine Wenigkeit. Daß der Literaturbetrieb das zweitälteste Gewerbe der Welt ist, das wissen wir ja alle, ungeachtet der Tatsache, daß die Einkommen einem Vergleich mit dem ältesten nicht standhalten, darum verzichten wir in diesem Beruf auch auf Strapse und hochhackige Stiefel und geben uns ganz der ungeschminkten Wahrheit hin, doch abgesehen davon bin ich bereits zu lange Tiroler, um nicht zu behaupten, daß der, der ich bin, keinen Menschen etwas angeht, und selbst noch unter Anführungszeichen Dadaist genug, um nicht zu wissen, daß das, was ich bin, niemanden interessiert, und was überdies die Literatur betrifft, so habe ich das Ich darin noch zu betonen schon immer für Koketterie gehalten. Und dazu zähle ich biographische Angaben ebenso wie das übliche Photo auf der Buchklappe, diese Zurschaustellung von Gesichtsausdrücken, denen man das Gewicht der Welt auf der Schulter so überaus deutlich ansieht, und der Lebenslauf darunter entsprechend, dieses Werben um die eigene Interessantheit, der ich jede Berechtigung abspreche, denn was hat sie mit dem Buch selbst zu tun, das Buch allein ist es, das zählt, und nichts anderes, um so mehr wenn der, der's geschrieben hat, zwei Köpfe und drei Beine besitzen sollte, aber was soll man machen, man will ja schlußendlich auch davon leben, was heißt, daß man auf irgendeine Weise wohl oder übel seine Haut zu Markte tragen muß, womit aber noch nicht gesagt ist, daß man sich deswegen nackt vor die Leute stellt: nein, wo's in meiner Macht stand, hab ich's stets vermieden, ein Buch mit meinem Konterfei zu versehen. Mag mir nun auch der Kothurn fehlen, so hat der, der vor Ihnen steht, trotzdem und gerade deswegen immer noch eine Larve auf, und diese Maske ist es, über die ich bis jetzt von dieser Bühne herab zu Ihnen gesprochen habe und weiter noch sprechen möchte – über dieses und jenes, was sie maskiert und was sie darstellt, und dazu rufe ich alle Schutzheiligen zum Beistand auf und Augustinus von Apuleius als Zeugen, weil er wußte, daß *die Menschenseelen nichts als Dämonen sind, aus denen, wenn sie gut gelebt haben, Laren würden, jedoch Larven und Lemuren, wenn ihr Leben böse war, und göttliche Manen schließlich, wenn es im ungewissen bleibt, ob sie das eine oder das andere zu büßen haben* – daher mag der deutsche Geniekult auch herrühren, doch das, was dagegen in diesem Maskenbrauchtum fortlebt, auflebt, ja erst zum Leben erweckt wird, ist die Literatur, wobei Sie sich nicht an diesem Wort stoßen sollten, denn um Lettern geht es erst sehr, sehr viel später, vorrangig jedoch um die Stimme. Wer aber ist es, der sie spricht, in dieser leuchtenden Nacht, einer Zeit zwischen den Jahren, in der diese Stimmen erscheinen, das Leuchtende an Epiphanias und dem chaldäischen Orakel, eine Rauhnacht, in der Michael Psellus die Irrlichter sah, *wie sie über die Tiefen springen, über den ganzen Kosmos hinweg leuchten, und die Stimme des Feuers hörte, das gestaltlose Feuer*, in dem man alle Gesichter sieht – es ist eine lange Prozession, angeführt von Hekate, Diana, Moiren und Mänaden, dahinter die Hagazussa und Holda, die italienische Befana, die Quatemberca in Slowenien, die man in der Schweiz als Stägele kennt, während sie in anderen Landstrichen die Tödin, die Donnerstagsfrau oder das Ronfastenwibele ist, und in Tirol das Wilde Weib oder die Perchte.

Wir hatten eine ihrer Masken zu Hause, geschnitzt war sie aus Zirbenholz, sie roch wie ein ganzer Wald, und gleich wie furchterregend ihr Anblick hätte sein sollen, wenn ich sie aufsetzte und durch ihre Schlitze sah, paßte sie, als wäre sie schon immer für mich geschnitten gewesen, Augen, Nase, Wangen und Mund, mein Gesicht war dann kein Äußeres mehr, sondern innen, in etwas gelegt, von etwas anderem aufgehoben, ausgelöscht, ich verkörperte nun etwas, was nicht mehr Ich war, und es war mehr als nur eine Rolle, es war ein Augenblick, in dem sich alles aufhob und ich dabei unsichtbar wurde, und etwas in dieser Maske sprach dann, für sich, allein, von sich aus, doch nie von sich, wie könnte man es sagen – man hat sie schon viele Namen geheißen und sie Gorgonen genannt, Medusa, die Grazien oder alle neun Musen, von denen mir Erato und Urania am nächsten stehen, auf ihrem Tanzplatz habe ich einmal übernachtet, es war fast noch Winter am Helikon, der verfallene Turm von Askra lag unten, der Golf von Korinth vor mir, und ich fror vor dem Feuer neben dem Schneefeld und erschrak, als die Ziegen plötzlich aus den Bäumen brachen, mit einem Mal war es verständlich, weshalb sie die Böcke der Tragödie sind, ihre Hörner groß und gedrechselt wie die eines Mufflon, und auch weshalb von den Hirten, die sich derweil ins Fäustchen lachten, die Komödie erfunden wurde – der Mond stand nur am Himmel, wenn ich auch hinsah, aber die Lichter unten am Meer blieben und maßen die Nacht aus, Boote, Feuerschiffe, die auf diesem dunklen Strom vor Anker lagen und krängten, was die Ursache des berühmten Glitzerns der Sterne ist, und ich hätte Dich gerne in diesem Moment zu Hause angerufen und Dir die Nacht erzählt, die Anrufung des Großen Bären, aber das Netz dort ist noch schlecht ausgebaut und das Handy funktionierte nicht, denn die Musen sind es, wie gesagt, oder, falls Sie eine modernere Mythologie vorziehen, das Unbewußte, das dann spricht und mich nur als Mund und Auge gebraucht, als Hand, um aus ihr eine Geste werden zu lassen, so wie auch der Hugo Ball in Zürich, ein paar Schritte der Spiegelgasse entlang, vor mehr als achtzig Jahren ein, wie man früher sagte, Gesicht hatte, als er seine Lautgedichte im Kostüm eines magischen Bischofs vortrug und doch nichts anderes war als ein Bauchredner, Haremswächter, Ringelspielbesitzer, Karusselldreher, Feuerfresser und ein armer Schwertschlucker, das ist nun einmal die komische Tragödie an diesen Dichtern, aber dafür sah er in seinem Pappzylinder, während er in die alten lateinischen Kadenzen fiel, das Antlitz eines Jungen in seiner Maske auftauchen, das weiß ich, weil ich ein Photo davon wiederentdeckt habe, und das bringt mich wieder zurück auf das angekündigte Enigma einer Schiffsgeburt, das zu lüften ich mich verpflichtet habe, denn es hat bereits mit meinem ersten Buch zu tun, *Dada 21/22 oder musikalische Fischsuppe mit Reiseeindrücken*, und wie alle anderen danach war auch dies nicht das meine, ich war nur derjenige, der es aufgeschrieben hat, mitstenographiert, samt allen Tipp- und Kommafehlern, die Druckfehler, sie sind die unbewußte Rache an den Musen, und an den Dadaisten zumal, deren Maske aufzusetzen ich nun wirklich aller Glaubwürdigkeit entbehre, darum habe ich auch stets auf ein Klappentextphoto verzichtet, und man hat mein Bestehen darauf immer ernst genommen, bis auf zwei Ausnahmen leider, wo man mich ohne meine Zustimmung abgebildet hat und mich entweder als O.-W.-Fischer-Verschnitt mit Schmachtblick oder als Regenmantelmodel mit Bierbrauergesicht auf den Umschlag setzte; beim ersten Buch aber, da war es noch die Tuschzeichnung eines Kürbisses, die ich hinten plazierte, doch um die geforderte eine, endgültige Biographie herumzukommen, da mußte ich mir schon etwas einfallen lassen, also schrieb ich deren gleich zwei: und bringe Sie Ihnen hiermit zum Gehör.

Version A dieser meiner Wolkenputzer-Biographie siedelte meine Geburt *auf 178°17″ westlicher Länge von Greenwich und 28° südlicher Breite* an, *im Jahre des Herrn 1964*, sie gestand mir *Bootsmannsaugen* zu und *als besondere Kennzeichen grüne Sockenhalter;* Version B dagegen ließ mich in *Montevideo* zur Welt kommen, nach meinem großen Lehrmeister Johann Beer *am 12. Martii styli novi*, und gab mir *Nase sowie Füße* – und gegenfüßig, nämlich antipodisch sind diese Biographien allemal, zeitlich wie örtlich, und doch ist in ihnen bereits alles verborgen, was einen ausmacht, nämlich das Atlantische und das Pazifische, zwischen den Wassern, so wie man die Narren ja zwischen innen und außen einsperrte, zwischen den Stadttoren der Burg, um sie dann auf Schiffen ihrem ihnen eigenen Element zu übergeben, und genauso ein Narr und Sonntagskind war auch der Kapitän D'Entrecasteaux im Jahre 1791, als er mitten im Stillen Ozean auf wie gesagt 178°17″ w. L. und 28° s. Br. Inseln entdeckte, die man auch als Sunday Islands kennt, deren größte zwanzig Meilen Umfang besitzt, eine Insel von wahrlich vulkanischem Ursprung, dicht von einem Wald bestanden, der sich bis zu einem Gipfel von 1600 Fuß hochzieht, heute befindet sich eine Flugleitstelle und eine meteorologische Station auf ihm, auf ihr, dieser Insel eines kleinen Archipels, das jetzt zu Neuseeland gehört und Kermadec heißt – Kapitän D'Entrecasteaux aber, der den seltsamen Vornamen Huon trug, nannte die Hauptinsel Raoul, warum, weiß ich nicht, genausowenig wie ich weiß, warum man mich Raoul genannt hat, ich hätte schon als Junge lieber anders geheißen, sagen wir: Alexander? – statt dessen aber ist auch mein zweiter Name nicht besser, nämlich Ingo, die männliche Hälfte meiner Verwandtschaft nannte mich Raoul, die weibliche bis zum heutigen Tag Ingo, ein Name, den ich hasse, dieses leere I und das verlorene O, nur in Frankreich ist es anders, dort nennt man die Hunde vorzugsweise Raoul, Ingo jedoch klingt dort sehr viel angenehmer, und weil ich nicht weiß, warum ich Raoul heiß, und was so einer ist, befinde ich mich seitdem auf einem Schiff dorthin, gekommen bin ich erst bis zum Kap der Guten Hoffnung, weiter nicht, doch die Sprache des Meeres hat die passenden Metaphern für dieses *fluctuat, nec mergitur*, vor ihrem Horizont bekommt das Leben Konturen, ich liebe diese Wörter der französischen, englischen, holländischen und arabischen See und vor allem die Meere unbekannter Herkunft, das ganze Seemannsgarn, ich liebe dieses Krängen und Schwojen, das Brassen und Aufgeien, die Rah und die Fock, seekrank werde ich Gott sei Dank nicht, aber die Knoten vergesse ich manchmal, wenn es drauf ankommt, leider, ich bin schon an mehreren unglücklich verlaufenen Anlegemanövern schuld, deshalb bin ich immer noch dabei, Matrose zu werden, und schrieb auch deshalb einen mir kongenial nacheilenden Lebenslauf, nämlich:

Beweisstück Numero zwei, das ich Ihnen hiermit vorlege, erschien in *Rowohlts Literaturmagazin Numero 26* und den *Protokollen,* ein biographischer Abriß, der inzwischen auch in das *Österreichische Schriftstellerlexikon* Eingang gefunden hat, wo man mich vier Jahre früher, *1960 in São Paulo* zur Welt kommen, mich *mit 16 Jahren in die französische Handelsmarine* eintreten läßt, mich vier Jahre später zum *Leutnant der See* erhebt, um mich dann, wahrscheinlich vollkommen desillusioniert oder nur um dem bis dahin zurückgehaltenen Drang nach den schönen Künsten nachzugeben, wieder Anker werfen zu lassen für *ein Studium der Arabistik, Komparatistik und Musikwissenschaft in Paris, Kairo und York*, bis ich daraufhin im Orwellschen Jahr *1984 die österreichische Staatsbürgerschaft* zugestanden bekam.

Das Wahre ist nur wahr im Einklang mit dem Fiktiven, und nicht ich bin es, der an das Fiktive glaubt, es ist mir unerklärlich, wie man an solche Dinge glauben kann, wie man sich so mit dem Fiktiven infizieren kann, daß einem die Wirklichkeit ganz durcheinandergerät, als wäre sie ein Kaleidoskop. Ein Kaleidoskop jedoch setzt jemanden voraus, der daran dreht, und um mich begann sich alles erst eigentlich zu drehen beim literarischen Mummenschanzen in Kärnten, dem bachmannschen Literaturumzug, dieses Maskenvernichtungsmittel, darum kaufte ich mir, als es für diese Maskerade soweit war, einen Leinenanzug wie weiland Arsène Lupin und harrte der Dinge, die zuerst in der Personifikation einer weiteren Lichtbildnerin auftauchte, die mir erneut eine Biographie abverlangte, es war im Jahre 1994, 502 Jahre nach der Entdeckung Amerikas, und es handelte sich um einen Film – man kennt das ja zur Genüge, der Schriftsteller am Schreibtisch, vor dem Bücherregal, in einem Buch blätternd, auf der Schreibmaschine tippend, ein paar Zeilen auf einem weißen Bogen mit der Füllfeder hinwerfend, die langweiligste aller Larven, weil nur ein bloßes Stereotyp, also führte ich, das heißt wir – denn damals war gerade ein Maler zu Besuch, in diesem Haus, das ich von der Nichte eines ehemaligen Dadaisten gemietet hatte –, also führten wir – denn die Wirklichkeit ist bei weitem unglaubwürdiger als die Fiktion –, also führten wir das Kamerateam ins rote Zimmer, das mit Kissen aus gestickten Hundemotiven und an die hundert Spiegel verschiedenster Größen und Formen bestückt war, mit einer roten Tapete, Glasperlenvorhang, orientalischem Kaffeetisch und Klavier, und man mag über Max Ernstens Geschmack streiten, draußen hingen noch Lampen in Fliegenform und stand eine beleuchtete Gans aus Plastik, aber für einmal stimmte der Hintergrund, dem Kamerateam gefiel es, und ich hoffte deshalb ernstlich, daß alle Fragen nach meiner Wenigkeit in diesem Überborden von Reizen untergehen würden, denn Teufel noch einmal, wer ich bin, geht wirklich nur meine Frau etwas an, aber nein, sie ließen nicht locker, sie klammerten sich in diesem roten Zimmer an einen wie ein Schiffbrüchiger an das Nächstbeste, was blieb mir also anderes übrig, als das Geheimnis einer Geburt preiszugeben, obwohl ich darauf keinen Eid ablegen würde, denn ich war zwar dabei, könnte aber dennoch nicht sagen, daß ich mich daran erinnere, obwohl meine allererste Erinnerung bereits darauf hinweist: ich war drei Jahre alt und mit meinen Eltern am Neusiedlersee, und zusammen mit einem Mädchen meines Alters auf einem Ruderboot, doch das Interessante damals war der Umstand, daß sie ein Kübelchen und Pinsel hatte, wir schöpften also mit diesem Kübelchen an einem Seil Wasser aus dem See, um die Bootsplanken zu bepinseln, die Bootswand, die in meiner Erinnerung so hoch wie eine Bordwand eines Transatlantikdampfers ist, ich habe das in meinem Schiffsroman *Finis Terrae* eingebaut, es ist die eine der zwei einzigen Stellen, mit der ich mich in der Fiktion versteckt habe, *in dieser Erinnerung*, schrieb ich, *war ich immer allein, den Kopf zwischen die Streben der Reling gepreßt, weil ich nicht über sie langte, starrte ich aufs Meer, das so weit unter mir lag, daß das Weiß der Bordwand und das Kielwasser ineinander übergingen, ich spürte es nur als eine einzige Bewegung, während meine Mutter auf dem Liegestuhl vor der Kabine las und mein Vater in der Bar Karten spielte*, und ich mußte mich weit vornüberbeugen, um bis zu den Bullaugen unten zu langen, bis ich ins Wasser fiel. Selbst heute noch sehe ich das schlammige, grünliche Wasser im Schilf des Neusiedlersees, dreimal kam ich zur Oberfläche und ging wieder unter, bis mich mein Vater an den Haaren erwischte und rettete, ich war ein Wiedertäufer, der nicht um eine Geburt wußte, denn das Geheimnis ist das meiner Mutter, und ich kann es hier nur so wiedergeben, wie sie es mir immer erzählte, eine Geburt, ebenso unauslotbar letztlich wie der Grund, weshalb sie auf den Namen Ingo kam, doch egal, es war auf einem Schiff, und auf diesem Schiff befanden sie sich, nicht weil sie, wie kolportiert, Diplomaten gewesen wären, sondern bei der österreichischen Außenhandelsstelle, was diese verhältnismäßig billigere Art des Transports erklärt – auf diesem Schiff befanden sie sich also, weil sie nach Brasilien versetzt worden waren, obwohl sie lieber nach Montevideo gegangen wären, und das Schiff war auf See, wo sonst, meine Mutter aber nicht so seefest wie ihr Sohn später einmal, das hing mit den anderen Umständen zusammen, in deren beginnendem achten Monat sie sich befand, also war es der Seegang, der Ausläufer eines kolossalen Tiefs namens Erika, der fünfte der Stürme in diesem Jahr, und die Ausläufer reichten bis weit in die Roßbreiten, die so heißen, weil es dort zur Zeit der Entdeckung Amerikas so lange windstill war, daß man auf den Karavellen die Pferde schlachtete, um bei dieser Flaute nicht zu verhungern – und so kam ich knapp am Äquator zur Welt und meine Mutter wieder zu Appetit. Für mich jedoch fingen die Probleme erst an, denn das Schiff war ein zypriotisches namens *Limassol*, und Zypern zweigeteilt, was bedeutete, daß man mir kein Geburtszertifikat ausstellen konnte, und einmal angekommen in São Paulo, war mit den Behörden nicht zu reden, die Zollauflagen waren nicht nur bürokratisch, sondern auch immens, die österreichische Botschaft wie üblich keine Hilfe, die kümmert sich in allen Ländern der Welt höchstens um die Wiener Sängerknaben, also blieb meinem Vater nichts anderes, als mit mir zurück nach Landeck, Tirol, zu fliegen, für Innsbruck war damals die Landebahn noch zu kurz, um mich dort der Bezirkshauptmannschaft gegenüber als Haus- und Sturzgeburt zu deklarieren, was im nachhinein ein Segen ist, denn sonst hätte ich eine doppelte Staatsbürgerschaft und zweimal das Militär ableisten müssen, so aber habe ich weder noch, sondern nur diesen Namen, von dem ich nicht weiß warum, und Brasilien als Ausgangspunkt, dieses Brasilien, das nach einem irischen Elysium benannt ist, welches man damals auf allen Karten irgendwo und nirgends verzeichnet fand, und man folglich glaubte, unterhalb Indiens endlich nach Jahrhunderten darauf gestoßen zu sein, ein im Westen liegendes Land, eine Insel namens Hy Breazil, diese Insel, die alle anderen Inseln verkörpert, das alpine Ikarien, den atlantischen Helikon, den pazifischen Parnaß, die Sonntagsinsel als die Insel der Narren und all ihrer Masken und Metamorphosen, eine Insel der Glückseligen, Hy Breazil, die nur einmal im Jahr vor der Küste auftaucht, um wieder zu versinken, außer es gelingt einem, ein Stück Eisen bis zu ihren Ufern zu werfen, dann steigt sie für immer aus den Gezeiten hervor, und so werfe auch ich weiter mein Stück Eisen hinaus, in der sehnsüchtigen Hoffnung, sie möge bleiben, und auch Sie, meine Damen und Herren, möchten es, noch für ein letztes Kapitel, das Ihnen auch noch die anderen Masken vor Augen führen wird, jene, aus denen all die anderen gemacht sind, die Ihren wie die meinen.

Ich habe Ihnen hier eine Welt zu erschaffen versucht, sie enthält einen Großteil dessen, was man sich wünschen kann, Meere, Seen, Länder und offizielle Behörden, die gewohnte und den Karneval der verkehrten Welt, das Burleske und Groteske, die menschliche Komödie, die höher einzuschätzen ist als die Tragödie, denn das Lachen fällt tiefer herab als jede Fallhöhe, doch vielleicht hält man die Tragödie gerade deshalb für bedeutender, weil es leichter ist, an die mechanische Dramaturgie alles Irdischen als an das Nichts dahinter zu glauben, doch erst aus ihm wurde diese Welt erschaffen, dem Abgrund, dem gähnend leeren Klaffen des Chaos, aus dem Nichts erstanden die Nachtseite der Dinge und die Götter, um uns von ihrem beschneiten Olymp aus die Erde zu Füßen zu legen, wie es schon bei Hesiod heißt, einem Olymp, der vor dem Abgrund liegt, so wie auch das Furchtbare hinter der Maskerade des Schönen immer erahnbar bleibt, das Gesicht der Medusa und sein abgründiger Schrecken, ihr wuterfülltes Antlitz mit seinen weit aufgerissenen blitzenden Augen und den Schlangen im Haar: um ihren bösen Blick abzuwenden, betrachten wir sie im Spiegel, und um diesen versteinernden Augen zu entgehen, haben wir Perseus geflügelte Sandalen verliehen und eine Maske, die alles wieder unsichtbar macht – und ihn dann ausgeschickt, die Medusa zu enthaupten, damit aus ihrem Hals der geflügelte Pegasos springen konnte, die Poesie als *leuchtendes Schwert*, das uns von diesem Gesicht, das alle Gesichter ist, erlöst – eine Maske um die andere abgelöst, damit nach und nach die der einzelnen Götter mit ihrer beunruhigenden Fremdheit und ihrer überwältigenden Schönheit zum Vorschein kommen, Diana mit ihrem Halbmond, Aktaion mit seinem Hirschgeweih, Eumenides von Schlangen umringt, so lange, bis diese abgelösten Gesichter schließlich uns selbst immer ähnlicher werden. Die Larve des Dichters ist eine davon, sie wurde dem Gott der Trunkenheit abgenommen: Dionysos, ein Pflock in der Erde, die Maske draufgehängt, offenbarte sich seine Anwesenheit in den Mysterien, wo man die *schwarze Flamme des rasenden Gottes* trug, das schwarze Feuer, das aus dem Abgrund lodert und den, ich zitiere: *heiligen Furor* des Dichters entfacht, jenes Schwarz, das schon im Begriff ›Maske‹ eingebrannt ist, weil es sich von *maskara* ableitet, der Asche und der Holzkohle, mit der sich die Schauspieler früher das Gesicht einrieben, oder weil es schlicht vom Ruß stammt, dem Wort *masca*, das Hexe, Zauberin und Dämon bedeutet, die Gespenster, Schreckgestalten und Alraunen, die man auch ›Larven‹ nannte. Jenes Dunkle vermummt man unter einer Maske, um das zu bewahren, was unseres ist, wie die Totenmasken der Mykener unsere Züge vor dem Zugriff des Todes zu bewahren die Absicht war, ihr Gold in alle Ewigkeit leuchten sollte – als dem Tod entrissenes Bild, das Licht und das Dunkel, das in der Maske zu einer Form findet, als Allegorie des Anderen, des Fremden, das wir füreinander und für uns selbst sind.

Diese Nachtseite der Dinge, sie verkörpert die Literatur – in seiner dänischen Nacht hat dies keiner besser als der Dichter Henrik Wergeland gewußt, der in einem Leuchtturm zu Tode lag, arme Leute schrieben ihm rührende Briefe zum Dank für sein unermüdliches Wirken, selbst der König schickte Geschenke, *jetzt, da ich kaum noch einen Liter Blut in meinen Adern habe, bin ich gut, jetzt, da ich sterbe, gibt's Büsten und Porträts, eh ich verderbe*, und auf diesem Sterbebett schrieb er seinen Lesern noch einen *Phrenologischen Vortrag*, in dem sich Wergeland vorstellt, daß sein Totenschädel zwanzig Jahre später aus der Erde auf dem Kirchhof heraufgeholt und, wegen seiner merkwürdigen Knochenbildung, ins Auditorium der medizinischen Fakultät gebracht wird, wo er ihn eine letzte koboldhafte Rede halten läßt, unter dem Pseudonym *Siful Sifadda*, seinem satyrischen *alter ego,* aber eigentlich war es nichts anderes als das imaginierte Zwiegespräch eines sterbenden Wergeland mit sich selbst als einem Anderen, Fremden zwanzig Jahre danach – denn auch der Totenschädel ist nichts als eine Maske, die uns unter der Haut liegt, deswegen setzten wir uns andere Gesichter auf, Ich, das ist ein Anderer, doch für jeden Dichter ist erst ein Anderer ein Ich, wie viele solcher anderer Ichs besaßen Pessoa oder Machado? Ich dagegen brachte in dieser Hinsicht (anders als Paul Antschel etwa) noch zu wenig, aus meinen Buchstaben ist kein anderes Anagramm zu bilden als *Otto S. Lurch*, unter diesem Namen habe ich vor zehn Jahren eine sogenannte avantgardistische Zeitschrift für sogenannte fraktale Literatur herausgegeben, die es zu einer einzigen realsatirischen Nummer brachte, alles andere habe ich von Artmann und Dada gelernt, und deshalb ergreife ich auch jetzt die Gelegenheit, um auch gleich noch ein zweites Geheimnis zu lüften, nämlich daß mein Name ein in der Tat – trotz all meiner gegenteiligen Behauptungen – nur zu diesem Zweck erfundenes dadaistisches Pseudonym ist, denn eigentlich heiße ich *Johannes Bogumil Kratochwil,* da bin ich ein Bogumile, ein Katharer mit bulgarischen Wurzeln, für den die Wirklichkeit nichts anderes als ein diabolisches Blendwerk ist, eine Fratze des Teufels, die wir kaum mit unseren Masken zu verdecken vermögen, wie könnten wir auch anders, wir sind ja nichts als Bettgänger einer zyklischen Nacht, in der alles wieder aufs neue entsteht, ohne sich jemals zu wiederholen, Wiedergänger, deren Larve kein Gesicht wiedergibt, sondern es ersetzt, es täuschen uns dabei sogar noch die Augen, denn eine Maske, die man von innen sieht, als Hohlform eines Kopfes, auch sie erscheint unserem Blick noch als Gesicht, das uns entgegenstarrt, weil wir nicht anders können, als an den Gesichtern die Maskerade zu lesen, die Rolle und die Person, jene *persona,* mit der die Römer uns als Maske bezeichneten, Personae und Personaggi als Figuren auf einer Bühne des Schlafes und des Traums, jenes Raums, den wir uns Nacht für Nacht schaffen, um wir selbst sein zu können, und es doch nicht sind, denn was durch uns hindurch spricht, ist der vermummte Schauspieler in uns, der einen Text nachspricht, den ihm die Götter vorsagen, das, was spricht, ist allein die eine Stimme, jenes *personare,* das hindurchtönt – durch den ausgesparten, vorgewölbten Mund, der das kleine Sprachrohr in der Maske verdeckt, mit der die Worte erst vom Proszenium hinauf in die Ränge zum Publikum drangen, jene Maske, mit der er all das verkörpert, was die Welt sonst in sich verbirgt, und er, der es offen zur Schau stellt, er ist ein Impersonator, ein Hochstapler, der die Bleibarren erst mit Gold und Punze versieht, um sie in die Leere zu stapeln, ein Taschenspieler, der sein Kartenhaus gegen einen Wind baut, der nach der Vorstellung wieder die Vorhänge herabreißt – das ist die tragische *Commedia dell'arte*, die Maske des Pulcinell, in der ich heute vor Ihnen stehe, mit ihrer großen Nase, ihrem diabolischen Grinsen, das den Schauspieler darunter für immer auf einen Typ allein fixiert, auf eine einzige Stimme, denn in diesem Gewirr von Stimmen horchen wir immer nur auf die eine, die uns das Blaue vom Himmel herab verspricht, selbst wenn wir wissen, daß alles nicht wahr ist, denn wahrhaben wollen wir etwas anderes, das Blau und das Gold, die Schminke der Götter, wie sie der Gottfried Semper – der Begründer unserer Sternwarte hier – entdeckte.

Doch die von der Medusa abgelösten Masken der Götter liegen lange schon unter den Trümmern unseres Kolosseums begraben, wir müssen vorliebnehmen mit Kopien von Kopien von Kopien, nichts anderes sind die Larven der Dichter, ihre Züge sind überzeichnet, trotzdem erahnen wir erst in der Karikatur, den Scherenschnitten und Silhouetten eine Wahrheit, die Wahrheit des Nichts hinter all den Masken, es ist dies ein Seiltanz über dem Abgrund – und deshalb habe ich auch nicht gelogen, als ich Ihnen erzählt habe, daß der, der hier vor Ihnen steht, nichts anderes vorgibt, als mit aller Inbrunst einer von Ihnen sein zu wollen, ein *Bauchredner, höherer Magiker, Flohtheaterbesitzer, Wahrsager, Zirkusdirektor, Feuerfresser, Messerschlucker, lebende Kaninchen Verschlinger, Doktor Eisenbart, Schlangenmensch, vereidigter Brettlspringer, Akrobat, Verwandlungskünstler, der nicht Dagewesene am Reck, Clarinettenvirtuose, Champion of the World!*

Der König ist tot – Es lebe der König!

Rede für H. C. Artmann

Eine Rede will ich halten, den Lebenden und den Toten, auf den Dichter Hans Carl Artmann, den lebenden und den toten, und weiß dabei gar nicht, ob Sie sich überhaupt vorstellen können, was er als Dichter war und geblieben ist – Dichter nämlich, also erheblich mehr als ein bloßer Lyriker oder Poet, von dem Begriff Autor oder Literat ganz zu schweigen; ein Prosaist war er beileibe nicht, außer vielleicht insgeheim und nur *sub rosa*, kurz: was ein Artmann ist – nicht zu verwechseln mit einem Schreiber, schon gar nicht mit Schreiberlingen und der ganzen Schriftstellerei, Gott bewahre ihn davor, er hat es ja insgesamt recht gut getan, dann hol der Teufel aber auch die Männer der Feder samt den anderen Helden dieser Zunft. Das Roß Pegasos hat er nie geritten, und der Lorbeer bei ihm nur eines gekrönt, nämlich das Gulasch: ein Artmann, das ist aber auch, trotz Fleiß und Industrie, noch lange kein Reim- und Verseschmied, sondern der *miglior fabbro del parlar ossian* – für einen *poeta doctus* aber dann doch zuwenig dozil, als *poeta vates* zuwenig fade und für einen Poetaster ein zu großer Kenner von Poe und Mann von Geschmack: die Poetik hatte es ihm zwar angetan, mehr aber noch ein fescher Hintern, was Ethik war und das sogenannte Engagement der Poesie, war bei ihm stets enragiert, doch dann gleich wieder abrasiert, Gesichter hatte er ja so viele wie Bärte und nicht alle waren falsch, mehr aber noch besaß er Hemden und eine unbescholtene Weste, nach der Mode aber ist er dabei nie gegangen, den Rock bar jeder Medaillen, aber in der Uhrentasche klimperten stets ein oder zwei Lira für die anderen Lyriker, die armen Hunde, freigebig war er ja mit sich selbst, der Liederjan: doch ein Artmann ist zu redlich für einen Schönredner, zu geistreich für einen Schöngeist, und beileibe kein Literat, außer für einen Liter Wein, einen guten, der Rest ist für die Ratzen, den Musen tischt man eben Besseres auf, aber welcher zuerst? Erato wahrscheinlich, weil sie einem pauschal die eigenen Irrtümer vergibt und noch kein erratum seinen Gedichten geschadet hat – und dann Urania für die Sterne und Thalia für das Lachen.

Doch was an ihm war nun Dichter – *dichter als was*, werden Sie fragen. Nun, sehen wir vom Dichten einmal ab, denn das steht auf einem anderen Blatt – nein, halt: die Frage bleibt trotzdem, wie es dorthin kommt. Wie würden Sie's denn machen, wollten Sie von den Amseln und ihrer grünverschlossenen Botschaft berichten? Wollten Sie mit ihnen pfeifen? Da nützen die Leimruten und Netze, die Fernrohre und Flinten nichts, die Finten schon eher, doch auf der Lauer liegen muß man schon selber, mit einem Auge dafür und einer gewandten Hand, mit Geduld und Spucke, die Amseln sind flink, sie reden nicht mit jedem, und wenn, steht's nicht im Wörterbuch, kurz, ein wenig Fortüne braucht es schon, womit wir beim Thema wären: *Fortuna* kennen Sie sicher, das Schicksal und sein Riesenrad, die Lotterie, bei der an Brot und Gulden nichts zu gewinnen ist, vielleicht noch die Huld der Götter, nichts Genaues weiß man darüber nicht; doch haben Sie auch schon von Fortunas Schwester gehört?

Mit ihr hat's der Dichter hauptsächlich zu tun, sie schenkt ihm sein Glück, die Göttin der Gelegenheit ist sie und heißt *Occasione*, aber so leicht macht sie's einem nicht, daß es mit ihrem Namen getan wär', Kompliment und es freut mich, hübsch ist sie ja und hat schwarzes Haar – aber das ist es ja, sie trägt es lang übers Gesicht, damit man sie nicht sieht, wenn sie kommt, und sie nicht zurückhalten kann, wenn sie vorüber ist, die Gelegenheit, und es braucht schon einen Dichter, um mit ihr ein paar Worte zu wechseln, und einen Meister seiner Kunst, was sage ich, einen Artmann, um sie für ein paar Augenblicke zum Bleiben zu überreden. Und eine glückliche Hand hat er ja dabei, er verstand sich darauf, als verstünd' es sich von selbst, daß sie sich zu ihm auch noch zu Tische setzt, selbstredend federführend – da schauen sich die anderen groß an, die Süßholzraspler, und sie schauen ihm schon lange vergeblich von ihm alles ab, oder schlimmer, sie probieren's mit Gewalt: bei den Haaren herbeigezogen wird's dann, wie's richtig heißt. Gedichte aber sind immer Gelegenheiten, sie zeugen von unseren Angelegenheiten und Abgelegenerem noch, aber es braucht eben jemanden, der uns das zeigt und es bezeugen kann, wir sind ja immer auf der Suche nach dem gestrigen Tag, und was der richtige Artmann ist, der hat dieses *privilegium* für den Verkehr mit den höheren Sphären, welche die Erde erst zum Drehen bringen, der hat ein klares Aug' und Sinn für die Sterne, und er führt Buch darüber, und wie viele Seiten genau es waren, das wissen heute noch nicht einmal seine Herausgeber und Verleger, soviel daraus ist im Wind davongeflattert.

Um aber wieder auf die leidige Frage des Komparativs zurückzukommen, auf das *dichter als was*: der Dichter ist eben *dichter* dran, er ist dichtauf und hört sie früher kommen, die Göttin der Gelegenheit erkennt er schon am Rascheln ihrer Unterröcke, ja, er hört sie überhaupt als erster, wie er die Brennesseln wachsen hört und die Fische sich schneuzen: mit dem Gehör ist es ja so eine Sache, die Amseln singen fünf Noten für eine, die man als normal Sterblicher hört, und das nachzupfeifen, das bedarf auch einer Akrobatik des Zungenschlags, nicht nur dieses ordinäre Schnalzen der sogenannten Lyriker, die vielleicht noch den Balzgesang der Truthähne imitieren können, doch eine Amsel, mein Lieber, ist nichts für ein Erntedankfest, eine Amsel ist ein Kunstwerk aus hellem Blut, wie das meiste auf dieser Welt, das wir für gewöhnlich übersehen, zugegeben, sie machen sich ja oft unsichtbar, die Amseln, außer irgendwelchen Mamsellen im Park am Sonntag, dem Gärtner und zwei oder drei Evangelisten bekommt unsereins sie zunehmend seltener zu Gesicht, sie gehören eben einer seltenen Spezies an, genau wie die Artmänner, aber das heißt doch nicht, daß das nichts wäre, im Gegenteil. Mit einem aber haben Sie recht, müssen die Dichter immer von der Fauna und Flora reden? Worauf ich nur erwidern kann, hat die Flora schon einmal mit Ihnen? Was er Ihnen zu bedeutschen hat, kann also gewiß nicht schaden.

Habe ich bedeutschen gesagt? Wenn, dann war's bei weitem zuwenig, oder glauben Sie, es gäbe nur die deutsche Amsel, *amstel teutonic*? Was ein rechter Ornithologe ist mit *th* und erst recht ein Artmann ohne, der kennt sich aus in Nord und Süd, erst recht, wenn er vernarrt ist in sein Fach, der kennt den Amselschlag nicht nur auf Englisch, sondern auch ihr gallisches Schnäbeln, der hat ihre italienischen Cousinen an der Hand, der kennt das *tyk tyk* ihrer schwedischen Schwestern: ja, ein Artmann klopft dort auf den Busch, wo sie zu Hause ist, nämlich in Irland, er nennt sie bei ihrem richtigen Namen, nämlich *luin*, er kennt sie gut, er hat sie ja oft genug aus seinem Bier gefischt, in das sie dort zugegeben öfter fällt, daran steht die irische

Gattung der ossianischen und überozeanischen, der bretonischen und walisischen in nichts nach, und mit dem *büll-büll* der persischen Nachtigall oder weiland dem teutschen Vogel Greiff nimmt sie's allemal auf. Doch ich will Ihnen nicht den Dichter als Vogelhändler vorstellen, vielmehr den Artmann, was Amseln nach Athen tragen heißt, für die Eulen ist ja der Jandl zuständig, für den Kuckuck die Mayröcker, für die Elster der Rühm, für die Drossel der Kolleritsch und so weiter. Aber ich sehe schon, aus Vögeln machen Sie sich nichts. Das Dichten aber hat damit viel zu tun. Denn dieses bringt, wie der Artmann sagt, dieses bringt die rechte Menschlichkeit.

Eine Amsel macht noch keinen Dichter, zwei schöne Zeilen auch noch nicht, was einen solchen auszeichnet, ist nicht nur die *consecutio temporum* und die *constructio ad sensum*, sondern eben, daß der Dichter dichter ist als andere, ein ganzer Kerl, ein weltgewandter, ja, ein kontinentaler Mensch: das ist sein *contenuto*, oder auf Deutsch seine *contenance*. Das Dichten ist eine Haltung: nicht die gebückte am Schreibtisch, sondern die kerzengerade. Und was ein Artmann ist, der legt denn auch sein ganzes Gedicht auf die Waage, ohne die Gewichte zu fälschen, der hat sozusagen exemplarisch Rückgrat – und das ist ohne Eitelkeit erst eine *Pose*, nur wenn das Leben auch eine Bühne ist, deren einzelne Akte *Poesie* sind. Und Poesie ist das, was auf einen zukommt, sich ereignet und einem zustößt: der Artmann ist eben der Adlatus eines Advents, er ist gewappnet oder hat wenigstens die richtige Verkleidung parat: Agent, Adjutant oder Arsène Lupin, seine Luft- und Flaschenposten, den Kassiber und den Spickzettel dabei. Kleine Taschenkunststücke, werden Sie sagen. Aber was hat unsereiner denn schon aus dem Ärmel zu ziehen?

Jede Zeit hat ihre Helden. Aber Sie brauchen sich bloß einmal umzusehen; außer nachts am Himmel werden Sie jene, die Sie suchen, nicht mehr finden, und die dort oben sind – Orion, Bootes, Herakles, und wieder dieser Pegasos –, sie alle waren zu Lebzeiten auch nichts anderes als die Husaren und Seiltänzer von damals, die alle irgendwann einmal ihrer Uhren im Wald verlustig gingen. Was jedoch ein Artmann ist, der bringt sie uns zurück, wenn auch ein wenig anders ausstaffiert: so viele Namen wie Jahrhunderte, Pere Ubus und Villons, Strawanzer und Schlawiner, Falotte und Lanzelotte, Frankensteine und all die seinen, von Semiramis bis Echnaton, von Anselm bis Antonia, von Pontius bis Pilatus, ja, ein Artmann, der kennt die Zauber-, Segens- und Verfluchungssprüche, der zitiert sie uns herbei, alle diese bösen Kasperln und Hanswursteln – und mit welcher Tinten er seine Sprüch' dann schreibt, das brauche ich ihnen ja nicht zu sagen, der Gottseibeiuns könnt's nicht besser, aber schlimmer noch: was ein Artmann ist, der bringt sie auch unter die Leut' – man muß sich das einmal vorstellen, der rückt mit seiner ganzen tiefschwarzen Romantik in das Wien vor dem Staatsvertrag ein, samt schwarzsilbernen Kandelabern, Schleifen aus schwarzem Flor und weißen Astern am Frack: es hat genützt, den Staatsvertrag haben die Österreicher erhalten, denn nicht der Raab, sondern diese Augustins aus dem Stehgrab haben die Russen im Stegreif unter den Tisch gesoffen, obwohl dann letztlich bei den Wienern nicht viel hängenblieb, sie sitzen ja noch immer in ihren Kaffeehäusern, wo man ihnen Brom in Häferl rührt, damit sie nicht der Schlag trifft, daß aus Österreich eine Republik der Dichter geworden ist, was sage ich, eine Anarchie, nein – die Monarchie eines *H.onoris C.ausa Artmann* und dero Gnaden mehr: Herrscher über beiderlei Patagonien, das kakanische Transsylvanien und das Franz-Josef-Land samt Residenz bei Achatz am Walde, wo er mit den Eichhörnchen hofhält. Und es bricht mir das Herz, Hans Carl ist tot, *Le Roi est mort – Vive le Roi!*

Denn der König war ein stiller, er hatte kaum was für solche Ehrbezeigungen übrig, und gestorben ist er schon gar nicht, er hat sich eher unters Volks gemischt, was ein Artmann ist, der verabschiedet sich bloß auf Französisch, auf Ehren hat er ja nie was gegeben, und so liegt er auch jetzt lieber unter den Ähren im Weizen, an der Grammatik der Grannen und Rispen ist ja noch viel zu tun, die Amseln lispeln ihm das ihre zu, sie erzählen ihm nun die Geschichte des Windes, und die Göttin all der dichterischen Gelegenheiten kaut an einem Halm herum, sie sieht aus wie eine richtige Landstörtzerin Courage und er ein Springinsfeld, wie hübsch sie ihm gewesen sein muß, als er sie schon von seinem Bett aus sah, ich bin mir sicher, sie trug die Haare offen und ihr Mieder halb aufgeknöpft. Mögen all die anderen auch glauben, es wäre sein Sterbetag gewesen, so weiß ich's besser: er hatte nur wieder einmal Geburtstag. Herr Gott noch mal: paß auf ihn auf, er war nicht bloß nur ein Dichtersmann, sondern einer, der's noch besser kann, eben dein Hans Carl Artmann!

Divertimento

Zur Schweizer Literatur

Ich weiß nicht, warum ich jedesmal, wenn ich spazierengehe, in die Schweiz gerate, aber so ist es nun eben, obwohl ich eher sagen müßte, daß ich an Schweizer gerate wie andere an den Schwarzen Mann, diese älplerische Ausgeburt, was nicht heißen soll, es wären keine Frauen darunter, ganz im Gegenteil, nur bin ich bei ihnen weniger versucht, gleich meinem eigenen Oberländer Dialekt anheimzufallen, diesem sprichwörtlichen Echo einer Felswand, das einem bloß Steine in den Mund legt, was aber immer noch besser ist, als daß sie im Weg liegen, obwohl es mir beim Spazieren ja nicht um einen Weg geht, sondern wie gesagt um die Schweizer, denen zu begegnen alles Sagenhafte weit überschreitet, obwohl ich den meisten, wenn ich's mir noch einmal recht überlege, erst dann begegne, wenn ich schon wieder auf irgendeiner Stufe sitze, und das ausgerechnet in Frankfurt, während die Österreicher alle schon beim Buffet stehen, weil das mit dem Minister schon wieder dauert, aber um fremde Empfänge scheint sich der Weber Peter ja nicht zu kümmern, sie scheinen ihn geradezu anzuziehen, da er dort immer für einen anderen gehalten wird, einmal für einen Österreicher, ein andermal für den fliegenden Holländer, was wir uns ja alle wünschen würden, obwohl's bei ihm dann doch nicht ganz zum Inkognito langt, da er im Gegensatz zu allen Umstehenden nicht in Schwarz ist, sondern in Blau, einem verschossenen Mechaniker-Blau, was nicht heißen soll, er wäre ein Luftgänger, Gott bewahre: mit dem Schreiten hat er es beileibe nicht, er geht eher, als wäre er mit seinen Schuhen unter der Erde, als würden sie Wurzeln schlagen, kein Wunder bei einem, der ja deswegen vorsichtshalber nur mit dem Zug fährt, was mythologische Ereignisse oben wie unten trotzdem nicht vollständig ausschließt, im Unterschied zu einem anderen Schweizer, mit dem ich dagegen wirklich einmal spazieren war, der sie kategorisch ausschließt, denn das Suggestive, hat mir der Perikles Monioudis irgendwo in, oder besser auf dem Weg von Berlin in die literarischen Wälder gesagt, das Suggestive ist die ewige Verdammnis, und ihm war ganz ernst dabei, sollte sich ihm das Suggestive deutlich vor Augen zeigen, schon fast körperlich deutlich, hat er gemeint, er würde auf der Stelle umdrehen, darin ist er konsequent, schweizerischer als alle Schweizer – doch ist vielleicht das ein Wunder, frage ich, bei einem der von Alexandria bis in den Kanton Glarus gewandert ist, was weiter ist als weiland bis nach Syrakus, den Blick ins Astronomische gerichtet, um dann festzustellen, daß die Himmel knapp jenseits der Schweizer Grenze vereisen, was in diesem Fall wirklich kein Wunder ist, glaubt man den Forschern, die behaupten, unser Planet würde in jeder Minute von bis zu dreißig kosmischen Schneebällen getroffen, jeder so groß wie ein Haus, nur daß sie jetzt in der Atmosphäre verdampfen, aber nur weil es die Atmosphäre erst gibt, nachdem sie noch ungehindert auf unserer Erde einschlagen konnten und das Eis dann langsam zu Wasser wurde, aber jetzt verstricke ich mich wieder in Ungereimtheiten, wie jedesmal, wenn ich mit der Ilma Rakusa spazierengehe und mich der Dialekt vollkommen im Stich läßt vor soviel schwarzen Haaren und einer Stimme, die ganz weiß ist, daß ich nicht mehr sagen kann, ob das nicht doch eine Farbe ist, doch was nützt mir das, wenn ich beim Reden alle ck's und ch's fallenlassen will, um ihren Feen-Ton zu treffen, diese irisierenden Vokale, die man wohl erst lernt, wenn man über Inseln von Triest nach Zürich gewandert ist, was in jedem halben Jahrhundert nur einmal geschieht, eine Sprache ist das wie Porzellan, wer's nicht glaubt, der sollte nur einmal, leider notgedrungen, denn auf Lesungen ist er ja leider nur selten zu sehen, Ralph Dutlis Stimme auf seinem Anrufbeantworter hören, der Kammerton seines Deutschs, der nichts Teutsches und schon gar nichts Schwyzerisches mehr an sich hat, es ist mir dann, als würde man eine Tongabel am Teller anschlagen, gerade und klar, wie das Ostinato seiner Sätze, die sich wie von selbst schreiben, wahrscheinlich, so frage ich mich, lernt man so eine Sprache nur, wenn man die anderen hinter sich gelassen hat, die man sonst in der Schweiz angeblich so sprechen soll, obwohl ich stets nur den Akzent auf der ersten Silbe höre, Béton und Bállett, dieses seltsame Russisch, Französisch, Italienisch und vor allem das Rätoromanisch, der Iso Camartin ist ja dafür ebenfalls ein Beispiel, auch er klopft nicht mit der Tongabel auf Holz, wenn schon, dann ficht er mit ihr, als wär's ein Florett, eine Parade nennt man so etwas, die linke Hand am Nacken und das rechte Bein vorgestellt, nur um diese altfränkischen Hunde von sich abzuhalten, auch das ist eine Art spazierenzugehen, obwohl's bei seinen Beinkleidern eher an ein Tänzeln gemahnt, aber damit gerate ich wieder weg von meinem Thema, ich komme mir eh schon vor wie das Venedigermännlein, das alle diese Schweizer Sagengestalten in seinem Rucksack über die Berge zu schmuggeln hat, aber das kann meines Wissens nur einer, nämlich der Tim Krohn, dieser schon dem Vornamen nach illegitime Sohn eines zum Vegetarismus bekehrten schottischen Grafen, jene Grafen, die ja bekanntlich das Bergsteigen in der Schweiz für die dortigen Einwohner erst erfinden mußten, nicht von ungefähr meint man deshalb in Österreich, die Schweizer wären bloß eines, nämlich Schotten, die gerne Tiroler wären, obwohl sich unsere Berge an rumpelnder Abgründigkeit ja nicht mit den schweizerischen messen können, der Dialekt schon gar nicht, und was die Bergsagen betrifft, so war es er, der sie alle gesammelt hat und uns die Kavernen der Schweizer Seele zeigt, ein Reich unterirdischer Seen und Wasserläufe, das unter der eigentlichen Schweiz liegt, das habe ich erst kürzlich gemerkt, als ich beim Spazierengehen dort vom Weg abkam und ans andere Ende der Welt gelangte, das irgendwo bei den Orkneys liegt, wo das Englisch sowieso Schweizerisch tönt, und wer kam mir da entgegen, als ich so über die Inseln ging, frag mich nicht wie, die Ruth Schweikert, obwohl ich sie erst erkannte, als sie schon an mir vorüber war, so tief hatte sie die Wollmütze in diesem hyperboreischen Regen über den Kopf gezogen, eine, wie man so sagt, flüchtige Vision, von der mir die Augen noch tagelang nachhingen, weil sie selbst noch aus dem Winkel soviel sehen, dem mandelförmigen Rand der Dinge nachschauen, Worte wie Wimpern und ein Augenaufschlag, daß ich nicht zu sagen wüßte, welcher Geschichte sie gerade entkommen ist, jedenfalls hat sie mich nicht erkannt, anders als der Klaus Merz, dem beim Spazierengehen die Zeit stillsteht, sie tut das einfach, damit er sie gemächlich abzeichnen kann, und für wen, frage ich, würde sie sonst so lange bedingungslos innehalten außer für ihn, sie weiß sich in ruhigen Händen, aber das kann täuschen, man ahnt es bereits, wenn ihm beim Lachen der Goldzahn verdächtig aufblitzt, diesem lakonischen Bukaneer, der seine Beute stillschweigend vergräbt, und damit komme ich wieder zurück aufs Spazierengehen, das wie ein Absatz, eine Seite ist, aber kein Kapitel, das man zu Ende bringt, zuvörderst weil beim Gehen schlecht lesen ist, und das Schreiben dagegen ein langer Schritt, den kaum einer länger als der Adolf Muschg kann, ohne einmal ins Laufen oder ins Stolpern zu geraten, so daß man den Meter daran eichen könnte, wenn man wollte, was wirklich nicht schaden würde, bei Gott nicht, denn bei diesem Gehen über die Schweizer Gletscher kommt heutzutage, wo sie schmelzen, allerhand zum Vorschein, das muß man schon sagen, und er zeigt ja deutlich auf, daß diese Käseglocke daran schuld ist, die an den Gipfeln der Schweiz aufliegt, am Jura und am San Bernardino und was weiß ich noch, daß es nun aber zum unwiderruflich letzten Mal wahrlich kein Wunder ist, wenn die Schweizer unter ihr auf dem Bauch hervorkriechen und sich über die Pässe davonmachen, aber jetzt klinge ich schon wie der Christoph Bauer, der diese Fälle alle katalogisiert, fein säuberlich nach Namen und Daten geordnet, in seiner Buchhandlung in Fribourg stehen ihm die Archive offen, er ist darin ein unerschütterlicher Chronist, bei dem man leider jedoch für Phantasie hält, was wahr ist, was heißt, daß es ihm beim Spazierengehen ähnlich gehen muß wie mir, wo mich jetzt der Heinz Schafroth nach einer Stunde des unablässigen Parlierens und Divergierens, nach einer Stunde um nicht einmal ein Zehntel des Bieler Sees, mit seinem typischen stoischem Gleichmut, den man ihm angesichts der Lage nicht verdenken kann, den ich jedoch noch nie deuten konnte, endlich fragt, auf was ich zum Teufel eigentlich hinauswill, oder besser, ob es überhaupt etwas gibt, von dem ich hier ausgehe, vom Anlangen wolle er lieber schweigen, und mir, dem bereits die Füße weh tun von diesem Marsch, nichts anderes mehr einfällt als: Bodenständigkeit, die berühmte Schweizer Bodenständigkeit, diese Überspitzung des Hausverstandes, vor der alle die Flucht ergreifen, nur um sich beim Spazierengehen wieder zu begegnen, woanders, ich in der Schweiz und umgekehrt.

Kontrafaktur

Zu Österreich

Österreich. Es ist ein Befremden, daß mich jedesmal überkommt, wenn ich über die Grenze fahre, ja, Befremden ist das richtige Wort, und auch Grenze, selbst wenn ich hätte sagen können: nach Hause. Vielleicht ist es, daß ich hier nicht geboren wurde, daß ich zu spät erst wieder nach Österreich zurückkam, oder zu früh wieder ging, und jetzt keinen Ort mehr finde, anderswo ihn aber auch immer nur für eine Zeit gefunden habe. Es ist die Sattheit, die mich hier immer verschreckt, aber dieselbe Sattheit verschreckt mich auch in Deutschland, mehr noch in der Schweiz, überall da habe ich auch gelebt, bin sogar zur Schule gegangen, und jetzt, wo ich es nicht mehr tue, werde ich auch anderswo nicht satt, satt in einem anderen Sinn, einem Sinn, der das Genügen ausschließt, diese Selbstgenügsamkeit, besser Selbstzufriedenheit, der ich in Österreich, aber auch in Deutschland und der Schweiz immer begegne. Aus demselben Grund habe ich es auch immer vermieden, über mich selbst zu schreiben, mich selbst in den Mittelpunkt irgendeiner, wenn auch nur literarischen Aussage zu stellen, mich als Person in die Mitte des Satzes, der Zeilensprung war mir lieber, er war ehrlicher, eine ehrlichere Art des Gehens; die Untertreibung kommt der Wahrheit immer näher, und Bescheidenheit ist eine andere Art des Befremdens, des Sich Bescheiden Müssens. Hinzu kommt, daß Literatur stets nur ein Weg ist, sich Weite anzueignen, und nicht nur das Wissen um die Welt; die Weite aber, scheint es, läßt keine Mitte zu, auch wenn sie rund ist, oder gerade weil sie rund ist, läßt mich nicht an einem Mittelpunkt zu, sonst hätte sie sich ja längst schon aus den Angeln heben lassen, in Österreich zumal, denn an den Bergen ließe sich ja ein Hebel ansetzen, im Flachland kaum, das wäre bestenfalls ein Schlag ins Wasser, aber Schläge ins Wasser, nichts anderes ist im Grunde die Literatur. Ich habe es, wie gesagt, bisher stets vermieden, über mich zu sprechen, vielleicht aber liegt darin wiederum das Servile der Österreicher: sie tun es dann hinterrücks, und ich will mich dabei nicht ausschließen, doch ist es, wenn wir wieder auf die Literatur kommen, mir immer schwergefallen, es hinter meinem eigenen Rücken zu tun; man verhört sich dann leicht, im zwiefachen Sinn. Als Verhör über mich selbst habe ich die Literatur nie aufgefaßt; bei den Österreichern ufert dies ja leicht zur Suada aus, auch wenn die österreichische Literatur selten diese Züge der Selbstkasteiung zeigt, die ich in Deutschland mit dem Protestantismus in einer ursächlichen Verbindung sehe, die Österreicher hielten sich eher immer an die Brandreden, ohne daß sie jemals Feuer gelegt hätten, dazu sind sie wie gesagt zu servil, ein Erbe kaiserlicher und königlicher Monarchien, das zur hohen Kunst des Hofnarrentums geführt hat, ich meine das ernst, die schönste Figur, die es für mich gibt, ist die des Narren, dem alle alles zutrauen, nur er sich selbst nichts, und man kann sie ja dafür auch nicht zur Verantwortung ziehen, die österreichischen Narren schon gar nicht, ihre Seele schwebt ja zwischen Himmel und Erde, aber wenn sie das nicht tut, was sie meistens nicht tut, dann nimmt sie die widerlichsten Züge der Servilität an, eines Beamtentums, das einem in Wien auf Schritt und Tritt begegnet, eines Hoflakaientums, dessen morbider Charakter sich in den Kaffeehäusern offenbart, in der hohen Kunst des Nörgelns, die nur eine interessante Form des Selbstgesprächs ist, man muß ihnen dabei nur in die Gesichter sehen. In dieser Stadt überkommt mich nicht nur ein Befremden, sondern mehr noch ein Unwohlsein, bar jeder metaphysischen Dimension, dazu sind die Häuser zu grau und die Leute zu alt, ich halte es nie länger als einen Tag in Wien aus, schon die Zugfahrt ist eine Tortur, es beginnt bereits ab Salzburg, am schlimmsten ist es aber auf dem Weg nach Graz, durch ein bierflaschenetikettengrünes Österreich, das ich jedoch kaum kenne, wie ich gestehen muß, Wien liegt zu weit ab, man ist schneller in München, Zürich oder Italien, vielleicht bin ich deshalb nie heimisch geworden in Österreich und suche immer noch nach einem Haus, in dem ich meine Bücher für länger unterbringen kann als zwei Jahre, Jahre in England, Frankreich und Italien, zum Österreicher werde ich nur im Ausland, nie in Österreich selbst, am meisten bin ich Österreicher in Deutschland, das liegt wohl an der Sprache, dabei versichere ich jedem, daß das Hochdeutsche eine Frage der Geographie ist, und hoch ist es eben nur in Österreich, wenn man von der Zugspitze absieht, die ja nur ein Geburtstagsgeschenk des österreichischen Kaisers an den deutschen war, Hochdeutsch, das redet man eben, wo die Berge hoch sind, ansonsten handelt es sich um Niederdeutsch, wenn nicht gar Plattdeutsch, die Schweiz dagegen ist wiederum zu hoch, das bekannte Rufen von Bergspitze zu Bergspitze über die Touristen hinweg hat die Sprache leider schon verstümmelt, deshalb rede ich in der Schweiz meistens englisch, das geht dann schneller. Schließlich aber nahm ja auch die Kultur in Österreich ihren Anfang, man hat hier die Vokale A E I O U erfunden, die Lautverschiebung und die Literatur zwischen dem Wolkenstein und der Vogelweide, aber das ist es ja gerade, es ist nicht wahr, auch wenn es im Vergleich zu Deutschland und der Schweiz wahrer wird, die meisten Schriftsteller waren ja Österreicher, nicht nur proportional gesehen, sondern auch was den Proporz betrifft, es gibt hier eine Subventionskultur, um die man uns auswärts beneidet, aber deswegen sind die meisten Österreicher noch lange keine Schriftsteller, sie werden es erst auswärts, wie auch von auswärts eigentlich erst die Literatur kam, der Minnesang zum Beispiel ist eine Erfindung der Provence, obwohl das eigentlich nicht stimmt, denn im Grunde kommt er aus dem arabischen Raum, aber das weiß man bei uns nicht, die Minne ist in Vergessenheit geraten, man hält sie für französisch, deswegen fahren auch die vielen Deutschen und Schweizer noch immer in ihre geliebte Provence, die Österreicher hingegen fahren lieber nach Arabien, das war schon immer so, die Österreicher haben sich immer mit jedem gut verstanden, am besten mit den Arabern, mit einem österreichischen Paß, Kreisky und Waldheim, aber all das war einmal – und daß man damit in einem arabischen Land schneller über die Grenze kam als anderswo, machte es und das bereits erwähnte, berühmte Befremden deshalb erträglicher, weil ich mich dort am ehesten zu Hause fühlte, erst von dort, sagen wir von der Wüste aus, wurden die Grenzen Österreichs langsam absehbar, verlor auch die österreichische Literatur ihren Schrecken, man denke nur an Kafka, an Musil oder Bernhard, ich habe Musil nie gemocht, er verkörpert für mich das Deutsche an der österreichischen Literatur, das Schweizerische inbegriffen, aber allergrößte Hochachtung hatte ich für seinen Cousin Alois Musil, doch wer kennt den schon, obwohl er der österreichische Lawrence von Arabien war, der Gegenspieler dieses Selbstdarstellers, eine bekannte Figur damals in Wien, er ging immer samt Turban und Burnus durch die Stadt, und so komme ich mir ehrlich gesagt auch selbst vor, wenn ich in Österreich bin, als bloß zur Hälfte eingemeindeter Österreicher, der eigentlich nie über sich selbst spricht, und wenn, nur im Tonfall der Hyperbel, die alle Österreicher für sich gepachtet haben, nicht nur jene sattsam bekannte, testamentarisch längst Verstorbene. In Österreich Österreicher zu sein ist ein Ding der Unmöglichkeit, anderswo fällt es gewissermaßen leichter, ja, gehört es fast dazu, aber wenn man nun einmal nicht hier geboren ist, sitzt man zwischen den Stühlen, zwischen Seßhaften und Satten, man fühlt sich sozusagen als Liechtensteiner, aber nur symbolisch, denn die sind ja noch satter und seßhafter, nein, mir fällt ein besserer Vergleich ein, nämlich das kleine Walsertal, diese österreichische Enklave, die nur über Deutschland zu erreichen ist, dieses Zollschutzgebiet, und die Walser, das ist bekannt, haben sich über die ganze Welt verbreitet, wie Österreich sich über die ganze Welt ausgebreitet hat, daß Mexiko österreichisch war, ist bekannt, von Krakau ganz zu schweigen, dem Vatikan ebenso, weniger bekannt aber, weil bezeichnender, ist, daß auch die einsamst gelegene Insel der Welt, jene, die am weitesten von allen anderen Inseln und dem Festland entfernte Insel, nämlich das sogenannte Tristan da Cunha, zu Zeiten Josephs II. im österreichischen Besitz war. So hat sich Österreich zu allen Zeiten bereits vom Franz-Josef-Land im Norden bis zur Antarktis erstreckt, über gemäßigte Zonen und äquatoriale Meere, mit einigen Außenposten in Brasilien und Japan, so daß einen, wie gesagt, das sprichwörtliche Kopfschütteln überkommt, wenn man nach Österreich gefragt wird, denn wo wäre es denn genau, Wien ist es nicht, es ist nur ein Fliegenschiß auf dieser orthographischen Projektion, oder haben Sie je einen Mittelpunkt auf einer Landkarte gefunden, wohingegen jener berühmte Witz seine bittere Wahrheit hat, daß man nämlich in Österreich jenen Globus erfand, auf dem nur ein einziges Land eingezeichnet ist: Österreich. Und deshalb ist es ein Befremden, das mich jedesmal überkommt, wenn ich über die Grenze fahre, ja, Befremden ist das richtige Wort, und auch Grenze, selbst wenn ich anderes hätte sagen wollen.

Mainzer Stadtschreiberrede

Zum zwanzigsten Jubiläum einer Würde

Einem geschenkten Gaul schaut man nicht ... ich weiß; aber soll er nun auch zugeritten werden, dazu noch von einem wie mir, der seiner Arbeit sonst nur auf Schusters Rappen nachgeht, wär's nicht schlecht, man hätte eine ungefähre Ahnung, wo hinten und wo vorn ist: um ihn richtig aufzuzäumen. Oder wüßte wenigstens, womit dieses angebliche Musenroß füttern.

Worin denn nun meine Pflichten bestünden, womit ich zu tun hätte in diesem ehrenwerten Amte eines Stadtschreibers, war folglich meine erste gewissenhafte Anfrage an das Komitee – worauf man zwar stolz auf eine lang zurückreichende Geschichte verwies, von Karnevalsveranstaltungen und Johannisfeuern sprach, mich sonst aber mehr oder weniger im ungewissen ließ –, während gleichzeitig zu den Gratulationen des Mainzer Bürgermeisters und anderer ehrenwerter Honoratioren mir auch ein Gratulationsbrief der CDU ins Haus flatterte, was meine bis dahin noch leichte Verunsicherung merklich vergrößerte, ob dem, was man sich von mir – der ich in Deutschland nicht wahlberechtigt bin – erwarte.

An meiner spontanen Vermutung – daß ein Stadtschreiber womöglich dazu da wäre, für etwaige der Schrift unkundige Bürger der werten Stadt Mainz Briefe abzufassen, ihnen vielleicht beim Ausfüllen von Steuerformularen behilflich zu sein oder gar für allfällige Herzensangelegenheiten Gedichtliches auf Bestellung zu verfassen – konnte wohl nichts Wahres sein: schließlich war Mainz ja die Stadt Gutenbergs und hatte damit ein halbes Jahrtausend Vorsprung vor mir, sich mit den Lettern des Alphabets vertraut zu machen; und zum anderen hatte man in meiner Person ja einen Österreicher in dieses Amt berufen. Und daß man sich von so einem Unterricht im Deutschen versprach, schien mir denn doch zuviel Wunschdenken – wiewohl ich nie müde werde, darauf hinzuweisen, daß Hochdeutsch eine Frage der Geographie ist: es beginnt erst ab sagen wir 500 Meter über dem Meeresspiegel ein solches zu werden, in meiner Tiroler Heimat also, und dies lange bevor die diversen Lautverschiebungen meinem Hochdeutsch (das nur Ignoranten für einen Dialekt halten mögen) jenseits des sogenannten ›Weißwurstäquators‹ zur Ausbreitung verhalfen, als Verkehrssprache der Flußschiffer den Rhein hinab – eine Art vormaliges Pidgin also für den Handel mit den germanischen Volksstämmen, die in den dunklen Wäldern seiner Ufer hausten ... Nein, daß ich deren rheinhessischen Nachkommen nun die rechte Anwendung des österreichischen Dativs erklären sollte und ihnen beibringen, daß man nicht Fleischer, Priester, Pflaumen, Aprikosen und Kartoffeln sagt (sondern Metzger, Pfarrer, Zwetschgen, Marillen und Erdäpfel), hieße wohl das Roß hinter den Karren spannen.

Dieses Pferd jedoch hing, wie man sich auf Mitteldeutsch ausdrückt, immer noch in der Luft. Um von diesem Gaul aber wenigstens auf den Esel zu kommen, wandte ich mich an ein paar Einheimische, die Gebrüder Grimm, um herauszufinden, wie seine vormaligen Reiter zu ihrem urbanen Namen gekommen waren – und fühlte mich zuerst wahrlich gebauchpinselt, als ich die lange Liste von Bezeichnungen sah, auf die sich dieses ehrenwerte Amt zurückführte. Den französischen Griffelführer, *le greffier d'une ville*, verwiesen sie auf den italienischen *secretario d'una citta* und *registratore del pubblico*, diese beiden wieder auf den *amanuensis curiae* – eine der vielen segnenden rechten Hände des Papstes –, den wiederum auf den lateinischen *magister publicarum literarum* und *scriptor grammaticus*, und jene wiederum auf den alten griechischen *archigrammateus*: wenn das nicht nach Ehrendoktorwürden, Promotionen und Habilitationen klang! Auf welch hohes Pferd ward ich da gesetzt! Denn laut Wörterbuch war ich damit in die Gilde der öffentlichen Schreiber der Stadt, welche dem Rate beigeordnet sind, erhoben, in den gleichen Stand wie Richter und Kanzler, passend zu den Fasnächten zu einem Mainzer Schröder ernannt.

Zog ich jedoch hierauf die angeführten Zitate zu Rat, wie es um die Berufsausübung meiner althergebrachten Vorgänger bestellt gewesen war, stutzte ich zusehends, weil mir langsam begreiflich wurde, wo der Pferdefuß an dieser meiner neuen Würde war. Angesehen waren sie zwar allemal – von einem gewissen *Bartholomäus Pfenner* war etwa überliefert, daß er *ein gelehrter jurist und in die 43 jahr stadtschreiber und letztlichen zugleich rathsherr gewesen*. In die 43 Jahr! Auf meine diesbezügliche Anfrage teilte man mir jedoch mit, daß meine Amtszeit beschränkter wäre – und es zudem Aufstiegschancen gäbe: so war *Michael Cardinal,* laut den Urkunden, *ein gelehrter mann, der aber nicht stadtschreiber blieben, weil er bald stadtrichter worden.* Nun, nichts gegen die Jurisprudenz, aber meinen Sie wirklich, daß ich ...

Doch wenn ich lese, daß der Stadtschreiber bei Storm mit *weizsgepudertem kopf aus dem offenen fenster des rathsizungssaales alle öffentlichen bekanntmachungen verliest* – und laut Jean Paul immerhin Stellvertreter des Bürgermeisters ist, *ein mann von einsichten und feurigem patriotismus* ... Ja, das würd mir schon gefallen! Verbürgt ist jedoch auch ein Stadtschreiber zu Münster namens *Petrus Schneider, ausz kayserlicher majestät gewalt offner gesworener notarius, ein underrichter, dem wir auch alle jar ain lezelten geben.* Und wieder wurde ich natürlich sogleich mit der Versicherung beschwichtigt, daß ich mich dieses Jahr über nicht nur von Lebkuchen ernähren müßte.

Daraufhin jedoch unterließ ich weitere Anfragen meinerseits, denn je mehr ich las, je tiefer ich mich in die Archive wühlte, desto weniger angenehm wurde der Charakter dieses Protokollführers einer Stadtgemeinde geschildert. Schon Grimmelshausen kanzelte in seinem *Simplicissimus* einen meiner Vorgänger pauschal als vorlauten Wichtigtuer ab, weil *der stadtschreiber (welche leuth dann zimlich kirr zu werden pflegen, wann sie gleich keine stimme haben) angieng, etlichen gelehrten rathsverwandten seine meinung ohnbefragt auff lateinisch zu vernehmen zu geben* – worauf ich gleich, ich gesteh's, meinen Ruf als *poeta doctus* in ganz anderem Lichte sah.

Bei Grimmelshausen hätte man dies noch als Kollegenschelte abtun können, doch das Porträt, das Pestalozzi zeichnete, war noch weniger vorteilhaft: *der stadtschreiber neigte sich respectvoll vor seinen collegen von der feder, ergriff ein rostiges schlüsselbund und öffnete das kleine gewölbe des rathauses, wo alte akten in dicker staubhülle die zeit erwarteten, um eingestampft zu werden, und betheuerte, er wisse hier nichts von der alten zeit und kümmere sich gar nicht darum.* Ein Federfuchser also war es, den man in so einem wie mir sah, einen auf seinem Wurstbrot herumkauenden Sesselfurzer, der bei jeder Belästigung seine beamtete Arroganz zutage zu legen versteht – zum Aktenarchivar verkommen, den Pestalozzi der spießbürgerlichen Engstirnigkeit zeiht: *es sind nicht mehr die vornehmen Benedictiner, welche schreiben, sondern kleine leute, bettelmönche und stadtschreiber, welche aus dem gesichtskreise ihrer mauern die weltereignisse beurtheilen.* Ja, ja, es mag wirklich etwas Wahres dran sein, daß man trotz allem vermeintlich schriftstellerischen Weltbürgertum letztlich selbst noch in China auch wieder nur vor einer Mauer steht. Doch deshalb in Deutschland gleich als Chronist Schildas bezeichnet zu werden?

Es kommt noch schlimmer. Luther geißelte die Männer meines Standes ihrer wirren und exaltierten Sprache wegen: *man musz sich auf ihr canzeley- und stadtschreiberteutsch einrichten, die krausen prächtigen worten, formuln und arten mit denen sie predigen.* Ebenso sprichwörtlich aber zog man auch über unsere breitärschige Physiognomie her – *er hat hände zart wie ein junker und waden wie ein stadtschreiber* – und machte sich in Spottversen über uns als ebenso schläfrige wie gefräßige Grobiane lustig:

> *bistu denn essens satt, und hast was uberdroschen,*
> *die augen wollten zwar, nichts aber in die goschn*
> *zu kriechen mehr gelüst; dann falln dir die augen zu*
> *und wollen, wie man sagt, zur städteschreiberruh.*

Da versteht man dann wieder, warum der von Pestalozzi derart gescholtene Mann so unwirsch auf die Mitteilung seiner Amtseinsetzung reagiert: *dieser stadtschreiber namens Seifried nun wollte seine verachtung nicht bergen, als er am ende halblauth frug, ob er den vorfall unter der rubrica gaunerei oder gewaltthat gegen den rath in das stadtbuch eintragen solle.*

Was soll ich darauf jetzt erwidern? Die Höflichkeit gebietet es, daß ich mich bei Ihnen für die Ehre meines zuerkannten Amtes bedanke. Doch die Moral und ein letzter Rest von Standesehre gebieten es auch, daß ich Sie warne: Tun Sie sich das nicht an! Lassen Sie mich nicht an Ihren Ratssitzungen teilnehmen, wollen Sie sich nicht solcher Gewalttaten gegen die Stadt schuldig machen! Sie hat ein derartiges Beamtentum nicht verdient. Um wieviel harmloser wäre es da noch, Sie ließen mich da den Bürgern helfen, die Steuerformulare auszufüllen, oder meinetwegen auch die Liebesbriefe an Ihre jeweiligen Geliebten formulieren ... Wenn Sie mich schon mit einer Würde bekleiden wollen, dann ernennen Sie mich lieber zum Unter-Richter in Österreichisch und Deutsch – oder lassen mich weiterhin meinem angestammten Handwerk nachgehen und undichte Wasserleitungen und tropfende Hähne reparieren, denn das ist, wozu man Dichter gemeinhin braucht. Oberster Installateur der Stadt, das brächte ich vielleicht noch hin – aber Stadtschreiber? Ich weiß nicht … aber ich werde mich bemühen.

Zweiter Teil

EINE ERDUNG DER POESIE

Die Kehrseite der poetischen Münze

I

Ungeteilte Zustimmung ist selten. Und wie mit dem Teufel und dem Weihwasser, so geht's manchen manchmal mit mir, obwohl sie natürlich dabei mit den Augen zwinkern; der Teufel, wenn man mich für einen Scharlatan oder schwindelerregenden Jongleur hält, das Weihwasser, wenn man mich als Erfindung Thomas Manns und als Reinkarnation Georges oder Rilkes ausgibt. Wo den einen mein Erhabenes zu salopp, derb oder prosaisch ist, wird den anderen mein Ton zu hoch, ornamental oder zitiert; die Themen sind wahlweise zu exotisch oder zu sachbezogen, die Glossen entweder zu trocken oder suggestiver als die Gedichte, und an den Datierungen darunter stoßen sich alle. Zu den vielen Ausnahmen zählen dann aber auch wieder jene, die meinem Buch Tropen *lieber gleich, damit es in die Lyrik-Grundbestände paßt, den Titel ›Tropfen‹ geben. Zum Teufel mit dem Weihwasser, möchte man da sagen, es hat sich damit, wenn es dabei nicht um die Poesie ginge und man dadurch die Gelegenheit erhielte, zu unterstreichen, was sie eigentlich ist, im Unterschied zu dem, wofür man sie hinlänglich hält. Allein deswegen möchte ich Sie bitten, mich an diesem Vormittag nur einmal mit der Laterne kurz über den Markt laufen zu lassen, um zuerst einige Gemeinplätze auszuleuchten, bevor ich dann Peter Huchel den Dank erweise, den ich ihm schulde ...*

Beginnen wir mit dem Vorbehalt, es gäbe kein originäres Ich vorzuweisen, weil es sich nicht an der Gesellschaft riebe und weder unmittelbare Erfahrung noch unmittelbare Subjektivität verhandle, kurz: mit der Frage nach dem allseits beliebten *lyrischen Ich*. Doch was dieser Begriff meint, ist genau das Gegenteil dessen, was durch ihn gemeinhin postuliert wird: denn eigentlich kommt dieses Ich einem ›Er‹ gleich, abgelöst von der Persönlichkeit des Dichters und jeder bloßen Selbstaussage. So, wie sich die Literatur also ihre Dichter erfindet, so setzt das Gedicht erst ein Ich, ja, ersetzt es fast – nicht umgekehrt. Es konturiert es über seine Dinge, ihre Wahrnehmung, die Form und die Worte, die es einsetzt, um einen Mittelpunkt zu bestimmen; es konstruiert ein Ich, mein Ich, im Schnittpunkt seiner Perspektive und konstituiert es in der Sprache. Kein privates Beiseitereden also, sondern ein Sich-Realisieren, Zeile für Zeile.

Wie könnte das Ich eines Gedichts auch unmittelbar sein, wo es doch zu einem immer durch die Maske einer Form spricht und zum anderen die Worte nur als Tauschgeld benützen kann, das durch alle Hände geht? Und wie viele dieser Währungen gab es schon: die antike, barocke, klassische, die dekadente und avantgardistische Valuta, die psychoanalytischen, die postmodernen und andere polyvalente Nominale ... Ich habe vielmehr den Verdacht, daß es sich dabei um Falschmünzerei handelt, daß das, was mit dem lyrischen Ich eigentlich verlangt wird, ein konventionell bürgerliches ist, eines, das sich der Welt vorsetzt, um über sie zu verhandeln, eines, das sich im moralischen Imperativ von Gesellschaft und Politik ergehen kann, weil sie in der Dichtung meist konsequenzlos bleiben, eines, dessen scheinbare Unmittelbarkeit nur in der Leichtigkeit besteht, mit der man sich darin wiederfindet, angenehm bestätigt. Solche Gesellschaftsentwürfe hat die Poesie nicht zu offerieren; sie hat Radikaleres zu bieten: Entwürfe eines Ichs, anarchische Freiräume jenseits aller Fassaden. Erst in ihrer republikanischen Freiheit, wie Schiller sie genannt hat, in der Freiheit vor jeder *res publica* wird das Ich exemplarisch, stellvertretend für einen uneingeschränkten Humanismus.

Restaurator, Modernisierer oder bloß Übersetzer heißen andere Etiketten, mit denen man mich ebenfalls versehen hat, und ich gebe offen zu, daß ich diesen Anteil meiner Arbeit gerne beschränkt hätte, wenn das Verhältnis zur Tradition ein ungebrochenes wäre und der Blick auf die Dichtung unvoreingenommen. Die Glieder Orpheus wieder zu einem Körper zu versammeln, nicht in der Imitation, sondern für eine, unserer Zeit angemessene Rhetorik der Poesie, ist immer auch eine Generationenfrage – aber sie hat wiederum mit dem »lyrischen Ich« zu tun. Sich eines Themas anzunehmen heißt zudem, seiner Geschichte bewußt zu werden und sich dabei auch die Masken anderer Dichter aufzusetzen, um durch sie anderes zu sehen als das, was einem sonst in den Blick gerät – doch dies mit eigenen Augen und eigener Stimme. Das unverwechselbar Eigene liegt bereits in diesem Blick, in dieser Haltung, im Humor und Temperament, doch jedes Gedicht bringt jeweils eine Facette daraus zum Vorschein – daher auch dieser Anspruch nach Vollständigkeit, der sich in Kapiteln und Zyklen zeigt. Nicht nur, um sich in diesem Umfang Einsichten und Ansichten anzueignen, sondern dadurch ein weiteres Stück Welt zu erschließen, sich anzuverwandeln; es ist eine Komparatistik des Blicks, in deren Differenzen das eigene Ich Gestalt gewinnt: und es ist zugleich Kritik.

Vom Kanon einmal abgesehen, erstreckt sich dieser doppelte Blickwinkel auch auf andere Zugänge zu den Dingen, philosophischen oder der naturwissenschaftlichen beispielsweise – nicht als Pflichtprogramm der Poesie, aber auch nicht, um auf modische Weise mit Fachtermini eine Welthaltigkeit zu suggerieren, die nur an einer lateinischen Vokabel hängt. Wissenschaft und Kunst bedingen sich eben nicht wie Thema und Durchführung, um Fachsprachen in den Zeilenbruch eines Versmaßes zu übersetzen; sie stellen konträre Dialoge dar, die erst komplementär werden müssen, sie besitzen keinen gemeinsamen Nenner, sondern suchen bestenfalls nach dem kleinsten gemeinsamen Vielfachen. Beide Seiten nicht zu vereinnahmen, sondern sie gegeneinander bestehenzulassen, darin liegt eine der Möglichkeiten, Widersprüche offenzulegen und eine Spannung zu erzeugen, ohne sie von vornherein zu ignorieren oder kommentierend zu entschärfen.

Mag sein, daß die Kritik eines Gedichts schwer zu lesen ist, weil es diesen zweifachen Blick voraussetzt, auch auf das scheinbar Schöne. Und ich gestehe das Schöne gerne ein – weil es seiner Natur nach paradoxal ist. Es ist das, was Sinn macht, was mit einem Minimum an Mitteln ein Maximum an Aussage erzielt, es ist ein Instrument der Erkenntnis, indem es ihr die Gültigkeit einer Figur und einer Gestalt dort verleiht, wo nur willkürliche Gleichgültigkeit herrscht. Aber es ist nicht real. Und weil es das nicht ist, wird es im lyrischen Inventar auch leicht zu Ornament und Prunk und zu Zitat, wird die Schönheit zu den bürgerlichen Anführungszeichen des ›Erhabenen‹, aus dessen goldenen Ranken man sie immer herausarbeiten muß; man führt sie vor, um sie zu hinterfragen. Die Bilder, die man entwirft, sind letztlich Trug, Embleme der Ohnmacht, an die Dinge herankommen zu können. Es trotzdem zu wollen, darin liegt ihre Rechtfertigung; sie dabei stets in Frage zu stellen, darin liegt ihre Wahrheit. Mit ungeteilter Zustimmung hat dies nichts zu tun.

Die Wahrheit eines Gedichts: sie besteht nicht hinter den Dingen, nicht in ihnen und auch nicht in den Namen, die wir ihnen geben, in diesem unausgesetzten Universalienstreit. Sie zeigt sich nur im Disput des Gedichts mit sich und mit anderen Gedichten, in den Mehrdeutigkeiten, die dadurch offensichtlich werden. Kein geschlossenes Weltbild, nein: jedes Gedicht entwirft nur eine von unendlich vielen Perspektiven, in denen sich die Dinge jedesmal anders unvereinbar zeigen. Das ist der Realismus der Poesie. Denn selbst wenn das Gedicht Trug ist, täuschen, nur des bloß Schönen wegen, will es nicht. Es will datiert sein, nach Ort und Zeit, im Begehren, greifbar und faßbar zu werden, im Verlangen, nachvollziehbar zu sein, als Beleg jener Wirklichkeit, der sie sich angenähert hat – was nichts daran ändert, daß ihre Gewißheit nur damals vor Ort vorhanden war und man ihrer jetzt nur mehr ephemer in den Zeilen einer Tagebucheintragung gewärtig ist. Das ist es, was das Ich dabei durch ein ›Er‹ und ein ›Du‹ ersetzt, in der Anrede von Abwesenden, Abwesendem, im Bewußtsein der Sehnsucht und ihrer Vergeblichkeit: der Gestus allein ist das Eigentliche. Und da bekenne ich mich zum Jongleur als Sinnbild all unserer scheinbaren Wahrheiten: seine Gewißheit besteht allein darin, die Bälle in der Luft stehen zu sehen und die anderen vergessen zu machen, daß er sie wirft. Denn er tut ja nichts anderes, als sie wieder zu fangen.

II

Doch es gibt auch eine Kehrseite zu diesem Spiel eines Jongleurs, eine Kehrseite der poetischen Münze. Denn was die Allegorie ihres Maskenspiels versteckt, ist das Nichts, diese Landschaften der Leere, die jedes Gedicht, ob es will oder nicht, mit dem Katechismus seiner Bilder füllt. Auch das ist Kritik. Der schöne Schein eines Gedichts, sein Lichteinfall, weiß von seinem Schatten nur bedingt, weil es alles lesbar machen will, schreibbar, selbst wenn es sich seiner Sprachmächtigkeit wehrt. Denn sie stellt stets die Frage nach ihrem Gegenteil, dem Verstummen; und diese Frage möchte ich nun anhand eines Verses von Peter Huchel aufzeigen, so wie er von Michael Hamburger zitiert wird, und schließlich meine Lesart hinzufügen:

Ja, viel schwärzer werden sie sein,
Viel kahler, unsere Landschaften,

Noch bevor dies geschieht:
»Die Öde wird Geschichte,
Termiten schreiben sie
Mit ihren Zangen
In den Sand«.

Das Zitat im Gedicht stammt aus Huchels Psalm *– zu eigen gemacht aber hat ihn sich Hamburger, nachdem er bei Huchel im Schwarzwald* (In Staufen) *zu Besuch war und nachmittags öfter in Fabres Insektenkunde vertieft war, während Huchel die Marienkäfer aus dem Schwimmbad fischte und der Kaschnitz beim Baden zusah.*

Bei Huchel führten diese Zeilen zum Schluß, daß ein »eifrig sich zu vernichten bemühtes Geschlecht nicht erforscht werden wird«; er hatte dieses Bild mit seinem alttestamentarischen Rahmen auf die atomare Aufrüstung und ihre babylonische Apokalypse bezogen. Hamburger jedoch löst es daraus ab, gibt ihm die Grundierung des jüdischen Holocausts und führt den Vers zu einem anderen Ende:

Kannst du noch schreiben, schreiben
Für die Töter, die Retter,
Solange sie leben,
Für die Termiten, diese
Papierfresser, solange sie leben.
Oder nur für den Sand,
Für den leeren Sand.

Schreiben, nur für den Sand, den leeren Sand. Bei Huchel wie dann bei Hamburger wird das Bild zur Allegorie – und damit letztlich verfälscht; erst im Vergleich zeigt sich, daß das Poetische immer schon über Kontext und Inhalt hinwegzutäuschen verstand. Denn je mehr man dieser schwarzen Landschaft die Notwendigkeit erläßt, sie zu situieren, desto unschärfer wird die ihr innewohnende Wirklichkeit: eines wird fürs andere eingetauscht, um die Realität einer symbolischen Wahrheit formulieren zu können, der Reales längst abhanden gekommen scheint. Damit schlägt jedoch die Wahrheit des Fiktiven über in das grundsätzlich Fiktive jeder Wahrheit. Wird dies erst einmal bewußt, tut sich ein Raum des Ungewissen auf, vor dem man nur erschrecken kann. Und es liegt hier nur an einer kleinen Unstimmigkeit, daß sich erneut die Frage nach der Wahrheit der Poesie stellt, ein winziges Detail aus Fabres *Wunder des Lebendigen*, mit dem sich der Zweifel an ihr ausweitet: Termiten, heißt es, brauchen ein gewisses Maß an Feuchtigkeit für ihren Bau, ihre Türme und Höhlen graben sie in tropischen und subtropischen Savannen, sie existieren, wo es noch Erde und Bäume gibt, nicht aber mehr dort, wo eigentlich Wüste ist, Öde, leerer Sand. Das haben Huchel und vielleicht Hamburger gewußt.

Aber es gehört zu Huchels Naturbegriff, daß in ihr Zeichen lesbar werden, in einer unter den Disteln wohnenden Sprache, das Testament gestürzter Tannen, die Grabschrift auf der schwarzen Glätte einer Wasserlache, das Logbuch der Algen auf salzigen Felsen, die von den Termiten in den Sand geschriebene biblische Geschichte. Für ihn sind es Eintragungen in einem Buch der Bücher, das diesen Bildern ihre ewige Menschlichkeit verleiht. Hamburgers Lesart dieser Sätze weicht davon nur im Widerspruch, nicht aber grundsätzlich ab; für ihn ist diese ewig behauptete Menschlichkeit zu einer menschlichen Ewigkeit geworden, Paraphen auf einem Papier, das irgendwann von Termiten zernagt werden wird. Doch was, wenn auch diese Schrift schon Illusion ist? Was, wenn die Öde nicht einmal mehr zur Geschichte wird, sie es nie war, in keinem Sinn von Geschichte oder Geschichten, weil das, was geschieht, sich jedem faßbaren, gemeinsamen Maß von Zeit entzieht? Lassen Sie mich Ihnen diesen Raum zeichnen, obwohl ich ihn wieder nur verfälscht darstellen kann.

In der Libyschen Wüste liegt eine vollkommen flache Ebene aus feinem Kies, wo unvermittelt plötzlich die windabgewandten, hohen Sicheln ockerfarbener Dünen auftauchen. Es ist eine ebenso namenlose wie menschenleere Gegend, nichts, das wächst, leblos, fast. Am nächsten Morgen zumindest waren vereinzelt die von ihren Beinen in den Sand gestrichelten Spuren einer fingerlangen, flügellosen Mantis zu sehen; sie selbst, mit ihrer sandfarbenen Tarnung, entdeckt man erst, wenn sie erschreckt vor einem aufschnellt. Sie lebt von Insekten, die der Wind manchmal über Hunderte von Kilometern bis zu den Dünen dieses kleinen Ergs weht; auch das Wasser, das sie zum Überleben braucht, nimmt sie aus ihrer Beute auf.

Schreiben, nur für den Sand, den leeren Sand. Beim Gehen über diese Ebene in der Libyschen Wüste gab es verschiedene Zeiten, die nicht auszudenken waren: eine tektonische Zeit für die vulkanische Entstehung des Tibesti im Süden, die Grate der Lava, die scharf aus dem Sandstein hervorstehen; eine geologische Zeit für die Dauer der Ausformung dieser Schwemmebene weit nördlich der Ausläufer, die Erosion von Bergflanken und Hochebenen zu Zeugenbergen und Sand, der Raum für den Transport dieses Sandes durch den Wind und die Flüsse; und eine vegetative Zeit, die unterschiedlichen Zeitspannen für das Leben hier, von denen keine einzige mit meiner übereinstimmt, die Zeit auch, bis das tiefrote Oval der Sonne wieder weiß wird und mit den Schatten auch wieder das Erträgliche an den Farben nimmt, die Zeit, in deren Stille man auf das eigene Atmen zwischen jedem der Schritte horcht.

Doch selbst wenn die schmale Fährte, die von einem schwarz oxydierten Stein zum anderen läuft, von Termiten mit ihren Zangen in den Sand geschrieben worden wäre, so ließe nichts sie als Schriftzeichen lesen, sondern nur als Spur: Spuren, bar jeder anderen Bedeutung als der einer Existenz, von der ich keine Vorstellung habe. Selbst wenn ich wollte, es drängte sich mir keiner auf. Die einzige Wirklichkeit ist die Kälte noch in der Dämmerung, der Rauch, bis das Feuer greift, die Hände um die Teetasse. Alles das *ist*, es ist vor den Augen, es geschieht, ohne daß ein Abstand dazu möglich wäre, von dem aus sich die Dinge in einem anderen als einem hart fallenden Licht zeigen würden, ein Licht, das keine Kontraste mehr zuläßt und die dadurch vertrauten Entfernungen zum Verschwinden bringt.

An dieser Tiefe der Zeit teilzuhaben, an der Zeit eines Steins, eines Insekts, sie mit etwas Innen, einem Ich, verbinden zu können, lenkt das Gehen insgeheim, doch ohne daß etwas je ins Offene treten würde. Und nichts, das dann ferner wäre als eine Metapher, ein Vergleich oder gar ein Gedicht. Vielleicht liegt die Poetologie dieser Landschaft wirklich nur in einer anderen Art von Büchern bezeichnet, Bagnolds *Physics of Blown Sand*, Dolgoffs *Physical Geology, in* Klimatabellen, Karten, Kompassen, ihrem geographischen Glossarium griechischer oder lateinischer Begriffe, oder der Liste von Wörtern, welche die Tubus für die einzelnen Erscheinungen gebrauchen. Doch selbst dann wäre sie bloß aus dem Leeren übersetzt.

Eremos ist der griechische Name für die Wüste, ein Name, dessen Etymologie auf das Einzelne, das Einsame verweist. Der Gattungsname der Mantis, die ich nur zweimal auf einer Reise gesehen habe, lautet *Eremiaphila*; aber gemeinhin nennt man sie Gottesanbeterin. Die Silhouette, die sie im Lichtkegel warf, als sie das zweite Mal reglos auf dem Scheinwerfer saß, war augenfällig, aber selbst noch als Wort blieb es kaum mehr als eine Reminiszenz an eine andere Welt, Buchstaben und ein Bild, ohne mittelbaren emblematischen Gehalt.

Die Idee eines Gottes, die beiden großen Religionen und die Bibliotheken entstanden allein am Rand, dieser schwarzen Landschaft abgetrotzt, als eine Geschichte des Ölbaums und der Palme – und doch nur als Rückkehr aus und zugleich doch wieder zur Wüste.

Dieses zweifache Lesen ist es, das *re-ligio*, dieses Wiederholen der Schrift in ihrem zwiefachen Sinn, was die Wahrheit eines Glaubens ausmacht, selbst wenn er nur das Pantheistische apostrophiert; darin schreiben Huchel und Hamburger ihre Gedichte ein. Die Wahrheit der Dichtung dagegen müßte eine andere sein, wenn sie es könnte: die Dinge zurück in eine Leere zu legen, wo sie noch keinen Namen haben, sie auszusetzen, jenseits jedes Menschlichen und jeder menschlichen Ewigkeit, ohne ein Wohin, wo *die Narben an den Felsen nicht mehr entzifferbare Schriftzeichen sind, sondern Wegzeichen* – um einem Satz Peter Huchels sein Fragezeichen zu nehmen. Doch vielleicht besteht, übersteht die Poesie nur, wenn ich das Fragezeichen dennoch belasse: obwohl sie die Antwort schon längst weiß.

Eines dieser Zeichen steht für mich in der Cyrenaika, am Rande des letzten Dorfes vor der Grenze, wo die libysche Ebene unvermittelt nach Ägypten abfällt. Dort, in einer Straßenkehre, liegt unterhalb der Böschung ein schmales Feld, rostige Erde, die mit der Hacke von außen nach innen umgegraben wurde, bis zum Stamm eines Mandelbaumes, dem einzigen Mandelbaum in ganz Afrika, der bereits in Blüte steht. Ich bin jedesmal noch stehengeblieben und über den Stacheldraht geklettert, doch der Zweig, den ich Dir abgebrochen habe, um ihn Dir mitzubringen, war nichts als nur ein Zweig mit seiner nassen, schwarzen Rinde, den hell ins Rot übergehenden Knospen, nichts als nur ein Zweig vom Ast eines Baumes, der hoch über dem Meer vor dem Wind geborgen steht und in diesem Januar viel zu früh austreibt. Und auch er ist kein Symbol, er ist nichts als das, was er ist, trotzdem ich ihn jetzt sage. Das ist mein Plädoyer für die Poesie.

Die dritte Seite der Münze

Hochverehrtes Publikum, sehr geehrte Damen und Herren der Jury: haben Sie beide vielen herzlichen Dank für die so gänzlich unverhoffte Zuerkennung dieses im wahrsten Sinne des Wortes beneidenswerten Preises – von all den literarischen Ehren ist der Breitbach-Preis zweifellos der einzige, um den man selbst, der Summe wegen, die vorigen Preisträger so offen und ehrlich, ja lustvoll beneidet hat, wie man seinerseits nun dafür beneidet wird: erfüllenderen Neid gibt es kaum. Andere, mehr vom reinen Renommee lebende Auszeichnungen gibt es, die mir jedoch schon deshalb nicht so erstrebenswert scheinen, weil man mit diesem Renommee dann auch zu leben hat: was heißt, dem Statuarischen eines Denkmals gerecht zu werden, in seiner bronzenen Pose verharren zu müssen; der Freiraum auf einem Sockel ist so begrenzt, daß man bloß Grünspan ansetzen kann. Wieviel mehr Beinfreiheit jedoch verleiht dieser Preis, wieviel mehr Schrittweite die Höhe seiner Dotation: ein wahres Göttergeschenk. Ich weiß, im Zusammenhang mit den Schönen Künsten von Geld zu sprechen, hat dabei immer einen etwas messingenen, wenn nicht gar bleiernen Beigeschmack; doch gerade deshalb möchte ich nun über das wahre Verhältnis von Geld und Literatur reden.

Mein Respekt gilt in dieser Hinsicht ganz Joseph Breitbach, schon weil er das alte Klischee widerlegt, daß Schriftstellerei gleichbedeutend mit Alltagsferne und Lebensuntüchtigkeit wäre. Als Volksschullehrerssohn und Buchhändlerlehrling sein Vermögen an der Börse zu machen heißt auch, zu vermögen, mit mindestens ebenso komplexen Dingen wie in der Literatur umzugehen; warum auch sollte die symbolische Intelligenz, die die Künste an den Tag legen, verdienstvoller sein als eine ausgebildete soziale Intelligenz – oder eine pragmatische, wie sie Joseph Breitbach bewiesen hat. Für mich zeugt es von Umsicht ebenso wie einigem Stolz, sich nicht von der Hoffnung auf eine literarische Hausse abhängig zu machen; die Lebensklugheit, auf die auch finanzieller Erfolg verweisen mag, kann der Aussagekraft eines Werkes nicht schaden, im Gegenteil; und daß sich Joseph Breitbach damit in der Lage sah, die Zinsen seines Kapitals als Preis zu stiften, beweist nicht zuletzt eine wahre Liebe zur Literatur: mein Eigennutz nun führt vor, wie wenig er an den seinen dachte. Nein, ungewöhnlich ist nicht, daß er seinen Lebensunterhalt vorzüglich ohne die Literatur bestritt, sondern vielmehr daß die Literatur heute glaubt, von sich selbst leben zu müssen, ja ihr Selbstverständnis darauf ausrichtet, unabhängig von Publikum und Patronanz existieren zu können.

In ihrer viertausend Jahre alten Geschichte stellt solch ein Anspruch jedoch die Ausnahme dar. Denn die Hörigkeit, die Literatur quer durch die Epochen Fürsten und Höfen, Mäzenen und einer Leserschaft gegenüber bewies, ist nicht nur bloßer Unmündigkeit gleichzusetzen; sie wurde dadurch auch gezwungen, etwas von Relevanz und Interesse zu formulieren. Weder Homer noch Shakespeare oder Ihr Goethe verschlossen sich vor dieser, zugegeben oft undankbaren und schwierigen Aufgabe. Und wenn nun ich vor Ihnen stehen darf, dann allein deshalb, weil Sie in meinen Zeilen etwas von sich widergespiegelt fanden. Sie haben dem, was ich stellvertretend für Sie zu Papier gebracht habe, Kredit gegeben – und vergelten es mir Ihrerseits mit anders bedrucktem Papier: auch darin besteht der Tauschwert von Kultur.

Von mir selbst aus Anspruch erheben kann ich bloß auf die Zinsen dieses Geschäftes – wie der nebenberuflich als Verleger arbeitende Dichter Michael Krüger bestens weiß: nämlich auf zehn Prozent vom Ladenpreis minus Mehrwertsteuer. Und ich will Ihnen gerne, weil wir nun schon einmal bei dieser Art von Buchhaltung angelangt sind, auch gleich das sich daraus ergebende Einkommen offenlegen: an der Druckseite eines Buches – beim Schreiben ist man in etwa 240mal langsamer als beim Lesen – sitze ich im Schnitt 12 Stunden, was bezogen auf die 700 Seiten meines letzten Romans insgesamt 8400 Stunden ergibt. Auf die gewerkschaftlich übliche Vierzig-Stunden-Woche umgelegt, kommt man somit überschlagsmäßig auf etwa viereinhalb Jahre Arbeit, was – dividiert durch die 2 Euro, die mir pro Buch zustehen – nur bei einem wirklich sehr, sehr guten Verkauf etwa 8 Euro die Stunde ergibt (bei einem Gedichtband jedoch höchstens 3 Euro). In reale Zahlen übertragen, ist das nicht einmal ein Viertel von dem, was der Physiotherapeut verlangt, der mir die Tennisellbogen, die ich mir vom Tippen eingehandelt habe, wegmassiert.

Es ist zwar auch noch der Vorschuß des Taschenbuchverlags dazuzurechnen, von dieser reinen Umsatzziffer für die Bilanz dann aber auch ein Drittel für Recherche, Handbibliothek und Computer als anrechenbare Auslagen abzuziehen (auf Steuer kann ich Gott sei Dank in Irland verzichten; dafür jedoch sind die Lebenshaltungskosten dort 1,74mal teurer als in Deutschland) – womit ich auf ein Monatsgehalt von im besten Falle 1000 Euro im Monat komme (bei einem Gedichtband jedoch maximal 300 Euro): was gerade die Miete samt Sozialversicherungsbeitrag abdeckt. Wovon ich also lebe? Von Ihnen, wertes Publikum und hochverehrte Jury: von Lesungen und solch einem Preis wie diesem. Von eben jener Instanz also, die ein Schriftsteller, der was auf sein gutes Renommee gibt, stets als solche ausgeben muß, mit der er nicht rechnet, will er sich von den Kriterien der Bestsellerlisten vereinnahmt sehen und in einem Zug mit Rosamunde Pilcher genannt werden.

Kein Verhältnis zur Literatur, weder das Ihre noch das meine, läßt sich auf solch einen Utilitarismus reduzieren; und doch scheint mir der Umstand, daß das Gute, Wahre und Schöne auch unter diesem Gesichtspunkt gesehen werden kann, etwas zutiefst Menschliches zu besitzen: er verleiht den Symbolismen der Literatur, mittels deren wir letztlich nur eine existentielle Leere füllen, beinahe eine gewisse Pragmatik – den Anstrich von realem Nutzen. Dabei hat die Geschichte den Buchstaben einmal einen völlig anderen Wert attestiert.

Literatur im Sinne von schriftlich Fixiertem gibt es erst, seit es Städte gibt und Landwirtschaft. Der Grund für diesen Ursprung von Zivilisation, wie wir ihn kennen, liegt wie so oft im Laufe der Evolution in der Umwelt: die nach der letzten Eiszeit kurz einsetzende fruchtbare Feuchtperiode wurde abgelöst durch lange Dürren, die die nomadisierenden Sammler und Jäger zwangen, seßhaft zu werden, Wildgetreide anzubauen, Tiere zu halten. Es ist mit dieser Art der Domestikation, daß auch die Idee der Permanenz einsetzt: und mit den ersten Lehmbauten entstehen auch die ersten Tempel, durch die die Religion ihre Herrschaft behauptet. Damit beginnt Kultur. Und sie rechtfertigt sich, indem sie symbolische Werte institutionalisiert, die einem Gemeinwesen Konstanz verleihen und es im Innersten zusammenhalten: alle Gesetze sind letztlich abstrakte Ideen, denen eine Autorität Gültigkeit verleihen muß.

Wie sich die Ethik sozialen Verhaltens von spirituellen Dogmen ableitete, wurden auch von der Literatur Sprache, Formen und Inhalte aus der Religion übernommen: aus Gebeten und Mythen wurden Gedichte und Erzählungen. Sosehr sich der Autor davon auch zu emanzipieren suchte, nahm er ihre Autorität dabei aber noch oft genug für sich in Anspruch; durch sein vom Hohepriesterlichen abgeschautes Schenialisches bekam er dadurch Spielraum genug, um neben dem Herrenlob auch Herrschaftskritik zu zeigen. Dazu brauchen wir gar nicht weit zurückzublicken: Schillers Idee des Theaters als moralische Anstalt beispielsweise, die volksdidaktischen Aufgaben, die ihm zufolge Literatur spielen sollte, entsprechen dieser zwiespältigen Rolle ebenso wie sie all den Grass', Walsers und Jelineks immer schon als Legitimation diente, für ihre private Meinung öffentliche Diskussionen einzufordern (daraus hat schließlich die österreichische Literatur am meisten Kapital geschlagen).

Politisch ist Literatur jedoch einzig, indem sie Individuelles exemplarisch darstellt, auch jenseits von Ethik und Moral und abseits aller Dogmen: das ist das Territorium, das sie verteidigt. Sie wäre ein mundtotes Unterfangen, wenn sie dadurch nicht gesellschaftliche Wirkung zeigen und Kultur prägen würde – wie auch jede Religion bloß sektiererisch geblieben wäre, wenn sie neben ihrer Ökumene nicht auch über eine Ökonomie verfügt, keine Latifundien besessen und keine Steuern eingenommen hätte. Doch ob Kirchen, Tempel oder Zikkurate – sie sind stets Prestigebauten einer Wirtschaftsmacht: damals wie heute ist es der Handel, um den sich letztlich alles dreht, und dabei in erster Linie um Geld. Es definiert den existentiellen Spielraum eines jeden ebenso wie die symbolische Währung des Individuellen.

Handelswirtschaft jedoch ist (ebenso wie die Idee des Individuums) ein urbanes Phänomen. Bevor die ersten Städte der Welt – Catalhöyuk oder Uruk etwa – gegründet wurden, lebten und arbeiteten die Menschen im Kollektiv kleiner Farmen, kultivierten Gerste oder Einkorn, jagten Gazellen und anderes Wild und tauschten untereinander das ein, was sie nicht selbst herstellen konnten. In der Mitte des 4. Jahrtausends vor unserer Zeitrechnung aber begann man dann, die riesigen Plattformen der Zikkurate aufzubauen, Paläste zu errichten und Behausungen rings um sie. Um sie und ihre Priesterkaste auszustatten, wurden aus Bauern Handwerker – Maurer, Steinmetze, Gerber, Weber und Silberschmiede. Wo zuvor von verstreut lebenden

Familien für den Eigenbedarf produziert worden war, gab es nun innert weniger Jahrhunderte erstmals so etwas wie eine städtische Bevölkerung mit Hunderten verschiedenster Güter, deren Austausch jedoch bald symbolische Formen annahm. Der reale Gegenstand wurde ersetzt durch aus Lehm geformte Tokens – Miniaturen, die ein Schaf darstellten, ein Laib Brot oder einen Ölkrug; aus einzelnen Viehbeständen wurden so auch etymologisch die Pekunien.

Diese Tokens dienten als Zählmarken und als Schuldscheine für die Steuereintreiber der Tempel; sie repräsentierten figurativ drei Hauptgüter einer Handelswirtschaft – die Dienstleistung menschlicher Arbeit, Getreide und Vieh – samt einem Dutzend untergeordneter Kategorien wie Honig, Milch, Wolle, Tuch, Seil, Kleider, Matten, Betten, Duftstoffen, aber auch Metallen. Indem sie diese Dinge darstellten, waren sie Zeichen ebenso wie Währung: ›Geld‹, noch bevor es Geld gab, waren sie gleichzeitig die ersten ›Buchstaben‹. Beständiger Vereinfachung unterworfen, wurden aus diesen Figürchen bald für sich stehende Piktogramme, mit denen eine eigene Kaste von Berufsschreibern Warenlisten anlegte, bis sich daraus im 3. Jahrtausend eine Silbenschrift entwickelte, die nach und nach ganze Texte wiederzugeben imstande war: von Verträgen, Edikten, Briefen bis zu Sammlungen von Sprichwörter, Hymnen und Epen.

Buchhalter also haben die Schrift erfunden, und mit ihr auch das eigentliche Geld. Denn für die Vielzahl verfügbarer Güter gab es anfänglich noch eine Unzahl von Preisen: ein Monat Arbeit waren eineinfünftel Maß Gerste wert, dieses wiederum soundso viele Töpfe Honig, für die man ihrerseits ein halbes Dutzend Schafe eintauschen konnte – was den Preis einer Sandale zu bestimmen zu einem wahren Rechenkunststück machte* (das führte jedoch dazu, daß die Tempelschreiber schließlich die Mathematik entdeckten; mittels Logarithmen und Exponentialfunktionen ließen sich dann auch der Zins rückständiger Schuldner und die Mehreinnahmen der Steuererhöhungen berechnen).

Für diese Warenbörse war deshalb ein Einheitswert vonnöten: handlicher als ein Schekel Gerste etwa, das zu transportieren ein Esel

* Sie war zehn Datteln gleich einem Viertel Weizen gleich zwei Vierteln Bitumen wert; was aber war dann gerade der beste Preis? Und apropos Gewichte: Wußten Sie, daß ein sumerisches ›Talent‹ ein Siebtel eines ›Homer‹ ausmacht, einer jüdischen Eselslast?

allein nicht genügte, wurden Silber und Gold dazu bestimmt. Zu ästhetisch ansprechenden Ringen, Spiralen und Stäben gegossen, fehlte es nur noch an einer überregionalen Authentifizierung des Edelmetalls. Und da schon das Alte Testament achtmal vergeblich gefordert hatte, nichts am Gewicht oder der Reinheit des Goldes zu fälschen, ließen Händler ihre Wertzeichen in Stoff wickeln oder in Töpfe füllen und versahen sie mit einem Siegel. Aus diesem wiederum wurden dann die ersten Münzen. Um 600 vor Christus in Lydien geprägt, wurden sie jedoch mehr und mehr aus billigen Legierungen gegossen, ihr eigentlicher Wert zunehmend irrealer. Und wieder ist es eine Autorität, die garantiert, das etwas Symbolisches auch Kaufkraft hat. Wo anfangs aber noch Götter für die Prägestempel der Münzen herhielten, mußte bald auch das etwas profanere Konterfei eines Königs wie Krösus genügen – und schließlich in jüngster Gegenwart noch Gedichte: auf den holländischen Guldenscheinen nämlich, wo sie als winzige Wasserzeichen Fälschungen verhindern sollten.

Doch seit mit dem Geld auch die Idee des Kredits auftauchte, kam es auch schon zu Verschuldungen und Privatkonkursen – und das in solchem Ausmaß, daß schon Hammurabi ein Gesetz erließ, dem zufolge keiner seiner Untertanen dafür länger als drei Jahre versklavt werden durfte. Womit wir wieder bei den Produktionsbedingungen eines durchschnittlichen Romans angelangt wären.

Der parallele Erfolg von Geld und Literatur ist dem Umstand zuzuschreiben, daß sich beide standardisierter Formen bedienten, die von einem Kollektiv übernommen werden konnten. Dabei zeigen sie ihre Gemeinsamkeiten auch im Negativen. Münzen wie Worte erhalten ihre Denominationen erst, indem sie sich im Umlauf befinden; sie werden dadurch aber auch abgegriffen, unterliegen der Inflation ebenso wie der Deflation (man denke nur an inzwischen aus dem Verkehr gezogene Begriffe wie Blut und Boden, Heimat oder Herz) und müssen immer wieder neu geprägt werden.

Doch was bestimmt dann ihren eigentlichen Wert? Idealerweise müßte er sich an Realem messen lassen, an der individuellen Gültigkeit von Realien. Einer solchen Forderung kommt jedoch heute etwas Utopisches zu. Sie bliebe ein bloßer Anachronismus, da sich durch die ursprünglichen Formen des Tausches kein Handel mehr abschließen läßt, sie staatlich geächtet und als Schwarzhandel und -arbeit gebrandmarkt werden. Auf mehr Verständnis stößt da auch die Literatur nicht, wenn sie Privatsprachen entwirft oder dem Ideal einer Übereinstimmung zwischen Zeichen und Ding durch die Onomatopoeien von Lautgedichten oder die Embleme der visuellen Poesie zu entsprechen sucht: wohl oder übel bleiben sie Randerscheinungen auf dem Markt der Kultur.

Denn was mit den Schriftzeichen und Zählmarken eingesetzt hat, ist die Ablöse von Lebenswirklichkeit und Welt; so austauschbar sie einmal waren, so projiziert ist auch ihre Beziehung zum realen Objekt. Aufrechterhalten – und damit auch vergolten – wird sie durch den Überbau eines Kollektivs, der ihre Transaktionen sanktioniert: und das war, wie gesagt, einmal die Religion. Sie bestimmte den Wert dieser Symbole, sie legte fest, was und in welcher Menge einem Gott an Opfern zu zollen war – jene Hunderte von Schafen und Tausende von Getreidescheffeln, die die sumerischen Tempelschreiber in ihren Listen anführen. Dargebracht wurden sie, indem man sie auf einem Altar verbrannte, der Rest wurde rituell von der Priesterkaste verzehrt (es ist daher, daß der Begriff Parasiten rührt, Mit-Esser): die Götter nährten sich ja nur vom Rauch. Was den Wert eines Gutes bestimmte, war also eine metaphysische Instanz. Daran änderte sich auch nichts, als man das Edelmetall zum Standard aller Werte erklärte: es ist kein materieller Gebrauchswert, der es auszeichnet, für Gerätschaften ist es zu weich, zu leicht verformbar – sondern seine Korrosionsbeständigkeit, seine Seltenheit, vor allem aber: sein Glanz.

Ob nun der Glanz von Göttern oder von Gold und Silber, es ist das Symbolische (und damit auch das Ästhetische), worauf Wertesysteme letztlich gründen. Was für die Religion gilt, trifft auch für die Literatur zu. Ohne greifbaren Gebrauchswert, zollt sie dem Metaphysischen Tribut; und das Symbolische, an dem sie sich abarbeitet, mißt sich daran, wie haltbar es vor der Idee des Ewigen ist, und wie leuchtkräftig. Dabei jedoch ist sie nie mehr gewesen als Rauch im Wind, ein Mahl für Götter, an dem wir alle als Parasiten teilhaben – als Leser und als Juroren, die beständig vergleichen, was sich eigentlich nicht vergleichen läßt.

Gläubige und Gläubiger: die Religion als ideeller Leitzins ist auch durch Ismen ersetzbar. Ob Feudalismus, Kommunismus oder Kapitalismus – sie alle haben neben ihren eigenen Ethiken auch ihre eigenen Sprachetiketten produziert. Damit aber wären wir bei einer modernen Skalierung der Werte. Denn ohne, wie heute erstmals in Europa, das Regulativ einer Ideologie im Hintergrund, die wertschaffend und -bewahrend wirkt, beginnt eine sich verselbständigende Dynamik zu greifen: wo weder Religion oder Rechts und Links politisch noch relevant sind, wird um des reinen Produzierens willen produziert, gerät Werbung zum Träger aller Wertvorstellungen. Was die Wirtschaft betrifft, so haben wir den *circulus vitiosus* solch deregulierter Überproduktionen täglich vor Augen. Gleiches gilt aber auch hier für den Markt der Literatur, die – auch dies eine Premiere – ihren Verlust an gesellschaftlichem Rang durch Überproduktion auszugleichen versucht, daß sich ihr Haltbarkeitsdatum kaum noch auf eine Saison erstreckt und sie sich zunehmend nur mehr an der Werbewirksamkeit von Kritiken mißt.

Der Glaube jedoch, die Literatur könne ihren Wert wiedergewinnen, indem sie diese Marktmechanismen kritisiert, erweist sich dabei als Trugschluß (das zeigen schon die Texte der 70er Jahre, die sich heute nur mehr als Agitprop lesen lassen). Es gibt keine dritte Seite der Münze – Kultur und Wohlstand, das ist die Lektion jeder Geschichtsschreibung, bedingen sich gegenseitig: wobei Wohlstand immer schon eine Rendite war, die die Kultur abwarf.

Joseph Breitbach karikierte diese Naivität, schon bevor sie zum Gesellschaftsspiel wurde: *man beginnt, ein wirtschaftliches Wunder, das aber keines ist, zu bemäkeln; man verdächtigt das Ergebnis von nüchternem Verstand und harter Arbeit. Die Prosperität verderbe den Charakter, heißt es, ein ›selbstsatter‹ Materialismus mache sich breit. Revolutionäre Ethiker zeigen voll saurer Verachtung auf den fetten Spatz in der Hand der Proleten und beklagen es, daß diese der viel mehr Fleisch und seelische Genugtuungen versprechenden Taube auf dem roten Dach keine Achtung mehr erweisen.*

Es fragt sich aber, ob man überhaupt mit der Feder den Wohlstand vernichten und, durch literarische Sabotage dieses gefährlichen Feindes, Zustände herbeiführen kann, die endlich wieder kritisierbar wären: Inflation, Arbeitslosigkeit, krasseste Wohnungsnot, kurz, materielles, öffentliche Anprangerung herausforderndes Elend, das die Voraussetzung für eine gewisse Literatur und den Ruhm ihrer Autoren ist.

Dem Volk den Wohlstand zu vermiesen durch Werke, die die Vanitas des guten Lebens aufzeigen, wäre im vorhinein ein verurteiltes Unternehmen, nachdem die Kirche tausend Jahre lang einen nur akademischen Erfolg damit gehabt hat und nachdem seit einem Jahrhundert selbst die miserabilistischste Philosophie und Literatur noch keinem Menschen, am wenigsten ihren Urhebern, den Appetit verderben hat können.

Ich befürchte also, diesmal müssen die vom Wohlstand ihres Landes so tief geschlagenen Kritiker zu Tätern werden: sie müssen ihn physisch vernichten, den Infamen, auf daß sich endlich wieder eine brauchbare, d. h. darstellungswürdige Misere ausbreite. Da gibt es nur ein Mittel: Taten, Taten, Sabotageakte! Sand in die Maschine. Produktionsanlagen, Talsperren einbegriffen, müssen gesprengt, Brände gelegt, Seuchen in Stadt und Land angefacht und unterhalten, die Währung durch Milliarden falsches Geld untergraben, die sozialen Gesetze durch bestochene Minister und Abgeordnete annulliert und für das alles die Regierung, die Unternehmer und die Führer der Gewerkschaften verantwortlich gemacht werden. Nur die Zeitungs-, Verlags-, und Rundfunkpaläste mit ihrem, den Autoren dienenden Personal müssen geschont werden, damit die endlich wieder möglichen Anklagen die Öffentlichkeit erreichen, wie reduziert durch die glücklich geschaffene Verarmung die Hörer- und Leserzahl dann auch sei.

Wer bei der Sabotage von den erbosten Opfern der wirtschaftlichen Lähmung erwischt und gelyncht wird, hat den Trost, als Widerständler der Tat, als Maquisard, in geheim gedruckten und nur an Kollegen verteilten Lyrikbändchen besungen zu werden.

*Gegen die tödliche Gefahr der allgemeinen Zufriedenheit habe ich für meine davon betroffenen Kollegen keine andere Lösung gefunden als die Sabotage der Wirtschaft. Es sei denn, sie würden sich daran erinnern, daß man, statt mit Taten und Waffen und ohne seine Haut zu riskieren, die furchtbaren Folgen des Wohlstandes auch durch gute Komödien abwenden kann**.

Satiren sind ein bewährtes Mittel, den Wechselkurs zwischen Gesellschaft und Kultur festzusetzen. Doch Literatur bestimmt den Nominalwert unserer alltäglichen Valuten noch auf andere Weise: da die Religion als ideelles Dogma ohne Bedeutung mehr ist, hat die Literatur begonnen, diese Leerstelle auf ihre so undogmatische und a-moralische Art zu besetzen. Ohne das *tertium comparationis* einer solchen transzendenten Institution aber sind Geld und Schrift längst zu Kehrseiten geworden, zu Kopf und Zahl.

* Vom Wohlstand geschlagen, 1958; aus: Joseph Breitbach, Feuilletons zu Literatur und Politik, hrsg. v. Wolfgang Mettmann, Pfullingen 1978.

Diese Komplementarität zeigt sich auch daran, daß der Impetus der Literatur sich grundsätzlich von jeder Geldwirtschaft unterscheidet: mit dieser läßt sich zwar ein Imperium erschaffen (und höchstens noch moderne Malerei als Investitionsanlage), *aber kein Buch*. Gerade ihre wirtschaftliche Ineffizienz macht sie dabei so effektiv. Denn sie handelt davon, wodurch sich sonst nichts einhandeln läßt: all unseren Wertvorstellungen nämlich. Erst dadurch wird der Autor zu jenem Kontrollorgan, das sie auf ihren Wirklichkeitsgehalt hin überprüft. In der Wirtschaft mögen dabei solche Ich-AGs bloß Erscheinungsformen von Konjunkturkrisen sein, Übergangslösungen bestenfalls; in der Kultur jedoch werden sie zu einer tragenden Instanz: so gesehen ist die Literatur, was die in Umlauf befindlichen Werte betrifft, der Bundesrechnungshof der Gesellschaft. Und das einzige Mittel gegen symbolische Falschmünzerei.

Denn wo wie bei der Börse jede Art von Handel eine virtuelle Transaktion ist, ein nur mehr auf Kredit beruhendes Termingeschäft, heißt einen Buchstaben aufs Papier zu setzen, diesen Kredit auf seine Realien zurückzuführen – und mit unserer Geschichte stets von neuem wieder zu beginnen: bei Viehbestand und Vögeln, wenn Sie so wollen, mit Spatzen ebenso wie mit Tauben, bei Mensch, Stadt und Natur. Ein Wort zu schreiben heißt immer, es zuerst auf seinen realen Gehalt zu überprüfen, einen Satz auf die Gültigkeit seiner Ästhetik, einen Absatz auf die seiner Ethik. Wo alles nur mehr die plakative Flächigkeit und Glätte von Werbeträgern hat, bietet die Literatur Tiefenschärfen. Und allein dieses Ideelle verleiht ihr, wie gesagt, den Anschein von Einfluß und Macht.

Der eigentliche Wert der Buchstaben liegt jedoch heute darin, daß sie nicht länger Zählmarken mehr sind, sondern Hochrechnungen der Götter. Aus Lehm einmal erschaffen, Dreck wie wir Menschen, sind sie – Lettern wie Götter – durch nichts einlösbar. Doch gerade dadurch tragen sie unsere Vorstellungen vom Schönen und Guten und Wahren in sich. Indem sie sich jedem Zugriff entziehen, sind sie ein Zeugnis dessen, was uns an- und umtreibt: des Niederen in uns, der Ideale vor unseren Augen, der Abgründe zu unseren Füßen. Die niemals jene von Podesten sind, auf die man sich stellt oder gestellt wird. Denn auf ihnen, und vor Ihnen, hochverehrtes Publikum und sehr geehrte Jury, erfährt man nur immer wieder die Tugend der *humilitas*:

des Mittellosen all unserer unbescheidenen Bemühungen, des Unvollendeten allen Strebens, des Mühens, immer wieder von neuem Götter aus Bronze zu gießen, deren Gestalt nie der unseren gleicht, nie gleichen kann. Die Literatur weiß, daß auch sie nur Götzenbilder schafft. Obwohl sie zwar in ihrem Stolz glaubt, nicht um ein goldenes Kalb herumzutanzen, ist der blendende Glanz, der von ihm, aber auch allen Göttern ausgeht, dennoch ein und derselbe: Narrengold.

Dritter Teil

KOMPENDIUM DER BLITZABLEITUNGEN

Ein arabisches ABC

Es ist aus dem arabischen Raum, daß wir nicht nur:

das Alphabet mit seinem **A** bekommen haben, so wie es die Griechen von den Phöniziern adaptierten (ursprünglich aber stammte es von semitischen Zwangsarbeitern am Sinai, die dort vor 4000 Jahren in den pharaonischen Türkisminen schufteten und sich die Hieroglyphen für ihre Zwecke zurechtlegten; für sie bedeutete das Alef noch ›Ochse‹); von den Mauren und Sarazenen dann übernahmen wir die Alchemie und Chemie samt ihren Amalgamen (sowie Alkali, Antimon, Borax, Naphtha, Natron und Soda); die Algorithmen und die Algebra mit ihrem ›x‹ (das für ›Ding‹ stand); die Astronomie, aber auch die Astrologie des Mittelalters; den Alkohol (weil sein Weingeist so fein war wie das Pulver des Khols, mit dem die Frauen ihre Lider schminkten); die Aprikosen, Artischocken und Auberginen; Assassinen (die sich nicht von Haschisch, wie Marco Polo glaubte, sondern von ›assass‹ – ›Fundament des Glaubens‹ – ableiten), aber auch Averroes und Avicenna –

das **B** (›Schilfhütte, Haus‹), Berberitzen und Boretsch; aus Samarkand aber kam auch das Papier, das sie uns brachten, aus dem Jemen der Alaun (der Farben fixierte), vom libyschen Ghadames ein Leder, das zur Gamasche wurde, aus der Wüste der Gummi arabicum des Akazienharzes und aus Sumatra ein Weihrauch, dessen arabischen Namen man als Benzol verballhornte, bis daraus, auf anderes wiederum übertragen, ›Benzin‹ wurde –

das **D** (›Tür‹), den Diwan und das Deodorant (auf Bleibasis) –

das **E**benholz und den Estragon –

die **F**anfare und die Fata Morgana –

das **G** (›Wurfholz‹) und den Galgant –

das **H** (›Zaun‹), das Hazardspiel und den Hartweizen –

eine **I**ndustrie, die Baumwolle, Seide, Wolle und Leinen für Kleider benützte, Hanf fürs Papier, Medikamente, Glas, Kosmetika und Seifen herstellte –

das **K** (›offene Hand‹), Kaffee, Kapern, Koriander und die Verwendung von Kristallgläsern bei Tisch –

das **L** (›Löcker‹), unsere Idee einer höfischen Liebe und die Laute (von ›oud‹, Holz); dazu Lacke, das Lila und die Limone –

das **M** (›Wasser‹), Marzipan, Melonen und Mispeln; die Maske und den Mittelscheitel; die Massage und die Matratze; Mumien und alle medizinischen Kenntnisse des Mittelalters –

das **N** (›Schlange‹) und den Nenuphar (›Seerose‹) –

die **O**range und eine moderne Optik (glaubte man zuvor, das Auge sende einen Lichtstrahl aus oder empfange sich von den Dingen ablösende Filme, kam Alhazen der eigentlichen Physiologie auf die Spur, was mittelbar zur Erfindung der Zentralperspektive führte) –

das **P** (›Mund‹), den Papagei und das schweizerische Pontresina (die ›Sarazenenbrücke‹) –

das **R** (›Kopf‹), den Reis und das Ries; die Kunst des Reims und das strophische Gedicht, wie es im Spanien des 9. Jahrhunderts Verbreitung fand –

das **S** (›Zahn‹), unser Simsalabim, das den formelhaften Anfang jeder Sure auf gleiche Weise parodierte wie das Hokuspokus das ›hoc corpus est‹ der christlichen Wandlung; Stoffe wie Atlas, Gaze, Damast aus Damaskus, Musselin und Satin (aus dem chinesischen Hafen Zaitun), die man mit Anilin, dem Krapprot des Alizarin, rauschrotem Realgar und Henna färbte; Safran und Sesam; Spargel, Spinat und das Sorbet; den Schelmenroman, das Schachspiel, das erste in Cordoba gegründete Schönheitsinstitut und all die Namen der Sterne –

das **T** (›Zeichen, Kreuz‹), Tarot, Talismane, Amulette, Türkis aus Nishapur und erstmals auch Tischsitten –

Übersetzungen von Aristoteles, Platon, Ptolemäus (der ›Almagest‹), die im 4. Jahrhundert von syrischen Übersetzerschulen ins Arabische und dann von jüdischen Gelehrten ein halbes Jahrtausend später ins Latein übertragen wurden –

das **W** (›Haken‹, ›Nagel‹) und das Waschpulver –

und schließlich das **Z** (›Waffe‹), den Zucker, die Zahlen, aber auch die ursprünglich von den Indern übernommene Null (›sifr‹ – was zu ›Chiffre‹ und ›Ziffer‹ wurde) –

sondern eigentlich unsere ganze Zivilisation, die mit der Kultivation von Wildgetreiden (als erste Form der Gentechnologie), der Domestikation von Wildtieren, der ersten metallverarbeitenden Industrie, Lehm als erstem Kunststoff, den ersten Städten, der ersten Schrift und der ersten Literatur (mit *Gilgamesh* und den ersten Gedichten) vor 5000 Jahren im heutigen Irak begann.

Fünfeinhalb Gemeinplätze die Übersetzung betreffend

Zur Rezeption der »Erfindung der Poesie«

1. Wie ein Kamel zum Pferd wird…

Eine meiner ersten Kindheitserinnerungen bezieht sich auf ein Klassenzimmer im *Lycée Carnot* in Tunis: eine Schulbank mit eingelassenen Tintenfässern, der Federkiel, mit dem man die Diktate schrieb, wechselweise auf Arabisch und Französisch, die Ohrfeige, die man bezog, wenn man auf der Seite einen Klecks machte, und die gelben Plastikstreifen, die über die falsch geschriebenen Wörter geklebt wurden. So lernte man das ABC und so gerieten einem die Fehler in die Sätze. Von der einen wie der anderen Sprache wußte ich nichts. Sprechen hieß, Fremdes sich anzueignen, zu verstehen, Regeln anzuwenden; eigentlich jedoch lernte ich das Schreiben erst über den Klang der Worte, die sich langsam festzusetzen begannen: sie waren nichts als Laute, deren Sinn man über den Tonfall und die sie begleitenden Gesten zu erraten bemüht war – und darin lag ebensoviel Geheimnisvolles wie dann endlich Selbstverständliches.

Die Faszination an den Rätseln von Sprachen ist mir geblieben, sie war es, die mich schließlich zur Poesie geführt hat, ihrem scheinbar so schwierig zugänglichen Sinn und ihrer zugleich doch so eindringlichen Musikalität. Artmann brachte mich dann auf das Gälische und Walisische, und über die klassischen Sprachen im Gymnasium fiel dann auch der Zugang zum Okzitanischen leichter, weil es eine Mischung aus lateinischem Dialekt und frühem Französisch ist. Man lernt die Sprachen unterschiedlich schnell und gut, man maßt sich deshalb noch lange nicht an, Experte zu sein; zumindest aber ging es darum, sich eine passive Kompetenz anzueignen, mit Wörterbuch und Grammatik umgehen zu können. Doch selbst wenn man eine Sprache perfekt beherrschen würde, wäre man bei den Gedichten noch nicht weiter: zuviel Erklärungsbedarf fällt an, zuviel steht an Symbolik zwischen den Zeilen, als daß man ohne Interlinearversionen, Übersetzungsvergleich und Zusammenarbeit mit Spezialisten auskommen könnte. Ein Assyrologe aus Leyden beispielsweise brachte mir seine Rekonstruktion bei, wie man das Sumerische ausgesprochen haben könnte, obwohl man dabei kaum mehr als nur einen Überblick auf das potentielle Klangmaterial bekommt: das Unterfangen ist wohl vergleichbar mit einem japanischen Studenten, der anhand einer Grammatik Mittelhochdeutsch lernt und dann bei seinem ersten Besuch in Bacharach am Rhein im Restaurant glaubt, sich verständlich machen zu können.

Übersetzen heißt, etwas von einem Ufer zum anderen zu bringen. Dazwischen liegt ein Fluß, dessen Lauf sich mit den Jahrhunderten ändert, der breiter wird oder austrocknet. Von der einen zur anderen Seite werden die Dinge anders; die Sprache verändert sich, das ganze Vokabular einer Weltsicht verlandet. Woran mir dabei lag, war, den Fluß entlang zurückzugehen zur Quelle, als wäre es die eigene – im gesetzten Fall zu den Anfängen der Poesie, bei denen auch die oralen Dichtungen der Beduinen auf der arabischen Halbinsel im 6. Jahrhundert eine nicht wegzudenkende Rolle spielen. Sie wie auch die anderen Poesien zu übertragen bedeutet, sie weiter zu vermitteln und sie sich für das eigene Handwerk anzueignen; darin liegt auch eine Besitznahme, gewiß, aber kein Raub; man bleibt als Dichter zwar immer ein Dieb, aber man behält ja nichts für sich. Das Übersetzen ist dabei, trotz aller Subjektivität des Blicks, immer noch die uneitelste Arbeit, die es gibt: weil man liest und lernt.

Was man als Kind lernt, so heißt es, bleibt einem, aber mit der Zeit zerfällt es auch wieder in Fragmente, wird die Zunge ungelenk. Und trotzdem bemüht man sich, die Dinge zu bewahren und die Worte zu behalten, weil sie zu dem werden, was man dann selbst ist. Vielleicht übernimmt die Poesie die Rolle, all das zusammenzuhalten, vielleicht. Ich würde nie wagen, zu behaupten, daß ich des Arabischen mächtig bin, denn alles, was man als Dichter letztlich zu beherrschen sich bemüht, ist immer nur die eigene Muttersprache; daß ich es zumindest radebreche, hat mir aber vieles erleichtert, zuletzt noch im Frühjahr 1997. An der Grenze zwischen zwei arabischen Staaten von einer Militärpatrouille in Gewahrsam genommen, wurden wir eine

Woche lang von einem Verhör zum anderen geschleift. Es kam zu keinen besonders angenehmen Szenen, vieles mußte wiederholt und umständlich erklärt werden, aber als die Rede dann schließlich auf meine Tätigkeit kam, öffnete das arabische Wort für Dichter schließlich buchstäblich Tor und Türen dieser anonymen Villa des Geheimdienstes, in der wir festsaßen. Auf dieses Stichwort begann nämlich der kaum umgänglich zu nennende Offizier den Anfang von Imru'l-Qays' berühmtem Gedicht aus den *Mo'allaqat* zu rezitieren. Als ich dann mit meinen wenigen auswendig gelernten Zeilen weiterwußte, war er plötzlich wie ausgewechselt und ließ es zum erstenmal nach langen Tagen zu, daß wir wenigstens unsere Botschaft anriefen.

Die Oden der präislamischen Dichter, die ›Schmuckstücke‹ aus der Sammlung der *Mo'allaqat,* hatte ich am *Istituto Orientale* in Neapel begonnen zu lesen, oder genauer, Wort für Wort zu entziffern, unter der Ägide eines Lektors aus dem Irak. Der Golfkrieg war gerade ausgebrochen und mein Kollege stand unter der dauernden Drohung, interniert zu werden; unsere Art des Übersetzens vertrieb ihm wenigstens die Gedanken. Ihm ging es dabei aber nicht anders als anderen Arabisten, die sich in die Sprache dieser Oden verbissen. Das hat mit den Gesetzen einer mündlich überlieferten und für jeden Vortrag immer wieder neu extemporierten Poesie zu tun, die mit den griechischen, walisischen oder isländischen Epen durchaus vergleichbar ist: als Gedächtnisstütze hilft das Metrum, sich des Inhaltes zu erinnern. Um aber ein Gedicht flüssig vortragen zu können, bedarf es rhythmischer Satzformeln, die miteinander kombinierbar sein müssen, um das Gedicht aufzubauen. Damit aber die Sätze in diese Blöcke passen, werden auch dialektale Wendungen eingefügt, deren Bedeutung schließlich mit der Zeit obskur werden kann. Die schriftliche Aufzeichnung und die Zensur durch den Islam taten dann das übrige, um sie weiter zu verrätseln, so daß zum Verständnis einzelner Zeilen schließlich ganze Kommentare notwendig geworden sind.

Und doch lernt jeder arabische Tafelkläßler diese Gedichte wie bei uns früher einmal das *Lied von der Glocke*, sie sind ein nicht wegzudenkendes Kulturgut der islamischen Welt, obwohl man sie im deutschen Sprachraum nie ihrem Rang entsprechend wahrnahm. Die Schulbuchausgabe, die wir hatten, bot eine Interpretation; um den Text zu erschließen, griff ich aber auch auf Ausgaben neuesten Datums italienischer, französischer, englischer und deutscher Arabisten zurück. Was man dadurch erhielt, war eine Vielzahl von Versionen, die zwar ein breites, aber deswegen noch kein endgültiges Bild boten. Wie bei allen altphilologischen Studien weichen die Interpretationen oft deutlich voneinander ab, fast im selben Maß, wie es auch immer noch keine verbindliche Transkription für das Arabische im europäischen Raum gibt. Wie aber diese Auslegungen für eine Nachdichtung nützen, ohne daß sie durch Fußnoten und Anmerkungen überfrachtet wird?

Philologische Übersetzungen haben sich diesem Problem nicht zu stellen. Ihre Arbeit ist vergleichbar mit jener von Restauratoren, die die Bruchstücke von Fresken zu konservieren, zu datieren und zu deuten bemüht sind. Eine Nachdichtung jedoch hat das Privileg, die Flächen wieder auszumalen, die Konturen nachzuzeichnen und dort, wo nur eine weiße Wand geblieben ist, die Linien dennoch weiterzuziehen. Auf ein Gedicht bezogen, geht dies von philologischen Analysen aus, versucht all diese Mosaiksteine zu einem Bild zusammenzutragen und es dann in einem Schwung auch in eine heutige Form zu bringen: um es mit den alten Ingredienzien neu komponieren. Denn was ein Gedicht ausmacht, ist ja nicht nur sein Inhalt, sondern vor allen Dingen seine sprachliche Form, die ganzen Kunstgriffe der Rhetorik, die es anwendet, um den poetischen Effekt zu erzielen. Was man unter letzterem versteht, ändert sich jedoch mit jeder Epoche, ebenso wie die Sprache und die Weltsicht dahinter. In einem amourösen Geplänkel eine Frau als »Mörderin der Liebe« zu bezeichnen, wirkt auf uns heute lächerlich, bestenfalls noch antiquiert – um dasselbe zu vermitteln, sagt man es heute eben anders. Die möglichen Arten der Aktualisierungen rechtfertigen sich dabei nicht zuletzt aber dadurch, daß die Dichtung ihre ewig gleichen menschlichen Motive immer wieder in einem neuen Gewand zu präsentieren versteht. Vor allem jedoch gilt, daß nur eine Übersetzung, die selbst Poesie ist, Übersetzung von Poesie sein kann.

Man dichtet also nach, man erfindet die Bilder für die jeweilige Sprache neu, und dabei nützt man die Vorarbeiten der Philologen, auch indem man sie in den Text einbindet. Ein Beispiel. In dem Gedicht des Nomaden Imru'l-Qays wurde wahrscheinlich aus dem Kamel, das er beschrieben hatte, bei der schriftlichen Aufzeichnung ein edles

Pferd: das erhöhte im nachhinein seinen Ruhm und paßte seinen, zu dieser Zeit längst legendären Status an die aufkeimende höfische Welt der Araber an – was aber nichts daran ändert, daß ein Pferd für die Wüsten der arabischen Halbinsel immer schon ein wenig taugliches Fortbewegungsmittel war.

Ein Kamel ist aber deshalb kaum weniger behende. Als Bub habe ich einmal im Süden Algeriens Schaukämpfe gesehen, welche die Tuareg bei einem Stammestreffen mit ihren Kamelen und Schwertern veranstalteten, wie sie blitzartig ihre Stuten herumrissen, sie im Galopp mit einem Ruck auf der Hinterhand fast zum Stehen brachten: es geht so schnell, daß man es fast wieder in Zeitlupe sieht. Eine der berühmtesten Stellen in Imru'l-Qays Gedicht beschreibt diese kinematographische Szene: *angreifend, fliehend, kommend und gehend zugleich, ein Felsblock vom Sturzbach geholt,* wie es wörtlich heißen könnte. Zusammen mit den darauf folgenden Zeilen gibt die Übertragung dies plastisch formuliert wieder: *Es dringt vor und springt zurück, es rennt an und um, so reißend wie ein Bergbach; ein Brauner ist es, dem beim Galopp der Sattel kaum am Rücken hält, der blank ist wie die Felsen nach dem Regen, mager und aufbrausend wie das Brodeln des Wassers, ein vollblütiges Schnauben und Wiehern.*

Ich bin nun weder ein Arabist noch Gräzist oder Assyrologe; im Brotberuf arbeite ich als Dozent an einem Institut für vergleichende Literaturwissenschaft. Was man in dieser Disziplin versucht, ist, die Forschungen einzelner Studienfächer übergreifend zu verarbeiten und sie zu einem Argument zu verbinden. Was mich dabei, auch für mein eigenes dichterisches Handwerk, an der arabischen Lyrik im Zusammenhang mit der *Erfindung der Poesie* interessierte, war dreierlei: zum einen die spezifischen Formen einer oralen Poesie, zum zweiten die Geschichte des Reims und der Strophe, und zum dritten, wie über einzelne Kulturen Gedankengut weitervermittelt wurde.

Die für die höfische Ethik so typische Fernliebe beispielsweise, dieses platonische Sich Verzehren vor einer Frau, übernahmen die Minnesänger von den okzitanischen Trobadors. Aber auch bei diesen machte sie eigentlich nicht viel Sinn: von einer Burg zur anderen war es ja nie besonders weit. Einen realen Hintergrund hatte sie jedoch bei den Beduinenstämmen auf der arabischen Halbinsel; deren Gesänge begannen in der Regel mit dem Blick auf ein verlassenes Zeltlager und der Trauer um die mit ihrem Stamm weitergezogene Geliebte: *Auf dem Leben, das jetzt nur in Trümmern liegt, lag einmal Tau; sie zogen weiter und ließen nur Leere zurück – sie zog mit ihnen und fort von diesem Ort unserer Liebe; ich werde dich kaum je noch wiedersehen. Ich verliebte mich in sie in einem Kampf mit ihrem Stamm – bei deines Vaters Leben die schlechteste Zeit –, und da bist du, denk ja nichts anderes, in meinem Herz eine Frau geworden, die man verehrt und ehrt – wie aber bei dir sein, wenn dein Stamm noch bis zum Frühling in 'Unayzatayn bleibt und wir in al-Gaylam?*

Was der Dichter 'Antarah da beschreibt, hatte einen realen Hintergrund: für ihre Herden waren die untereinander oft zerstrittenen Nomadenstämme gezwungen, ständig neue Weiden in der Wüste zu suchen; die Frau, in die man sich verliebt hatte, konnte man dadurch oft erst nach einem Jahr, wenn überhaupt, wiedersehen – was fast zwangsläufig das Thema der Fernliebe in den Vordergrund rückte. Die oft drastische Erotik der Klage um sie wurde später dann durch den Islam, seinen Idealen entsprechend, ins Asketische überhöht; Liebesschulen und eine Minneethik gab es bei den Mauren in ungleich verfeinertem Maße als dann bei den Trobadors. Nicht Tristan und Isolde oder Heloïse und Abelard waren also die ersten Protagonisten dieser Liebe, sondern Djamil und Buthaina: von jenem mythischen Stamm der Odhra, den ›Söhnen der Keuschheit‹, deren Enthaltsamkeit jener der Einsiedler nahekam; aber auch von jenen ebenso mythischen Asra, von denen Heine schrieb, *daß sie sterben, wenn sie lieben.*

Eremiten aber spielten auch eine Rolle bei der Vermittlung des Reims nach Europa. In China kannte man ihn zwar schon um 500 v. Chr., dennoch aber waren es die arabischen Dichter, die ihn erstmalig im europäischen Umfeld verwendeten: die Eigenarten der Sprache machten es möglich, daß Gedichte über mehrere hundert Zeilen auf ein und denselben Reim enden konnten. Die ersten Spuren des Reims im Lateinischen tauchen vor diesem Hintergrund in den Hymnen der nordafrikanischen Kirche im 3. Jahrhundert und später bei Augustinus auf, der Bischof in Nordafrika war; der Gedanke einer Imitation liegt deshalb auf der Hand. Verbreitet wurde der Reim dann aber über die Wüstenväter und ihre Adepten, jene christlichen Einsiedler in der ägyptischen Wüste, die wesentlich an der Missionierung Irlands beteiligt waren; noch heute gibt es Orte, die dort daran erinnern: Dysart, Desertmartin oder Disert Oenghusa etwa. Diese

Mönche schrieben auf Latein und in altem Irisch die ersten Naturgedichte, die den Reim konsequent verwendeten – noch vor den Trobadors und den ersten italienischen Dichtern am Hofe Friedrichs II. in Palermo, deren überraschende Kunstfertigkeit sich ebenfalls durch das arabische Vorbild erklären läßt. Aber nicht nur diese Aspekte der Literatur, auch unser ganzes Wissen um Astronomie, Mathematik, Philosophie oder Medizin geht auf die Araber zurück – von unserem Zahlensystem ganz zu schweigen.

Über Alexander den Großen war ja die griechische Kultur in den Nahen Osten gelangt, und die größte Bibliothek der Welt stand in Alexandria. Im Reich der Sassaniden im heutigen Irak lag ein Zentrum arabischer und jüdisch-religiöser Gelehrsamkeit, das Philosophen und Medizinern aus den griechischen Städten Zuflucht bot und wo fleißig übersetzt wurde. Mit der Ausbreitung des Islam kam dann dieser riesige Grundstock an Wissen in mittelbarer Form über das maurische Spanien und Sizilien nach Europa. Aristoteles wurde in der Spätantike ins Arabische und dann weiter ins Lateinische übersetzt. Platons Ideen und der Neoplatonismus wurden über andalusische Übersetzer dem europäischen Raum zugänglich gemacht, in den sogenannten *libri secretorum*, Schatzbüchern, die die eigentlichen Vorläufer unserer heutigen Lexika waren. Die Trobadors erhielten über Spielleute, auf den Kreuzzügen und über die Mauren zumindest indirekt Kenntnis von der höfischen Kultur. Und noch über den Zirkel von Gelehrten am Hof Friedrichs II. von Hohenstaufen in Palermo wurde nicht nur Averroes und Avicenna weitergereicht, sondern ebenfalls wieder Poesie und Literatur.

All dies sind Argumente, die in einem Überblick von 4000 Jahren oft Neuland betreten und zur Diskussion gestellt werden. Die Übersetzungen dagegen konkurrieren nicht mit den historisch-kritischen Ausgaben, sondern versuchen diese wieder in Dichtung umzusetzen. Auch das hat Tradition: aufgrund der Vorlage von Hammer-Purgstalls Hafiz-Übertragungen entstand der *West-östliche Divan* Goethes, der sich unter Herders Anleitung auch an das *Hohelied Salomos* machte, und Omar Khayyam wurde erst durch Fitzgeralds Nachdichtungen bekannt. Was an der Diskussion rund um die *Erfindung der Poesie* jedoch am meisten verdutzte, war der Umstand, daß man anscheinend im deutschen Sprachraum vollkommen vergessen zu haben scheint, daß es so etwas wie Nachdichtungen im Gegensatz zu historisch-kritischen Übersetzungen gibt, immer schon gegeben hat, und daß ihre Legitimation und Funktion eine andere ist. Wenn Artmann Villon in den Wiener Dialekt übersetzt, Enzensberger Shakespeares Sonette in heutiges Deutsch, eine ganze Liga von österreichischen Dichtern den Tschechen Jaroslav Seifert, Thomas Kling den Catull oder Thomas Hettche den Aretino, dann geht es darum, all diese Dichtungen für unser heutiges Interesse zu aktualisieren. So erschienen allein im Jahre 1997 in England zwei Anthologien mit Horaz- und Martialübersetzungen vom Mittelalter bis zur Gegenwart, ein Band mit Ovid-Nachdichtungen von Ted Hughes sowie Logues großartige Interpretation der *Ilias*, die bei der Kritik großes Aufsehen nicht ob ihrer fehlenden ›Worttreue‹, sondern der Aktualität dieser Dichter wegen erregten.

Rezensionen haben zumindest den Zweck, Diskussionen zu eröffnen. So hieß es etwa, in der Auswahl der römischen Dichter auf Horaz und Vergil zu verzichten, die Lessing als die größten Dichter apostrophiert hatte, sei Hochmut. Doch gerade diese standen noch für eine sich staatstragend gebende Poesie, die Augustus und das Sterben für das Vaterland zu verherrlichen hatte, und sie verfaßten für die sich ewig als Provinzler Empfindenden mit der *Aeneis* auch eine eigene *Ilias*. Sie waren Schulbuchlektüre. Heute mehr von Belang, obwohl weniger gut überliefert, sind jedoch Catull, der erste modernistische Stürmer und Dränger, aber auch Properz, der erste Dichter, der sich nur der Liebe widmete und dem Pound wie Brodsky ihre Hommagen erwiesen – die Dichtung orientiert sich eben selten an einem offiziell propagierten Kanon, sondern immer zuerst an der Zeit. Andere Kritiken zur *Erfindung der Poesie* setzen daran wiederum aus, daß sie sich mit den arabischen Gedichten auf die Peripherie konzentrieren würde – worauf die größte arabische Zeitung *Al Hayat* in ihrer Rezension wiederum zu Recht gegen diesen Eurozentrismus polemisierte. Denn daß man die arabische Kultur so lange bei uns vernachlässigte, hat nicht nur mit den heutigen Sprachgrenzen zu tun, sondern auch mit einer gehörigen Portion an Vorurteilen und blinder Ignoranz. Und so harren diese Dinge denn auch weiterhin und schon viel zu lange auf eine komparatistische Diskussion.

Und dann gibt es natürlich überall jene ›Experten‹, selbst unter arabischen Dichtern, die an dem *status quo* von scheinbar unumstößlichen wissenschaftlichen Erkenntnissen festhalten wollen, auch wenn eine, obwohl vergleichsweise marginale Orientalistik überwiegend nur im europäischen Raum stattfindet – nicht aber dort, wo sie eigentlich besser am Platze wäre. So treiben die Kompetenzen mitunter seltsame Blüten. Wenn dann von einem in Deutschland lebenden syrischen Märchenerzähler ein durch meine Übersetzungen vorliegendes »Unrecht« postuliert wird, er sie von »Sexualphantasien« getragen sieht und von der »Würde seiner Sprache und ihrer Dichter« redet, die sich gegen solche »Schlächter« wie mich zur Wehr setzen müßten, dann erinnert dieses Vokabular nur allzu fatal an die Wortwahl einer *fatwa* und ihrer Berufenen, die ironischerweise meinen, sogar noch die präislamische Poesie vor Zugriffen Unreiner bewahren zu müssen.

2. Wie ein Apfel zur Quitte wird…

Die Sorgfaltspflicht gilt für Rezensionen ebenso wie für Übertragungen; Schnitzer können einem dabei natürlich unterlaufen. Was bis dato aber an den 550 Seiten der *Erfindung der Poesie* zu korrigieren war, beläuft sich auf ganze sechs Schnitzer, wovon die meisten noch Druckfehler waren. Wollte man einmal eine ›Kulturgeschichte des Fehlers‹ schreiben, wird man schnell merken, daß es nur wenige gibt, aus zwei Gründen: zum einen beschäftigt man sich beim Übersetzen weit intensiver und länger mit dem Originaltext als jeder Feuilletonkritiker. Zum anderen aber gibt es auf keinem Gebiet, schon gar nicht auf dem der Philologie, eine eindeutige und ewig gültige Wahrheit; Fehler werden immer nur als solche apostrophiert, wenn man abweichende Meinungen oder Interpretationen damit meint: die Ketzerei, die man mit ihnen begangen sieht, ist stets das Spiegelbild eines Dogmas gewesen. Dogma und Poesie aber sind immer schon im Widerspruch zueinander gestanden.

Was unter dem Strich davon übrigbleibt, ist zumeist Beckmesserei. Was könnte man auch jemandem entgegnen, der zwischen dem Ich eines Odysseus und jenem Homers nicht unterscheiden will, weil für ihn das Epos eine seit Karl Valentin genau definierte Gattung ist? Was darauf, wenn er meint, daß ein Dichter bei Dante nicht im Fegefeuer, sondern in Wahrheit im Purgatorio auftaucht? Was erwidern, wenn er behauptet, Goethes Imitationen von zwei Liebesgedichten des

Properz könne man keine römischen Elegien nennen, weil er unter Rom nur die Stadt versteht und unter Elegie nur die Trauerklage (nicht aber ein antikes Metrum)? Was davon halten, daß jemand das Buch des Martianus Capella so zitiert haben will, wie Curtius es tut, nicht aber so wie die *Encyclopaedia Britannica*? Was einwenden, wenn seine Kritik darauf hinausläuft, daß die Übersetzungen der Gedichte des andalusischen Juden Samuel Ha-Nagid zwar gut klingen, er aber lieber nicht wissen möchte, was ein Orientalist zu alledem sagt? Diese Art der Auseinandersetzung wäre doch der einzige Sinn und Zweck einer Rezension.

Was dabei verlorengeht, ist nicht nur der Kontext, sondern auch der Sinn. Lassen Sie mich ein ausführlicheres Beispiel anfügen, in dem nicht nur deutlich wird, wie ein Verriß angelegt wird, sondern auch wieviel an Substanz dadurch verlorengeht: *Als Schrott die Poesie neu erfunden hat, um uns aus der Enge unserer regionalen und nationalen Befangenheiten hinauszuführen, hat er auch Gedichte von Sappho und Archilochos, von Catull und Properz übertragen, und da gibt es kaum ein Gedicht, bei dem er sich nicht der schwersten Verstöße schuldig gemacht hat, wobei die Fehler noch das Liebenswerteste sind. Aber ohne Gefühl für die sublime Gestalt des antiken Gedichts (von Metrik versteht er so gut wie nichts, wie die beigegebenen hanebüchenen Kommentare beweisen) werkt er an den Texten herum. Er übersetzt das griechische »glykymalon«(»Süßapfel«) mit »Quitte«. Daß es sich dabei um einen Vergleich mit einem Mädchen handelt und der Bräutigam in eine saure Quitte beißen müßte, stört ihn nicht. Wir kennen seine schrägen Metaphern. Wenn er Catulls »quantum est hominum venustorum« (sinngemäß: »wie viele liebenswerte Menschen es gibt«) mit »was in einem Mann nach Lust verlangt« wiedergibt, dann fragt man sich, weshalb die Kritik nicht laut aufheulte, zumal Schrott deklarierte, daß seine Übersetzungen »so nahe wie möglich und so frei wie notwendig« sein sollten.*

Worauf sich eine solch bornierte Kritik hauptsächlich selbsternannter Gräzisten dabei beruft, ist meist nur die Artemis-Ausgabe aus den 50er Jahren daheim im Regal (die obszöne Begriffe im Glossar hinten ins Lateinische! übersetzt), nicht aber eine gründliche Auseinandersetzung mit dem Text selbst. Denn dann wüßte sie, daß schon allein die Frage der Übersetzung von Namen aus der Botanik ein notorisches Problem ist. So bezeichneten die Griechen mit dem *malon* alle möglichen Früchte, vom persischen Pfirsich bis zur Melone, vom Apfel bis zur Quitte. Gegen die Übersetzung des Begriffes mit ›Apfel‹

spricht jedoch, daß sie nur Galläpfel kannten – die Technik der Veredelung aber geht erst auf das Mittelalter zurück. Denkt man dabei noch an die goldenen ›Äpfel‹ der Hesperiden, liegt eine Deutung als Quitte weit näher – *Golden Delicious* gab es ja noch keine. Und ganz abgesehen davon, daß nicht alle Quitten stocksauer sind, macht dies auch insofern Sinn, als es in Sapphos Hochzeitslied um ein Mädchen geht, das deshalb mit einer hoch hängenden Frucht verglichen wird, weil sie erst spät heiratet, von jugendlicher Süße also nur mehr begrenzt die Rede sein kann. Catulls frivoles Gedicht wiederum handelt vom Lieblingsvogel der Venus – prosaisch gesagt: dem Schwanz eines Mannes; und für »venus, veneris« – von dem sich das Adjektiv »venustus« ableitet – steht schon im Langenscheidt Schulwörterbuch als erste Bedeutung: »Liebe, Liebeslust, Beischlaf, Begattung, *euphemistisch für* coitus«. Wissen heißt eben immer nur, wissen, wo etwas steht. Und daß bei zunehmendem Alter (eines Textes wohlgemerkt) vieles eben um so zweifelhafter wird. Sapienti potens: wer so großmächtig in seiner Kritik ist, den wird man wohl weiterhin Äpfel und Birnen zusammenzählen lassen müssen. Und das oben auf seinem Baum.

3. Wie aus der *Heroica* eine Schreibmaschine wird...

Weit interessanter als diese Korinthenkackerei von selbsternannten ›Experten‹ sind jedoch die Gemeinplätze und *idées reçues,* die nicht nur in der Konfrontation mit der Auswahl und den Übersetzungen geäußert wurden, sondern auch darüber, was als Poesie zu gelten habe – und was nicht. So wurde beispielsweise bemängelt, daß Sappho nicht in ein sapphisches Strophenmaß übersetzt wurde. Dazu aber muß man etwas über Prosodie im allgemeinen und jene der Antike im besonderen vorausschicken.

Man hat sicherlich auch Sie im Gymnasium mit Gedichtinterpretationen gequält, die stets damit begannen, daß ein Vers in Jamben, Daktylen oder Trochäen zerlegt werden mußte, ohne daß mehr dazu gesagt wurde, als sich daraus ein hüpfender oder ein getragener Rhythmus ableiten läßt. Doch wenn darauf nicht eine Einführung über den emotiven Gehalt einzelner Metren folgt – was natürlich nicht der Fall war –, dann kam daraufhin bestenfalls noch zum Schluß, daß eine betonte Silbe letztlich nur deren Sinngehalt akzentuiert. Viel mehr läßt sich den Versfüßen an Relevanz heutzutage nicht mehr abgewinnen, obwohl die einzelnen Bezeichnungen der Metren manchmal noch andeutungsweise auf ihre Ursprünge verweisen. Der Daktylus etwa heißt ›Finger‹, doch nur, weil er wie dieser drei Glieder hat, der Trochäus, dessen Tonhöhe von der ersten zur zweiten Silbe abfällt, deshalb wörtlich der ›Faller‹. Das Ta-Ta-Ti des Anapästs kommt vom ›Zurückschlagen‹, da er vielleicht einmal kriegerische Marschlieder intonieren half; der Spondeus war ein bei griechischen Trankopfern gebräuchlicher Takt, der Kretikus wurde dem kretischen Dichter Thaletas von Gortyn zugeschrieben und bildete das Grundgerüst eines vom Tanz begleiteten Liedes, und der Jambus hat mit der Archilochos zugeschriebenen Gattung von Hohn- und Spottliedern zu tun, die dem Gegner die Worte ins Gesicht ›schleuderte‹. Doch das war, als die Dichtung noch eine orale Kunst war, keine literarische wie heute.

Aber auch damals schon kam den Sprachmelodien keine inhaltliche Bedeutung zu; der Hexameter etwa fand nicht allein nur in Epen, sondern auch in lyrischen, satirischen oder philosophischen Dichtungen Verwendung. Der Grund jedoch, weshalb man zwischen verschiedenen Versfüßen und Strophenmaßen unterschied, lag hauptsächlich darin, daß sie – in einer auf mündlicher Überlieferung aufbauenden Kultur, deren Sänger ihre Werke nicht mit dem eigenen Namen zeichneten – die einzig denkbaren Signaturen für unterschiedliche soziale Schichten, Stämme und deren Dichter waren. Um einen modernen Vergleich zu bemühen: der Unterschied zwischem dem alkäischen und dem sapphischen Strophenmaß hat etwa eine Wertigkeit wie zwischen Hip-Hop oder Reggae: wie diese boten sie über ihren ›beat‹ soziale Identifikationsmöglichkeiten, waren Beleg einer kulturell eigenständigen Ausdrucksform in diesem Zusammenschluß einzelner Regionen, der Griechenland einmal war.

Für die Griechen lag in der musikalischen Formung darüber hinaus noch der Beleg des Göttlichen. Ein Dichter galt als solcher nur, wenn er (von Met wie von Wein, den LSD-ähnlichen Substanzen des Mutterkorns ebenso wie dem giftigen Lorbeer, den man ins Kohlenbecken gab: den Siegern der Dichterwettstreite einen Lorbeerkranz aufzusetzen ließe sich damit vergleichen, einem Bachmann-Preisträger ein Kilo Haschisch zu überreichen) berauscht war und damit Sprachrohr der Musen werden konnte; nüchtern glaubte man ihm nichts – da hatte er ja auch nichts von Belang zu sagen, weil er dabei nur von sich selber sprechen konnte. Den zusätzlichen Wahrheitsbeweis, daß er wirklich mit den Göttern in Verbindung getreten war, lieferte auch die Melodie seiner Verse, indem sie sich vom bloßen Geräusch der Alltagssprache abhoben. Etwas davon vermittelt das Metrum auch heute noch: das Vergnügen, einen Vers mit den Fingern oder dem Fuß mitzuklopfen, sein einlullender oder manchmal hypnotischer Effekt. Da der Takt eines Gedichts meist etwas schneller ist als ein normaler Pulsschlag, kommt auch ein physisches Phänomen hinzu: der Herzrhythmus steigt, um sich dem Metrum anzugleichen, was eine gewisse Euphorie bewirken kann; auch das hat mit dem religiösen Ursprung der Poesie zu tun, selbst wenn er uns fremd scheint.

Es gibt zwei Übersetzungsmaximen, schrieb Wieland: *die eine verlangt, daß der Autor einer fremden Nation zu uns herüber gebracht werde, dergestalt, daß wir ihn als den Unsrigen! ansehen können; die andere hingegen macht an uns die Forderungen, daß wir uns zu dem Fremden hinüber begeben und uns in seine Zustände, seine Sprachweise, seine Eigenheiten finden sollen.* Damit war Johann Heinrich Voß gemeint, sein Bestreben, die antike Versgestalt in all ihren Details wiederzugeben und sich dem Original in Wortstellung und Wortbildung historisierend anzugleichen. Wieland dagegen plädierte für Übersetzungen, die den Autor vorstellen, *wie er gesungen hätte, wenn unsere teutsche Sprache* seine Sprache *gewesen wäre.* Die Dichter entschieden sich stets für diese Art der freien und doch formalen Nachbildung – das gilt für Schiller und Goethe (der vorschlug, Homer in Prosa zu übersetzen) ebenso wie für Celan, Artmann oder Enzensberger.

Die Probleme einer offen ausgewiesenen Nachdichtung sind offensichtlich, die einer historisierenden Übersetzung jedoch um so weniger, was damit zu tun hat, daß sie selbst dann noch werktreuer wirkt, wenn sie auf Trugschlüssen beruht. Der eine liegt bereits im Versmaß. In einem griechischen oder römischen Lied konkurrieren zwei verschiedene Metren miteinander. Man unterschied – anders als heute – nach kurzen und langen Vokalen; gleichzeitig aber gab es auch eine dazu gegenläufige Melodie: die Verse wurden gesungen, in Tonhöhen zwischen C, G und F. Die Vorstellung, daß man dies auf unser monoton gesprochenes System von nur mehr betonten und unbetonten Silben übertragen könnte, um einen Eindruck vom Original zu bekommen, ist deshalb illusorisch: zu viele Reduktionsprozesse liegen dazwischen. Es kommt dem Versuch gleich, Beethovens *Heroica* auf einer mechanischen Schreibmaschine nachzuhacken, die Klingel am Zeilenende als Tschinelle.

Will man dies nun auch noch in das Repertoire einer modernen Lyrik übertragen, kommt hinzu, daß die streng gebundenen Formen für unsere Ohren letztlich zu antiquiert klingen; selbst Friedhelm Kemp, der große alte Übersetzer, ist der Meinung, daß das Hören auf das Metronom sich überlebt hat und dynamischere Strukturen in den Nachdichtungen angebracht wären. Aus der eher schulgriechischen und ungesungenen Lauttranskription *De-DÜH-ke-men-AH se-lAnná / kai plEH-i-adEs · mesAI-de-/nÜHk-tEs · para-d-ERchet OHra / Eg-OH de mon-AH ká-tEUdó* läßt sich so das etwas breitere *Und UHntergegángen ist der mOHnd mít / den pleiAHden · versUHnken mítten im / dUHnkeln · aus der schAHle der nacht rinnt / die zeít – und nur ích · ích schlAHfe AHlleín* transponieren. Eins zu eins ist es nicht, aber ähnlich getragen am Anfang und am Schluß, mit vergleichbaren Enjambements dazwischen; und es gibt nicht nur etwas von den Assonanzen und Konsonanzen des Griechischen wieder, sondern auch von seinen Dehnungen: seiner quantitativen Metrik.

Die Musikalität eines Gedichts ergibt sich aus dem ihm zur Verfügung stehenden Wortmaterial. Die deutsche Sprache leidet aber – im Gegensatz zu vielen anderen Sprachen – darunter, daß ihre ohnehin unnötig komplexe Syntax voller selbstreflexiver Redundanzen und ihre Vokabeln mit Konsonanten überfrachtet sind. Das hat zum einen zur Folge, daß die Auswahl an zur Verfügung stehenden Reimen im Vergleich zu anderen Sprachen relativ gering ist und man der deutschen Syntax wegen auch noch zu Inversionen gezwungen ist, um auf ein Substantiv – bei dem die Reimmöglichkeiten noch am größten sind – am Satzende zu kommen. Was dagegen eine gelungene Poesie von jeher ausgezeichnet hat, ist ihr natürlich fließender Duktus, der sich eher an der Umgangssprache orientiert als an einem Kunstidiom, um seine Musikalität herauszuarbeiten. Unterschiedliche Sprachen besitzen dabei aber auch unterschiedliche Tempi und Längen – das merkt man an jeder zweisprachigen Textausgabe, wo das Deutsche in der Regel mehr Raum für sich beansprucht, breiter läuft. Die Vorstellungen für langsame und schnelle Tempi sind also von Sprache zu Sprache unterschiedlich und darin wiederum auch relativ zu der ihr eigenen Melodik aufzufassen: was im Griechischen als lebhaft gelten mag, wirkt im Lateinischen eher getragen; ein absolutes Maß für eine Melodik gibt es im Gegensatz zur klassischen Musik, wo man es mit einer Metronomzahl angeben kann, also nicht.

Eine in ihrer Syntax und ihren Vokabeln so überaus knappe Sprache wie das Okzitanische mit seiner fast perfekten Ausgewogenheit von Konsonanten und Vokalen wiedergeben zu wollen heißt da, das Deutsch in ein Prokrustesbett zu stecken. Um deshalb auf einen natürlichen Duktus nicht zu verzichten, darf man ihre Prosodie nicht transkribieren, sondern muß sie transponieren, von dem Oktavenumfang eines Instrumentes zu dem eines anderen, von der Theorbe der Trobadors zur Orgel des Deutschen. Die vierhebige Schlankheit von Guihelms *Farai un vers de dreyt nien / non er de mi, ni d'autra gen* wird so auf Deutsch zwar zur offeneren *Ein Lied will ich machen, rein aus nichts / nicht von mir, noch von anderen spricht's* – aber so bewahrt es sich seine sprachliche Direktheit und Schlichtheit ebenso wie sein mittleres Tempo. Wäre Guihelm auf der anderen Seite des Rheins zur Welt gekommen, hätte er mit dem Wortmaterial, das er dort vorgefunden, auch nichts wesentlich anderes anfangen können. Was die Antike aber betrifft, so kommt noch dazu, daß die relativ dynamische Rhythmik der Antike weniger mit der erst seit dem Barock so strengen Metrik unserer Prosodie zu tun hat, mit dem man bei uns Poesie verbindet, als mit einem modernen und rhythmisch nuancierten *vers libre.* Kein griechisches Gedicht kennt die pedantische Strenge eines rein schematischen Metrums, sowohl aus den oben angeführten Gründen, wie schon von seinem pragmatischen Anspruch her: sein Publikum wäre ihm darüber glatt eingeschlafen.

4. Wie aus einer okzitanischen Vokabel brasilianische Poesie wird …

Was für die Prosodie zutrifft, gilt ebenso für die Wiedergabe der Inhalte und welche Akzente man dabei setzt. Die Objektivität eines Geschichtsverständnisses beruht letztlich auf den Projektionen der Gegenwart, mit denen wir uns Vergangenes aneignen: einen wirklich objektiven Diskurs gibt es nicht. Das Bild der Antike zur Zeit der

Klassik beispielsweise war zugleich ein Spiegel des letzten Jahrhunderts, genauso, wie auch seine mittelalterlichen Ritter schon Pickelhauben zu tragen schienen. Der herrschenden Moral getreu, entschärfte man die gleichgeschlechtliche Erotik bei Sappho, indem man sie als Schwärmerei pubertierender Mädchen eines Internats abtat, dem Sappho vorgestanden haben soll; und Samuel Butler identifizierte Homer – weil es viktorianische Gepflogenheit war, als Schriftstellerin unter einem männlichen Pseudonym zu veröffentlichen – als Frau. Unsere heutige Vorstellung der Antike ist im Gegensatz dazu wahrscheinlich wiederum zu psychologisierend auf das Individuum bedacht und betont aus purer Lust am Spektakel das Anarchische oder Kultische zu stark.

Beides ist ebenso unvermeidlich wie legitim: wozu auch unser eigennütziges Interesse verleugnen, das nach Referenzpunkten und Perspektiven sucht, um der Gegenwart ein Profil abzugewinnen. Die Geschichte wird stets geklittert sein und sich zwischen der Identifikation und dem Kontrast zu vorhergegangenen Epochen bewegen, und sie wird weiter nach einem Maß für die Zeitläufte suchen, das über das Denken in Dekaden hinausgeht. Kultur ist in diesem Sinn auch eine Anthropologie, die sich auf der Suche nach ihren Konstanten befindet: darin liegt auch ein Aktualitätsanspruch, der immer wieder für jedes Jahrhundert neue Übertragungen gefordert hat.

Die Vorstellung von Originalität ist dabei eine Erfindung der Neuzeit und eines Geniekultes, der nur verrät, mit welchem rhetorischen Aufwand man bei uns Freiräume für die Dichter fordern mußte; die Poesie aber lebt von der ewigen Wiederkehr gleicher Themen, die sie immer wieder neu aktualisiert. Das, was einen schlechten Dichter von einem guten unterscheidet, meinte T. S. Eliot, ist, daß ein schlechter nur Anleihen nimmt, ein guter aber klaut (weil dies heißt, seine Stilregister so zu beherrschen, daß man das Zitat nahtlos einzufügen vermag). So kommt es, daß ein alexandrinisches Epigramm, obwohl es erst 800 Jahre später in einer Version überliefert wurde, Vorlage für ein Gedicht des Properz sein kann, der sich anderswo auf Catull bezieht, welcher, ohne es auszuweisen, Sappho überträgt, die ihrerseits auf Homer anspielt. Anders herum wurde Arnaut Daniel nicht nur für Dante und Petrarca zur Leitfigur, sondern auch für Pound: dem Eliot sein *Waste Land* mit den Worten *il miglior fabbro* widmet, Dantes Hommage an diesen Trobador wiederaufgreifend, während Pound in seinen *Cantos* eine für ihn unübersetzbare Vokabel Daniels zitiert, die ein halbes Jahrhundert später zum Gruppennamen der brasilianischen Bewegung der konkreten Poesie wurde: *Noigandres*.

5. Wie daraus dennoch keine Berge und Buchten werden...

Je weiter man in der Literaturgeschichte zurückgeht, desto mehr gleicht das Gedicht als historisches Artefakt den Tonfiguren und Handkeilen in den Vitrinen eines frühgeschichtlichen Museums. Was die Philologie tun kann, ist, eine Datierung vorzunehmen, Material und Fundort auszuweisen und Thesen über Sinn und Zweck auszuarbeiten. Was eine Übertragung leistet, ist, diese Skulpturen und Steine herauszunehmen, ihr Gewicht und die rauhe Oberfläche zu spüren, wie sie sich in die Hand schmiegen, sich in die Haltung dessen zu versetzen, der sie geformt hat, und sie nachzubilden.

Was eine solche Art des Umgangs mit einem Gedicht rechtfertigt, ist vor allem die Sprache selbst. Das Repertoire an Stilfiguren, das in einem Text Verwendung finden kann, war ihr von Anfang an gegeben; deshalb ist es relativ unabhängig von Epochen und Kulturen. Was sich änderte, war nur die jeweilige Auswahl an poetisch dominanten Kunstgriffen.

Dies bedeutet, daß man das Gedicht auch über seine Funktionalität verstehen kann. Sie ist nichts anderes als eine Art sprachlicher Modellform, in der Ich und Welt in komprimierter Form zum Ausdruck kommen: als Erkenntnis und Suggestion. Da aber die Vorstellungen von Ich und Welt einem stetigen Wandel unterliegen, bleibt der Übersetzung nur die Wahl, diese in Anmerkungen zu erläutern oder sie für ein heutiges Verständnis zu justieren, um den Zugang zu erleichtern.

Ein Beispiel. Von Archilochos ist ein Fragment durch einen Scholiasten des Aratos folgendermaßen überliefert: *und bei Archilochos ist sie, von der Lust überwältigt, »wie ein Reiher auf einem hohen Fels, der mit den Flügeln schlug«*. Die Altphilologen sind der Meinung, daß sich das Zitat auf eine Frau bezieht. Ein Bild des Beischlafes also: die Frau, die sich auf den Phallos des Mannes setzt – und soweit noch idyllisch. Weiß man aber, daß Archilochos vor allem für Spott- und Hohngedichte berüchtigt war, muß sich auch der Ton ins Derbe und Abwertende ändern. Die Nachdichtung geht nun von diesen Argumenten aus und versucht das auszumalen, was den Zuhörern damals zwischen den Zeilen als Anspielung und Symbolik geläufig war: *Und mit ihrem Arsch ging sie auf und nieder / wie ein Reiher der mit seinen Flügeln schlägt / wenn er auf einem spitzen Fels niedergeht.*

Bei den arabischen Gedichten beläuft sich diese Art der Paraphrasierung auf eine Vielzahl von Erklärungen, die sonst in den Fußnoten landen würden; ebenso wie bei Properz, der mit seinen mythologischen Verweisen fast ebenso kompliziert ist wie das Kreuzworträtsel in der *Times*. Die Übersetzung stellt sich damit auch der Frage des Zugangs und seiner Schwierigkeit. Nun zu fordern, sie hätte sich sklavisch an den Wortlaut des Originals zu halten, verrät eine mehr als überholte Perspektive, weil ja gerade dies die klassische Crux ist, von der jeder Übersetzer weiß. Den Streit zwischen Texttreue und Nachbildung gab es schon zwischen Wieland und Voß: ob eine Übertragung »nach Altertum schmecken muß« oder nicht, wurde damals ebenso ausführlich wie fruchtlos diskutiert. Was die inhaltliche Aussage eines Gedichtes betrifft, so gibt es inzwischen genug wissenschaftliche Ausgaben – aber weder Wieland noch Schiller, Goethe oder Celan hielten sich an diesen Anspruch, denn was ein Gedicht und das Können eines Dichters letztlich ausmacht, ist vor allem die Kunstfertigkeit, mit der Sprache, Musik und Bilder in einer Form ineinandergreifen.

Was in der Musik und auf dem Theater gang und gäbe ist, nämlich die Aufführung von neuen, zeitgerechten Interpretationen, wird bei Übersetzungen mit einem Tabu belegt. Man beharrt immer noch auf einem Winckelmann-Deutsch – was historisch erklärlich ist: unser Bild der Antike stammt noch von der Klassik, die es so überaus erfolgreich propagiert hat. Daß die Statuen und Tempel der Griechen aber nicht marmorn weiß waren, sondern bunt bemalt, hat man noch immer nicht verwunden – statt dessen zieht man immer noch diesen längst obsolet gewordenen Sprachduktus des 19. Jahrhunderts mit seinem ›vor Schmerz gellenden Busen‹ vor, als vermöchte dies etwas von der zeitlichen Distanz einer Kultur zu bewahren, die der Gegenwart gegenübergestellt wird. Doch ganz abgesehen davon, daß man sich dabei mit einer seltsamen Travestie zufriedengibt, einer billigen Klamotte, in der die Kostüme des 19. Jahrhunderts jene vorchristlichen vortäuschen sollen, waren auch die Dichter, die man damit auf die Schmiere zwingt, einmal modern und ihre Sprache eine zeitgenössische.

Vielleicht hat all dies damit zu tun, daß man im Blick auf die Vergangenheit immer nur das sucht, was man für das Eigene hält – nur erhabener, in Synonymen für das Heilige und Hehre, das man aufs Podest meint stellen zu müssen. Archilochos oder Catull etwa, hat ein Kritiker gemeint, können nicht so derb gesprochen haben, der *cinaedus* und der *pathicus* – mit denen der aktive und der passive Päderast gemeint sind (wo ich mit ›Arschficker‹ und ›Schwanzlutscher‹ denselben, von Catull auch provokant und aggressiv gemeinten Ton gefunden zu haben glaubte) – wären besser mit »Bergen« und »Buchten« zu übersetzen (ich habe diese Bedeutungen in keinem einzigen Wörterbuch gefunden).

Es mag dies genausogut aber auch mit reiner Prüderie zu tun haben, einer Vorstellung von Poesie, die nur das herkömmlich ›Lyrische‹ an ihr sehen will. Vergessen wird dabei, daß so alt wie das Herrscherlob auch seine Kehrseite ist: das Hohn- und Spottgedicht, das das Obszöne als gesellschaftlich akzeptables Ventil für Aggressionen einsetzte. Auch das ist legitim; der sakrale Ursprung der Dichtung hängt ihr heute noch nach. Das Sakrale jedoch erstreckte sich darüber hinaus auf alle Gebiete des Alltags, es war weder marginal noch elitär besetzt, sondern funktionell. Und ein Gedicht war weniger zur Exegese bestimmt als etwas, das reale Situationen beispielhaft auszudrücken vermochte.

Das Mißverständnis des Erhabenen beruht darauf, daß man es mit der Vorstellung eines unantastbaren Enigmas in Verbindung bringt, mit etwas Fernem und Verrätseltem. Doch die Klassiker waren nie klassisch zu Lebzeiten und mit Emil Staigers Altertümeleien hatten sie schon gar nichts am Hut, wenn er beispielsweise Sapphos *Lied auf der Scherbe* so beginnen, nein: anheben läßt: *Mich bedünkt, es gleiche den Göttern jener Jüngling, welcher dir gegenüber sitzt und nahe deinem süßen Gespräch sich, deinem schmelzenden Lachen lauschend zuneigt.* Mit Texttreue hat dies nichts zu tun, vielmehr mit schlechtem Stil – *Mir aber, ach, erschreckte dies im Busen wahrlich das Herz*, wie es die Schlußzeile dieses Gedichts unabsichtlich ironisch übersetzt.

Philologen das fehlende dichterische Handwerkszeug anzukreiden ist ungerecht, die Mehrzahl bleibt ja bei der Prosa samt eckigen Klammern und Fußnoten. Diese Pedanterie mag zwar für das Seminar angebracht sein, sie führt jedoch dazu, daß man Poesie nur als akademisches Exerzitium verstehen lernt – und sie, seit Generationen unangetastet, im Regal verstauben läßt. Wieder ein Grund mehr, die Poesie nicht den Philologen allein zu überlassen, sondern die Aufgabe jenen zu übertragen, denen sie doch viel eher zusteht: den Dichtern selbst. Die sie immer schon, von Generation zu Generation, von Epoche zu Epoche sich angeeignet haben, als ›Ahnendienst‹, wie es Arno Schmidt nannte. Wo dies nicht geschah, hat die Dichtung stets an Boden verloren, wurde die Tradition brüchig und Unkenntnis zu Dünkel.

Aber jede Sprache, auch noch die gelungenste und dichterischste, veraltet. Bei Borchardt heißt dieselbe Stelle so: *Er vermeint, er dürf' es, da der, wie Gottheit darf, der Mann dort, gegen dir über, welcher sessen ist, und nahe herzu dein Süßhinläuten sich anhört und dein Lachen zauberisches.* Das eigentlich Sublime an der Dichtung aber war immer schon der Schrecken, das Erschrecken über eine Nähe und die Überraschung, wie vertraut uns noch jahrtausendealte Gedanken sind: *In meinen augen ist er mehr als ein gott der mann der sitzen darf an deiner seite und an deinen lippen hängt während dein lachen mir das herz zuschnürt?*

1/2 Sondern Deutsch …

Luther übrigens, dem wir zu einem guten Teil unser Neuhochdeutsch verdanken, schlug sich schon mit denselben Problemen herum. In der Mentelin-Bibel von 1466 hieß es etwa noch: *Der Herr, der richt' mich, und mir gebrast nit, und an der Statt der Weide da satzt' er mich.* Daraus machte Luther im Jahre 1531 das, was bis heute geblieben ist: *Der Herr ist mein Hirte, mir wird nichts mangeln. Er weidet mich auf einer grünen Auen.*

Wie er dabei seine Übertragung rechtfertigte, hat nichts an Zeitgemäßem verloren: *Wer deutsch reden will, der muß nicht der hebräischen Wort' Weise führen, sondern muß darauf sehen, wenn er den hebräischen Mann verstehet, daß er den Sinn fasse und denke also: Lieber, wie redet der deutsche Mann in solchem Fall? Wenn er nu die deutschen Wort' hat, die hierzu dienen, so lasse er die hebräischen Wort' fahren und sprech frei den Sinn heraus aufs beste Deutsch, so er kann.*

Exemplarisches zum Übersetzen

Am Beispiel H. M. Enzensbergers

So etwas wie ein Original gibt es nicht. Selbst dort, wo das Wort am Anfang steht und alles darauf ausgerichtet ist, es wieder und wieder zu lesen, ist die Botschaft nur vermittelt, von Gewährsmännern aufgezeichnet, übertragen und aus zweiter Hand: die Offenbarung GOttes kennen wir nicht von IHm, was JEsus verkündet hat, wissen wir nicht, und nicht einmal das NEue TEstament wurde in der Muttersprache seiner Autoren verfaßt, sondern war von vornherein als Übersetzung angelegt. Gerade dieses Paradoxon jedoch hat alle Exegese stets auf einen illusorischen Urtext abzielen lassen, auf einen eindeutigen Inhalt hinter korrupten und interpolierten Textvarianten, auf Klarheit und Wahrheit von als Gesetz gemeißelten Buchstaben, wie zum Trotz, daß an diesen Tafeln, wenn überhaupt, nur der Stein klar und wahr gewesen sein konnte.

Was für die Religion gilt, das hat stets auch die Poesie mit eingeschlossen, sich festgesetzt mit jeder Interpretation und sich in jeder Frage nach einem lyrischen Ich, nach Aussage und Absicht festgehakt. Doch selbst bei so etwas Profanem wie einem Gedicht gibt es kein Original. Mit Manuskriptfassungen, Editionen und Druckfehlern hat das am wenigsten zu tun; es beginnt wieder mit den Worten, die nicht auf einen einzigen Sinn festzulegen sind, sondern von Mund zu Mund gehen und bei jedem Mal unterschiedliche Akzente erhalten, verschiedene Betonungen und andere Bedeutungen, weil sie eines einzelnen und doch jeden Sache sind. Und es findet auch dadurch kein Ende, daß jedes Gedicht Figur ist, Sprache, Klang und Form in einer Gestalt, die nicht vom Inhalt abtrennbar ist, und dieser wiederum nicht von ihr. *Von einem Gedicht an sich zu sprechen,* schrieb Valéry, *ein Gedicht in sich selber zu beurteilen, gibt kein stimmiges Bild dessen, was es in Wirklichkeit ist. Es hieße von einem Ding zu reden, das möglich ist. Das Gedicht ist eine Abstraktion, eine Schrift, die wartet, ein Gesetz, das nur auf den Lippen eines Menschen zu Leben kommt, und diese Lippen sind nun einmal, was sie eben sind.*

Ein Gedicht ist demzufolge eine Partitur, die nur einen Teil dessen verwirklicht, was es seine Niederschrift ausgelöst hat, sich ihrerseits aber auch nur ebenso ausschnittsweise realisieren läßt; es ist eine Übertragung von Bildern zu Worten und weiter in den Klang, vom Kopf in die Hand und zum Mund, und wieder zurück zu den Augen, die all das lesen: als Prozeß, Anverwandlung und Metamorphose. Als Metapher, die einen Begriff auf einen anderen überträgt. Ein Original gibt es dabei ebensowenig wie eine Fälschung: nichts als nur Übertragung, die sich in jedem, der liest, anders nachdichtet, immer aufs neue. Deshalb auch, weil es in diesem steten metaphorischen Übertragen befangen bleibt, kann auch die Übersetzung eines Gedichts, wie Enzensberger schreibt, nur als solche gelten, wenn sie selbst wieder zum Gedicht wird.

Warum übersetzt man Gedichte? Aus hundert Gründen. Weil man beim Übersetzen genauer liest als jeder Lektor. Weil man für ein eigenes Gedicht bestenfalls Befriedigung empfindet, nicht aber das Schöne: das Schöne ist immer auch mit dem Fremden, Überraschenden, Neuen verbunden und das stellt sich erst beim Lesen der Gedichte anderer ein. Weil's die tote Zeit auffüllt, wenn einem selber nichts einfällt. Weil man so sich sein Handwerk erworben hat und die Fingerfertigkeit bewahrt. Weil man übersetzt, was einem naheliegt, mehr jedoch, um sich das zu erarbeiten, was gerade noch außerhalb der Reichweite der eigenen Hand, der Rufweite der eigenen Stimme liegt. Um sich einer Tradition zu versichern oder einer Gegenwart. Um über diese Ausgriffe den Mittelpunkt einer eigenen Ästhetik zu bestimmen. Um den Vorrat an Metaphern wieder aufzufüllen, zu übernehmen, abzuwandeln, zu transponieren und zu transportieren. Um sie, wie Enzensberger es umschreibt, »ins Deutsche zu schmuggeln«, zu leihen und borgen, als Pfand einzutauschen, umzumünzen oder offen zu stehlen. Nur daß man den Diebstahl begeht, um das Diebsgut in Umlauf zu bringen; selber hat man so gesehen nichts davon. Um es heimzuholen, in die eigene Sprache, und um es sich anzueignen.

Was Celan oder George übersetzt haben, sind immer auch sie selbst, in etwas anderes hinein. Was dabei Kontur gewinnt, ist nicht nur das Gedicht, sondern auch das Eigene. Man gibt ungleich mehr preis als bei eigenen Gedichten, weil jede übersetzte Zeile immer auch eine Wahl unter mehreren Möglichkeiten zu treffen hat; diese

Wahl ist das Eigentliche, das sich im Gegenüber mit der Vorlage ausprägt. Machen wir eine Probe aufs Exempel, tun wir so, als wären uns Enzensbergers Gedichte unbekannt, als würden nur seine Übersetzungen etwas über seinen dichterischen Blick verraten.

Mußt du mich hassen, haß mich ungesäumt,
Gesell der Welt dich zu, die mir den Weg vertritt,
Groll mit dem Schicksal, beug ihn, der sich bäumt,
Und sei nicht du das Letzte, das entglitt –

so hat Celan das 90. Sonett Shakespeares nachgedichtet: *Then hate me when thou wilt, – if ever now.* Es ist ein Spiel, vorausgedacht, um vorwegzunehmen, einzuschränken und damit zu entschärfen, Travestien des Schmerzes, übertragen auf ein Du, die Welt, das Schicksal, in Euphemismen gewandet, um sich keine Blöße zu geben, und dabei nichts als ein Schattenfechten auf der Bühne, begleitet von einem Monolog über die dunklen Seiten der Liebe und ihren von einem gordischen Knoten gehaltenen Mantel.

Enzensberger nun haut ihn geradewegs durch, und das nicht mit dem Florett, sondern mit einem Schwert:

Ja, haß mich, wenn du willst, doch haß mich jetzt,
Jetzt, wo die Welt mich fertig macht, schlag zu
(Denn selber schuld ist, wer sich widersetzt)!,
Bis ich am Boden bin, gib keine Ruh! . . .

Laß mich im Stich! Verlaß mich! Geh! Nur zu!
Du schonst und folterst mich. Sei lieber roh,
Endgültig und frontal. Was wartest du?
Wozu die Finten, kurz vor dem k.o.?
Laß mich nicht lang im halben Elend schmoren!
Erst wenn ich dich verlier, bin ich verloren.

Das Rollenspiel verliert hier Kaisers Kleider, die Figuren stehen nackt, und statt dem kasuistischen Beiseitereden Shakespeares und Celans steht jetzt die Lakonik auf der Bühne und ihre Paarfigur, die Ironie. Das Kostümstück samt dem Artifizium seines hohen Tons wird auf eine Wanderbühne verlegt, Schaulustige als Publikum, die dem Schauspieler und seiner offensichtlich übertriebenen Theatralik Beifall klatschen. Auf diesem Marktplatz gewinnt der Text seine ungeschminkte Frische wieder; was vorher bloß geschrieben war, wird jetzt als Couplet gesagt, auf eine Weise, die jede gute Dichtung auszeichnet: indem sie sich an der Sprache ihrer Gegenwart ausrichtet, nicht an einem bloß poetisierenden Vokabular. Es ist eine Übersetzung im Gegensatz, und im *Wasserzeichen der Poesie* steht sie folglich auch Zeile für Zeile zwölf anderen Übertragungen offen gegenüber.

Anders, wenn Enzensberger Charles Simic übersetzt; dann gleichen sich beide in ihrer urbanen Rhetorik, ihrer hintersinnigen Komik, dem frechen Individualismus, dieser der eigenen Grenzen bewußten Freigeisterei, einer Moral, die pragmatisch und deswegen anarchisch zugleich ist, kurz: ihrem Witz. Simic nun mit seinem *Crazy about her Shrimp* liefert uns das kulinarische Stehgericht zu Shakespeares Hors-d'œuvre:

We don't even take time
To come up for air.
We keep our mouths full and busy
Eating bread and cheese
And smooching in between.

No sooner have we made love
Than we are back in the kitchen.
While I chop the hot peppers,
She wiggles her ass
And stirs her shrimp on the stove.

How good the wine tastes
That has run red
Out of a laughing mouth!
Down her chin
And onto her naked tits.

«I'm getting fat,» she says,
Turning this way and that way
Before the mirror.

«I'm crazy about her shrimp!»
I shout to the gods above.

★

Wir nehmen uns nicht einmal Zeit,
um nach Luft zu schnappen.
Wir haben den Mund voll
und beißen eifrig in Käse und Brot,
und dazwischen knutschen wir.

Gleich nach der Liebe stehen wir
schon wieder in der Küche.
Während ich die Paprika kleinhacke,
wackelt sie mit dem Hintern
und röstet die Schrippen.

Wie gut der Wein schmeckt,
der rot aus einem lachenden Mund
getropft ist,
über das Kinn
auf ihre nackten Titten.

Ich werde dick, sagt sie
und windet sich hin und her
vor dem Spiegel.
Ich bin verrückt nach ihrer Schrippe,
rufe ich den Göttern dort oben zu.

Enzensbergers Blick auf die Szene ist etwas kälter als die Vorlage, seine Fluchtpunkte weiter auseinandergesetzt: die Götter sind *dort* oben, das *Hochkommen* aus dem Wasser, um Luft zu holen, jedoch entfällt, weil die Liebe nicht so tief ins Meer hinabgetaucht ist; und beides bringt Ferne ein. In ihr wird der Körper weniger selbstverständlich: statt sich in Pose zu werfen und unbekümmert vor dem Spiegel zu drehen, *windet* er sich befangen; das Begehren andererseits wird darüber direkter, zielgerichteter – wo Simic den Wein langsam vom Mund auf das Kinn *und* auf die nackten Titten rinnen sieht und es genießt, diesem filmisch roten Rinnen zu folgen, wird die Szene bei

Enzensberger zum Schnappschuß, auf dem nur die Nippel des Busens scharf sind.

Etwas Protestantisches hat sich in diesen Sonntagnachmittag in Louisiana eingeschlichen. Dem Übersetzer ist das nicht anzulasten; den Spielraum der Sprache, in der er sich bewegt, ihre Fügungen, kann er nur teilweise selbst bestimmen – das leicht Lustfeindliche, das sich da zu Bauche schlägt, lasten wir lieber dem dicklichen Deutschen als Enzensberger selbst an. Denn der kocht das Rezept, um ihm eine vergleichbare Schärfe zu geben, von vornherein in einer anderen Pfanne nach: Cajun-food und Hot Peppers holt er als Paprika nach Kreuzberg und macht aus den Schalentieren Schrippen, Berliner Brötchen. Sexier kann's eben bei uns nicht werden, wenn's mit ›Shrimps‹ nicht nach Yuppies an der Sushitheke klingen soll. Die andere Möglichkeit wäre nur ›Garnele‹ gewesen – aber sagen Sie einer Frau: »Ich bin verrückt nach deiner Garnele«!

Ein Gedicht besteht eben nicht in der Aufzählung von Zutaten, sondern darin, daß es schmeckt und riecht – und dafür braucht's Köche, keine Kochbuchschreiber. Das Original ist dabei immer nur gerade das, jetzt und hier auf dem Teller, nachgekocht und anders gewürzt, nachgeahmt und neu geschrieben: sonst wären die Spaghetti immer noch in Arabien oder China, die Erdäpfel bei den Indianern und alles übrige dort, wo der Pfeffer wächst. Das macht auch literaturgeschichtlich viel mehr Sinn, als die meisten zu glauben gewillt sind.

Zwei Streiflichter sind das nur aus Hunderten von Enzensbergers Übersetzungen – nur eine Andeutung der Methode: nein, besser der Haltung. So leben die Gedichte, wenn sie von den Lippen gelesen werden und neu gesprochen, werden sie Geste und bekommen dadurch Körper. Was zählt, ist die Anverwandlung, die Verkörperung und daß es gut ist, weil es wie selbstverständlich in der jeweiligen Sprache steht: wen kümmert's dann, wer der Autor ist? Ob Enzensberger oder Thalmayr? Wo die Treue zu wem liegt? Jede Translation ist eine Transformation.

Worum es geht, ist das Fresko hinter den Worten zu entdecken und es auf anderem Untergrund neu zu malen. Der Fachbegriff dafür ist bei uns zu Unrecht in Verruf geraten: die Imitation, die sich vom *imago*, dem Bild, ableitet, und von *aemulare*, rivalisieren, es gleichtun wollen. Darin zeigt sich eine ungleich größere Genauigkeit, eine philologische, im strengsten, wenn auch unakademischen Sinn des Wortes. Und darin, begriffen in dieser Imitation als Schlußkapitel zu Enzensbergers gesammelten Übersetzungen – *Geisterstimmen* –, liegen auch die Paradestücke, die zugleich skeptische Kritik der Poesie sind. Die Stoßrichtung zeigen die Untertitel: Claudius mittels Bombast zu konterkarieren, George zu profanisieren, Rilkes Elegie in der Negation zu verkehren, Pounds Alabaster im Jargon wiederzugeben und am Ende Brechts Gedicht vom Radwechsel zum Vehikel allen leeren poetischen Gestikulierens zu machen – als alkäische Ode, Distichon, Ghasele, konkrete Poesie, Alexandriner und Terzinen. Nichts als Sprache, die auf den pseudoreligiösen Anspruch auf Totalität und Immortalität verzichtet und von vornherein nicht mehr als gerade Rede sein will, improvisiert und extemporiert – kein in Stein gehauener Kodex, sondern leichter als Luft. Und dieses so schwer zu erfindende Einfache hat Enzensberger unter seine *Optionen für einen Dichter* gereiht: *Mit anderen Worten dasselbe sagen, immer dasselbe. Mit immer denselben Worten etwas ganz anderes sagen oder dasselbe ganz anders. Vieles nicht sagen, oder mit nichtssagenden Worten vieles sagen. Oder vielsagend schweigen.*

Fünfeinhalb Gemeinplätze die Literaturkritik betreffend

1. Wie aus der Aufklärung Geschmäcklerisches wird

Der erste Schritt zur Weisheit, schrieb Lessing, ist die Einsicht dessen, was falsch ist: *primus sapientiae gradus est, falsa intelligere (wo dieses Sprüchlein steht, will mir nicht gleich beifallen); ein kritischer Schriftsteller, dünkt mich, suche sich nur erst jemanden, mit dem er streiten kann: so kömmt er nach und nach in die Materie, und das übrige findet sich.*

Seine *Hamburgische Dramaturgie* zielte auf ein neues nationales und bürgerliches Geschmacksideal ab, seine Kritik richtete sich gegen die Regeln einer überkommenen Rhetorik und seine Polemik war darauf angelegt, der Literatur innerhalb des absolutistischen Staates eine unabhängige Bühne und eine freie Öffentlichkeit zu ermöglichen. Lessings Profil als Kunstrichter war damit auf dreifache Weise vorgeprägt: er verschrieb sich einer aufklärerischen Didaktik, ging seinerseits wieder von den ästhetischen Normen eines Geniekultes aus und versuchte dabei zwischen Autoren und Autoritäten zu vermitteln.

Diese Positionen haben sich inzwischen zwar verschoben, versteckt im Hintergrund erkennbar aber sind sie geblieben. Es gibt zwar keine verbindlich gültige Poetik mehr, was jedoch nicht abhält, bei Bedarf eine erzählende Prosa nach amerikanischem Zuschnitt als Vorbild zu suggerieren. Politisches Engagement wird zwar immer wieder der Literatur abgefordert, dann aber oft als überzogen und inkompetent abgetan. Statt einer kritischen Diskussion herrscht ebensooft ein Proporz der einzelnen Feuilletons, wo eine Seite verreißt, was die andere momentan gerade als Leitbild in den Vordergrund gerückt hat, als wäre dadurch einer ausgewogen demokratischen Meinungsvielfalt Genüge getan.

Eine Dialektik des Geschmäcklerischen, für die ein Rezensent eine *carte blanche* besitzt (seine Rezension muß ja nur lesefreundlich und flott geschrieben sein, anders greift keine Redaktion ein – was heißt, daß letztlich alles publiziert werden kann unter dem Deckmantel der Unabhängigkeit), wird deshalb auch nur über das Werk und den Kopf der Autoren hinweg verhandelt. Auf Kritiken jedoch mit einer Replik zu antworten, gilt zum einen als verpönt, zum anderen sind die meisten Zeitungen nur in Ausnahmefällen bereit, Entgegnungen zu veröffentlichen. Unbeabsichtigt sind nur die zwiespältigen Schlußfolgerungen, die sich daraus zwangsläufig ergeben: daß nämlich entweder die Literatur nichts zu sagen hätte, oder aber ein Dialog über ihre Aussagen nicht geführt werden könnte.

2. Wie aus Kritik Hermeneutik werden könnte...

Die Legitimation eines Kritikers war stets eine prekäre. Um dem nach der Moderne aufbrechenden Pluralismus der Formen gerecht zu werden, kam das genaue Arbeiten am Text in den Spielarten von Strukturalismus, Semiotik, Komparatistik oder Dekonstruktivismus auf. Sie zeigten die grundsätzlichen Paradigmen der Kritik auf; neu aber waren sie wahrlich nicht – sie lassen sich bereits aus der Etymologie des Begriffs ableiten, den vier Bedeutungen des griechischen Verbs *krinein*:

a) die Wahrnehmung eines Sachverhaltes,
b) die Unterscheidung von einzelnen Prinzipien,
c) die Entscheidung zwischen unterschiedlichen Wertigkeiten,
d) um damit schließlich ein Urteil nachvollziehbar zu machen und zu begründen.

Der Kritiker wird damit vom Kunstrichter zum Leser, der ein Werk zunächst unvoreingenommen darzustellen, seine Eindrücke darauf wiederzugeben und sie in ein Argument einzubinden vermag, um hiernach, auf nachvollziehbare Art und Weise, seinen eigenen Standpunkt abzugewinnen; nicht als Urteil in einem absoluten Sinn, sondern als Dafürhalten, Erkenntnis oder Anschauung – in einer transparenten Auslegung des Textes.

Um diese Art der Aufarbeitung hat sich die deutsche Kritik immer eher gedrückt und sich lieber auf die Randbereiche der Literaturwissenschaft konzentriert. Die Rezeptionsästhetik ist bei ihr zu etwas geworden, das ein Buch über seine Aufnahme im Feuilleton oder beim Publikum interpretieren will, damit aber ungewollt auch das Spektakel rechtfertigt, das man in den verschiedensten literarischen Runden und Jurys um es betreibt. Der biographische Ansatz versucht ein Werk über die Person des Autors zu fassen, bietet dadurch aber auch einen Vorwand für den Klatsch, den man statt dessen vorgesetzt bekommen kann. Und was die Akribie von Quellenstudien betrifft, so wird sie bei Rezensionen gelegentlich zu dem, was man vom germanistischen Seminar noch kennt: eine Ästhetik von Zitaten, notdürftig durch einen Fülltext verbunden, oft ohne daß die Linie eines Arguments erkennbar würde.

Getragen wird dies von einem Anspruch nach Objektivität, der sich entweder am Publikum, an der Figur des Autors oder am Lexikon erfüllt sehen will, aber dadurch nur ein seltsames, fast puritanisches Mißtrauen der Literatur selbst gegenüber verrät. Denn die Literatur lebt vom erklärten Gegenteil dieser Kriterien: ihr Gebiet ist das Mehrdeutige, das Widersprüchliche und Paradoxale, das sie mit ihrer Sprache erst denkbar macht, indem sie versucht, es in ihren Worten auf den Punkt zu bringen. Sie bündelt es nur, ohne es in Gewißheiten aufzulösen – das Objektive an der Literatur liegt ja gerade im Eingeständnis ihrer Subjektivität. Auf welche Weise sie das tut, macht ihre Größe, nicht aber ihr Scheitern aus. Zur Kritik gehört deshalb wesentlich eine Empathie für die Eigenarten und die Eigengesetzlichkeiten jedes einzelnen Werkes: das ist ihre Wahrheit; und diese aufzuzeigen, nur darin findet die kritische Arbeit ihre Berechtigung und Glaubwürdigkeit. Das heißt noch lange nicht, daß sie zahnlos sein muß: ihr Biß liegt in der Faktizität von Argumenten.

Die Qualität eines Kritikers aber beruht dann darauf, inwieweit er auf ein Buch sich einzulassen imstande ist – den Text, der immer auch seine eigenen Bewertungskriterien, Ansprüche und Absichten mitliefert –, um hierauf ein Urteil zu gewinnen: Hermeneutik also statt Polemik. Erste Bedingung dafür ist jedoch ein grundsätzlich vorhandenes Interesse am Thema; fehlt es, gibt es auch für ein Buch nichts Schlimmeres, als totgeschwiegen zu werden.

3. Aber sie doch nur in Kleingeisterei umschlägt...

Mit der Umgehung des Textes jedoch entsteht eine Rezensionskultur, die, europaweit einzigartig, im Kunstgewerbe des Verrisses gipfelt. Nirgendwo sonst ist die Literatur ein solcher Affront, ist in diesem Ausmaß von unzumutbaren, unlesbaren und fehlerhaften Büchern die Rede und anscheinend ein solcher Mangel an Originalität und Können festzustellen, sind andererseits aber die literarischen Urteile manchmal derart dogmatisch, verkürzt, ad hoc und philisterhaft. Dies nur mit dem Profilierungsdrang einzelner Kritiker, einem üblichem Umgangston oder der Lust an Konfrontation zu erklären, wäre jedoch zu einfach.

Die bittere Häme, die sich da ihre Bahn bricht, muß tiefere Wurzeln haben, so sehr scheint sie ein fast automatischer Reflex geworden zu sein. Diese Art untergriffiger Kritik, die sowohl apodiktisch von außen und oben herab doziert wie *ad personam* argumentiert, hat zwei historische Wurzeln: a) die didaktischen Bemühungen von Gottsched bis Schiller, die damals – im Vergleich mit Italien, England und Frankreich – provinzielle deutsche Literatur auf europäisches Niveau zu heben; b) die Kleingeisterei der deutschen Fürstenhöfe, wo sich Literatur gegenüber Politik und Religion rechtfertigen mußte – daher auch der deutsche Geniebegriff, mit dem die Autoren ihren künstlerischen Freiraum zu behaupten suchten; dichterische Freiheit sollte schließlich ja auch den Dichtern zukommen, was keine Selbstverständlichkeit war. Die Enge dieser Verhältnisse, in denen kaum jemand hochkommen konnte (man denke nur an Büchner oder Kleist), brachte dabei auch eine unverhüllte Ellbogentaktik mit sich, nachlesbar etwa im Briefwechsel zwischen Heine und Börne, wo einer über des anderen »häßliche Nase« herzog. Beides wirkt jedoch heute seltsam provinziell.

Vielleicht aber war der dabei offen zutage tretende Zynismus auch nur die Kehrseite eines Bedürfnisses nach Idealisierungen, für welche die Literatur als Projektionsfläche herzuhalten hat: als müßte sie Beleg sein für jenes Verlangen nach einer *certitudo salutis,* das Max Weber als Triebfeder der protestantischen Ethik und ihres kapitalistischen Geistes ausmacht. Literatur als Credo und Heilsersatz. Und da dieses Pantheon möglichst wenige von so sakrosanktem Rang wie Goethe,

Schiller oder Kafka aufnehmen kann, wird der Rest um so drastischer diskreditiert.

Die Häme – und das schließt das Vorhergehende nicht unbedingt aus – mag auch damit zu tun haben, daß die zu Lessings Zeiten dominante Koppelung von Literatur, Politik und Macht immer noch viel zu sehr präsent ist. Als ließen sich die Kompromisse, die die Literatur mit dem Staatstragenden einging, jetzt umgekehrt in pauschale Schelte einlösen. Die Diskussionen um Handke, Walser, Grass oder Jelinek zeigten jedenfalls, wie nahe die Verwechslung von Autor und Autorität liegt, Autoritäten, denen sich keiner freiwillig gerne unterwirft.

Auch Überdruß führt zur Häme. Und der hat nicht zuletzt auch damit zu tun, daß zu jeder Buchmesse Jungstars kreiert oder entdeckt werden, welche die Erwartungshaltung an die Literatur, das ewig Neue und Unbekannte und Unerhörte eine Weile zu stillen vermögen, bis auch sie ausgebrannt sind. Man ist ja auf das Genialische aus, seinem Versprechen eines Überblicks und einer Durchsicht, das so hausbacken alte Genialische, zwischen dem Melancholischen und dem Manischen, das so leicht zu mystifizieren und mythisieren ist: weniger für ein Maskenspiel der Genien, als auf dem Jahrmarkt der Eitelkeit.

4. Wie sich mit dem Beelzebub der Teufel auch nicht austreiben läßt …

Der Text wird umgangen, der Autor damit – nein: mit beiden wird umgegangen, nach Belieben, seit beides zur Projektionsfläche verkommen ist. Daran ist die Literatur nicht ganz unschuldig, sie lebt ja schließlich auch von dem Auratischen, das sie zu suggerieren und produzieren weiß. Daß man als Autor persönlich davon profitieren will, mag noch für jene gelten, die noch zuwenig an einem Werk gearbeitet haben, um zu begreifen, daß Eitelkeit nur zu geistiger Arterienverkalkung führt. Doch egal, ob man nun zwischen den Textzeilen verschwindet oder sich nackt zeigt, es werden einem – schließlich ist das Publikum König – nur Rollenkostüme auf den Leib geschneidert. Spreche ich jetzt dennoch von mir, dann bloß des besseren Beispiels und der allgemeinen Erheiterung wegen.

Meist beginnt alles mit den üblichen biographischen Kurzschlüssen. Nach meinen ersten philologischen Arbeiten über Dada wurde ich zunächst allgemein als »Neo-Dadaist« etikettiert und mein Name als »dadaistisches Pseudonym« apostrophiert. Als darauf ein Roman über einen an Aids erkrankten Archäologen folgte, wurde mir in zahlreichen Interviews entweder durch die Blume die Frage gestellt, wie lange ich noch zu leben hätte, oder mir schwule Avancen gemacht. Ob meines Interesses an den Naturwissenschaften und der Antike betitelte man mich je nach Blickwinkel als »poeta doctus« oder als »entlaufener Philologe«, öfter auch als »Nietzsche-Spezialist«, während mir meine Reiselust das übliche »Kosmopolitentum« einhandelte, meine Tiroler Herkunft jedoch die »Statur eines Schilehrers« samt »alpinem Quadratschädel«, was im Zusammenhang mit Liebesgedichten dann wiederum der Bezeichnung »Frauenschwarm« und »Don Juan« Vorschub leistete.

Noch widersprüchlicher in sich selbst (und deshalb um so vergeblicher auszuräumen) waren die generellen Pauschalierungen, mit denen man dem Feuilleton Material für seine Schlagzeilen lieferte. Als nach acht Büchern bei einem österreichischen Verlag die *Erfindung der Poesie* in der ›Anderen Bibliothek‹ erschien, wurde ich als »Wunderkind der Saison« gehandelt und als »Überflieger« bezeichnet – von beidem aber habe ich soviel wie der Schneider von Ulm. Obwohl mir noch heute unbegreiflich ist, wie man der Meinung sein kann, jemand wüßte vom Blatt weg aus zwanzig Sprachen Gedichte zu übersetzen (als Anthologie war sie ein Gesellenstück, das jeder Dichter abzuliefern hat; und dem vergleichenden Literaturwissenschaftler an mir schien der Umgang mit Grammatik, Wörterbüchern und philologischen Übersetzungen – in umfangreichen, aber tunlichst ignorierten Fußnoten und Bibliographien ausgewiesen – Befähigung genug), wurde ich als »Götterliebling« Schliemannschen Zuschnitts und als »Genie« ausgegeben. Das provozierte natürlich die verständliche Gegenreaktion, daß jeder, der eine bei mir von der gängigen Reclamausgabe abweichende Interpretation einer Verszeile entdeckte, dies als »Elchtest« deklarierte und mich als »Genieposeur« abtat. Die sich daraus ergebenden Sarkasmen aber haben mit Idealisierungen gemein, daß sie nur das virtuelle Fleisch wieder abschaben, das andere einem auf die Knochen gepappt haben.

Den einen Vorteil, den ein Germanist vor einem Journalist besitzt – nämlich einen durchaus noch lebendigen Autor im Zweifelsfall telefonisch befragen zu können, bevor er seine Lesarten unter die Leute bringt –, wird dabei unverständlicherweise nicht wahrgenommen: all diese Dinge werden ungeniert über den eigenen Kopf hinweg verhandelt. Als wäre es wirklich so, daß man sich als Kritiker nur einen Namen macht, wenn man ein Buch bloß als Vorwand nimmt, um daran die Redegewandtheit seines Wissens und den Erfindungsreichtum seiner Weltsicht zu demonstrieren. Den mühseligeren Weg, sich an einem Text abzuarbeiten, nehmen dagegen nur die wenigsten auf sich.

So schickte etwa ein Literaturmagazin seinen »besten Mann« zu mir, damit er die Coverstory zu einem bereits feststehenden Titel abliefern könnte. Der arme Kerl hatte gerade die ersten hundert Seiten eines meiner Romane gelesen, sonst nichts, dafür aber seine Pressemappe gründlich durchgearbeitet, entschuldigte er sich; und das enthob ihn dann auch davon, sich bei einem vierstündigen Interview über Gott und die Welt wenigstens ein paar Randnotizen zu machen. Dementsprechend differenziert zeigte sich an seinem ›Porträt‹ schließlich der Unterschied zwischen einer Privatperson und der Figur, die sie öffentlich abgibt: als mönchisch lebender Dichter mit narbenvoller Kindheit geschildert, der sich »Schritt für Schritt nach Arno Schmidts Typenlehre bildete, ein Vir Quadratus, rücksichtslos gegen sich selbst«, machte er mich zwei Jahre jünger, ließ mich im Gegenzug dafür erst fünf Jahre später promovieren, dann aber doch wieder zwei Jahre früher habilitieren (wenn auch über ein völlig anderes Thema), schrieb mir Übersetzungen von maghrebinischen Schriftstellern und Seamus Heaney zu (die ich mir nie auf die Fahne geheftet habe), einen Gedichtband mit »betriebswirtschaftlichen Fachsprachen«, gewährte mir für meinen langjährigen Wohnsitz in Frankreich nur einige wenige Monate, ließ mich dafür aber schon am nächsten Tag in den (von mir noch nie bereisten) »dunklen Niger« fahren, »das Auto kraftvoll mit dem linken Arm über die Serpentinen steuernd«. Wo er über die Genese der Schiffsgeburt noch herzhaft gelacht hatte, gab er sie in seinem Text dann als Wahrheit aus, um jedoch im Vorspann etwas Drittes zu behaupten: daß ich nämlich »meine Biographie mit fiktiven akademischen Großtaten hochgeflunkert« hätte, was sich auf Version Numero zwei meines Dada-Lebenslaufes bezog (vgl. weiter oben S. 24). Soviel Hinterfotzigkeit hätten auch Tzara & Co. applaudiert und sich über die Überschrift: *Raoul Schrott – Genie oder*

Scharlatan? diebisch gefreut. Im Archiv der jeweiligen Zeitungen gesammelt, werden aber aus solchen Kolportagen bereits Evidenzen und Belege einer Rezeptionskritik, die sich auch durch Dutzende von Interviews nicht mehr objektivieren lassen, weil sie längst zu Selbstläufern geworden sind.

Der Glaube jedoch, der Realsatire eines solchen ›Literaturbetriebs‹ selbst mit dadaistischen Mitteln entgegenwirken zu können, erwies sich als naiv – aber vielleicht hänge ich gerade deshalb an der notorisch gewordenen Brasiliengeschichte: unter all dem Blabla bringt sie wenigstens das *pantha rhei* jeder Existenz auf den Nenner. Diese auf den Anfang meiner Laufbahn zurückgehende Anekdote meiner Geburt auf einem zypriotischen Schiff, im Stegreif bei einem Abendessen für ein Kamerateam extemporiert, das mich für den Bachmann-Wettbewerb unbedingt auf meine Biographie abklopfen wollte, von der ich nach wie vor finde, daß sie mit meinen Büchern nichts zu tun hat und Privatsache ist, erschien mir damals als ebenso augenzwinkernde wie höfliche Möglichkeit, sich über ein rein voyeuristisches Interesse lustig zu machen. An den offensichtlichen Ungereimtheiten daran (daß Zypern etwa erst lange nach meiner Geburt zweigeteilt wurde) hat sich damals ebensowenig jemand gestoßen – wie es später auch nichts genützt hat, diese Geschichte in einem langen Essay über diese und andere Maskenspiele wieder ad absurdum zu führen: was nach wie vor mehr interessiert als ein Buch, ist die Fama, die es verbreitet.

Es ist eines, der permanenten Vereinnahmung der eigenen Person durch das Tagesgeschäft entgehen zu wollen, indem man ihm ironisch eine Nase dreht. Etwas völlig anderes ist es jedoch, mit einem Buch an die Öffentlichkeit zu gehen, das hinter all diesen Fassaden etwas Wahres darstellen will. Und eine wie auch immer vergebliche Schönheit. Die schon allein deshalb vergeblich ist, weil kein Wort je mit der Realität übereinstimmt, übereinstimmen kann.

Jede Fiktion ist schon in Dantes Worten eine »Wahrheit, die das Gesicht der Täuschung trägt«; sie ist eine wahre Erfindung im Gegensatz zur lügnerischen Wahrheit einer *fama,* eines weltlichen Ruhmes oder eines Nachrufs. Es darauf angelegt zu haben – was einem unablässig unterstellt wird – wäre dumm; aus Ehrgeiz und Geltungssucht ist noch nie auch nur eine einzige gute Zeile entstanden. In den fiktiven Wahrheiten eines Buches verknüpfen sich jedoch Imagination und Intelligenz zu einem Ganzen, das letztlich uneigentlich ist, weil seiner Sache hingegeben, selbstlos.

Die Kritik aber scheint auf diese Unterscheidung wieder und wieder zu vergessen – in ihrem Bedürfnis, an Genies glauben zu wollen, die andere (angesichts des Absoluten, das sie setzen) wieder als Scharlatane entlarven. Als könnte sie bloß hoch zu einem Sockel schielen oder von ihm herab verächtlich die Stirne runzeln – nie einem aber selbst in die Augen schauen. Und akzeptieren, daß Genie und Scharlatan die Janusgesichter ein und desselben Kopfes sind, das eine dem Ideellen und seiner scheinbar göttlichen Inspiration zugewandt, zungenredend, das andere damit am Realen scheiternd und ins Leere redend, lallend. Der Kopf aber, der diese beiden Larven trägt, war immer schon der eines Narren – so närrisch wie dieses ganze menschliche Unterfangen, etwas für eine Ewigkeit verfassen zu wollen, was nicht länger hält als die Fadenheftung eines Buchrückens.

Um so mehr müßte es der Kritik angelegen sein, dieses Illusorische aller Sinnstiftung, wie sie die Literatur vornimmt, herauszuarbeiten, um damit den Prinzipien eines Humanismus zu entsprechen. Doch um all dies geht es im Grund nicht, nein, es ist viel einfacher: das Unterscheidungskriterium zwischen Genie und Scharlatan ist einzig und allein das der Seriosität. Ob etwas gesellschaftsfähig ist oder nicht; ob es sich gängigen Normen anpassen läßt oder nicht. Ob es ›ernsthaft‹ genug ist – wobei unter Ernst dieses naive Vertrauen in alle Kunst gemeint ist, das von Ironie ebensowenig wissen will wie vom Doppelbödigen und Vergeblichen aller symbolischen Welten. Es ist letztlich nichts anderes als ein Biedermeiertum, das nicht wahrhaben will, daß die Literatur nichts mehr mit dem herkömmlich Erhabenen zu tun hat, sondern die Polemik der Existenz gegen das Sinnlose ist.

5. Und daraus letztlich Spießerei wird:

Eine literarische Polemik jedoch, wie Lessing sie gemeint hat, ist in ihrer Zuspitzung nur angemessen, wenn auf sie auch Argumente folgen. Eine Philippika dann ist aber eine leidenschaftliche Brandrede, die schon Eratosthenes mit der Besessenheit eines von Bacchos Ergriffenen verglich. Ihre Kunst ist dann vor allem die der Überredung, in einem zweifachen Sinn: zum einen die des Disputs, wo es darum geht, das lautere, mächtigere Wort zu haben und den Gegner niederzureden, zum anderen die der Demagogie. Doch welchen Gegner könnte die Literatur dabei abgeben? Und wen oder was will man damit herumbekommen? Wenn die Antwort darauf das Publikum sein soll, dann zeugt sie nur von der paradoxalen Arroganz, die einen Leser für unmündig hält. Sollte die Antwort aber darauf hinauslaufen, daß mit einem Verriß Interesse für ein Buch geweckt werde, so gibt es nur eine verschwindend geringe Zahl von Büchern, die ein solches Aufhebens auch rechtfertigen. Gegen ein so irreales (und letztlich moralisches) Ziel wie die Literatur gerichtet, werden Verrisse zu bloßen Vehikeln der Selbstdarstellung, die jede Diskussion im Kern ersticken.

Wie könnte man auf sie auch antworten? Im besten Fall sind sie stilistische Meisterleistungen, die die schon von Demosthenes oder Cicero eingeübten rednerischen Kunstgriffe beherrschen. Sie benützen Biographisches, um zu desavouieren, Quellen und Zitate, um ein Argument zu unterminieren, die aphoristische Pointe, um leere Maximen aufzustellen. Als Gegenpol zu einer analytischen Kritik verkürzen, verdrehen und verzerren sie die Zusammenhänge. Gerade diese selektive und präjudizierende Wahrnehmung ist es aber, die sie für eine Diskussion über Literatur untauglich macht. Ein Text lebt davon, daß er die Dinge fein voneinander trennt, unterscheidet und den Brüchen nachgeht, ein Verriß aber ist auf die Reduktion von Differenzierungen angelegt und baut auf einem nur allzu offenkundigen Positivismus auf.

Und dabei wird deutlich, daß ihn nichts von jenen Suaden unterscheidet, die vor allem rechtspopulistische Volkstribune aus dem Ärmel zu schütteln gelernt haben. Was sie beide gemein haben, ist der Rückbezug auf anscheinend unumstößliche Fakten, den *status quo* von Wahrheiten, wie sie eingebürgert im Lexikon stehen – wenn nicht, wird vollmundig auf den Volksmund berufen. Die Rhetorik war dabei nie etwas anderes als eine Hure, die sich allem und jedem anpaßt, wenn es in seiner Drastik nur elegant genug formuliert ist. Das Wissen aber ist keine ein für allemal verbürgte Sache, sondern etwas, das in andauerndem Wandel begriffen und deshalb immer wieder neu zu verhandeln ist.

1/2 Denn es bleibt alles Politik

Ein Buch zu schreiben ist immer noch eines der wenigen Zeugnisse von Menschlichkeit, die es gibt. Wieviel man davon hält, mag zwischen den Zeilen zum Ausdruck kommen. Das ändert jedoch nichts daran, daß das Interesse an der Literatur ein humanistisches ist; selbst wenn sie es anders wollte, kann sie nur immer in diesem Rahmen subversiv sein. Aber es gibt auch noch ein anderes, politischeres Bild von ihr, das typischer sein mag – so stach es zumindest eine Zeitlang aus jeder Illustrierten hervor, mit dem ihm eigenen Maß an Unnahbarkeit. Auf einem matten Hintergrund zeichnete sich das Profil des Politikers Heiner Geißler mit aufgeschlagenem Mantelkragen ab, eine selbstbewußte Pose, die an die Porträts römischer Kaiser auf alten Münzen erinnert. Darunter macht der Brockhaus-Verlag Werbung für die Bände seines neues Lexikons mit der Schlagzeile: *Wissen ist Macht.* Die Ironie dabei ist, daß man dieses Wissen immer nur nachschlagen und den roten Fäden der Stichworte nachgehen kann, nur um zu sehen, daß sie letztlich ins Nichts führen.

Fünfzehn Kunstgriffe eines Verrisses

Was immer er anfaßt – es wird zu Gold: Ob X.Y. den Geheimnissen der antiken Poesie auf der Spur ist, ob er dem Epos durch eine Nachdichtung mit Kommentar neue Konturen gibt oder in seiner Lyrik Dichtung und Naturwissenschaft auszusöhnen versucht –

1. AUTORENLOB dient dazu, jemand auf einen Sockel zu heben, um die Fallhöhe desto größer werden zu lassen.

Dies erfolgt unter anhaltendem Beifall des Lesepublikums, mochten da auch einige morose Philologen die Verwüstungen beklagen ... und mit spitzer Nadel die Sprechblasen, mit denen er seine schrägen Metaphern der Welt offenbarte, zum Platzen bringen:

2. KRITIKERLOB dagegen soll aufzeigen, wie notwendig professorales Kritikertum und -tun für ein Publikum ist, das als ignorant alles beklatschend angesehen wird, während allein Akademiker die Dinge zu durchschauen imstande sind: zwischen den Zeilen verrät sich hier das unhinterfragte Credo an eine Elite. Nicht zuletzt deshalb bleiben die Belege für »schräge Metaphern« wie für die »Verwüstungen« aus.

Immer siegte die perfekte Performance über die kleinlichen Zweifel, da uns X.Y. die abhanden gekommene authentische Poesie wiederzuschenken schien.

3. EIN ERFOLGREICHES BUCH IST NOTWENDIGERWEISE SCHLECHT. Logisch widersprüchlich formuliert – kann man Perfektion überhaupt simulieren? – wird der oben postulierte Erfolg (»anhaltender Beifall«) nun mit minderer Qualität gleichgesetzt, gemäß dem Vorurteil, nur Unverkäufliches habe literarischen Wert.

Sein Roman »Die Halbe Welt« wurde mit einer Broschüre als Beipacktext auf den Weg geschickt, in der dieses Opus als »Roman der Sehnsucht« empfohlen wurde, ein Etikettenschwulst, den man eher Bastei-Lübbe als einem renommierten Verlag zugetraut hat.

4. GEMEINPLÄTZE kommen hier gleich mehrfach zum Ausdruck: a) daß gute Literatur bloß aus renommierten Verlagen kommt; b) daß es Worte und Begriffe gibt, die von vornherein für ›gehobene‹ Literatur tabu sein müssen.
Im Hintergrund spielt auch die scheinbar unverzichtbare Unterscheidung zwischen E- und U-Literatur mit.

X. Y. führt vier Figuren vor, deren Lebensweg etc. pp.

5. PARAPHRASE DES KLAPPENTEXTES steht anstelle einer durchdacht akzentuierenden Darstellung oder wenigstens halbwegs profunden Angabe des Inhalts.

Es hat den Anschein, *als* sollte *nicht nur A, sondern auch B Unterkunft finden. Die drei Männer sind alle* mehr oder minder *unglückliche Liebende ... physisch handelt es sich* offenkundig *um verschiedene Personen, die auf* rätselhafte *und* nicht immer eindeutige *Weise mit dem Thema des Romans verbunden sind.*

6. KOLPORTAGE – laut Duden *ein auf billige Wirkung abzielender Bericht, der auf ungesicherten Kenntnissen beruht* – wird Literaturkritik dann, wenn sie sich bei der Lektüre auf flüchtige Eindrücke beschränkt, ohne etwas Definitives auszusagen. Polemisch eingesetzt, dient dies auch der Distanzierung vom Text.

Mit Hinweisen auf C und D, die uns von der umfassenden Bildung des Autors überzeugen sollen, *wird nicht gespart ... auch nicht mit vielen pikanten Arabesken (Der traut sich was, der X. Y.!) ...*

7. UNTERSTELLUNGEN – das »sollen« zeigt dies deutlich auf – gehören zum unsachlichen Repertoire des Verrisses: hier wird tendenziös eine Intention des Textes mit der Intention eines Autors gleichgesetzt und jedes Schreiben mit eitler Selbstinszenierung.

... das Schicksal der Familien wird durch minutiöse Rekonstruktion kaum besser oder interessanter. *Auch daß dort einmal jenseits aller europäischen Verfassungen »die erste sozialistische, kommunistische, anarchistische oder wie auch immer zu adjektivierende Gemeinschaft entstanden« ist, bleibt* folgenlos.

8. BEHAUPTUNGEN verfallen zur Apodiktik, wenn sie den Tonfall des scheinbar objektiv Unwiderleglichen und Unumstößlichen annehmen, auf eine begründende Argumentation aber verzichten.

Das wächst sich vor allem bei den Partien E und F zur unheimlich zerdehnten Peinlichkeit *aus.*

9. GESCHMACKSURTEILE beruhen im Unterschied zu Behauptungen einzig noch auf rein subjektiven Empfindungen, die – wie in diesem Fall – nicht mehr nachvollziehbar sind.

... und er ergeht sich in Bildern, die ihm zuerst sein Schöpfer und dann der Verlagslektor hätte wegstreichen müssen: »Die Einsamkeit saß mir im Gedärm wie eine Muräne im Loch, nadelspitz die Zähne, daß ich vor Pein darüber fast den Verstand verlor«.

10. IGNORANZ scheint hier – in Ermangelung auch nur des geringsten Hinweises, weshalb das Bild unstimmig sein soll – zum Tragen zu kommen. Das Gelingen eines poetischen Vergleichs hängt jedoch allein davon ab, ob sich eines zum anderen wie dieses zu jenen verhält – hier Einsamkeit im Bauch wie Muräne im Bau. Wenn man jedoch den Unterschied zwischen einer Muräne und einer Moräne nicht kennt, gehen solche Denkfiguren zwangsläufig ins Leere ...

Zudem versäumt es der Autor nicht, sich selbst ins Spiel zu bringen: H. wird im Internet durch einen in Portugal geborenen Schriftsteller namens Rui (!) umworben ...

K. bleibt es überlassen, uns – unfreiwillig – den Einblick in das Prinzip der Poetik des Autors zu überlassen: »Auf dem Papier kennt man keine Scham etc.«

11. BIOGRAPHISCHE KURZSCHLÜSSE, die den Autor und seine Figuren als austauschbar darstellen und Fiktion für Autobiographie halten, sind nicht zu rechtfertigen: ein in der Literaturkritik jedoch bereits notorisch gewordener Fauxpas.

Um die Beschreibung des Vulkanausbruchs, durch den der Ort des Romans auch in den Lexika präsent ist, hat X. Y. sich so gut wie ganz gedrückt.

12. NORMATIVE FORDERUNGEN an einen Roman zu stellen, obwohl es längst keine zu erfüllenden Regeln für die Literatur mehr gibt, verrät einen Hang zu anachronistischer Orthodoxie. Oder Borniertheit.

»Die Halbe Welt« lautet der (unnötige) Titel des Romans, und das Buch verhält sich so, als würde es durch das unaufhaltsame Gerede Globalität suggerieren …

13. SCHEINLOGIK ist die Konsequenz solcher normativen Forderungen (»unnötig«), weil auf ihrer Basis dann bloß Als-ob-Argumente folgen können: die »Halbe Welt« hat ja mit »Globalität« ebensowenig zu tun wie diese wiederum mit »unaufhaltsamem Gerede«.

Robert Musil, der in Physik und Mathematik bestens beschlagen war, hat sich über die Romanschwarten der zwanziger Jahre lustig gemacht und gemeint, man müsse nach deren Lektüre ein Integral auflösen, »um abzumagern«.

14. EINE RHETORIK DER UNTERGRIFFIGKEIT folgt schlüssig auf die beiden vorhergehenden Punkte: Musil, Mathematik und die zwanziger Jahre zu bemühen, um dann über Weight-Watchers reden zu können, hat zunächst etwas Surreales. Eigentlicher Sinn ist es jedoch, sich über das besprochene Buch »lustig zu machen«. Konterkarierend soll die Urteilsfähigkeit eines Kritikers demonstriert werden, indem er seine Belesenheit zur Geltung bringt. Was zum letzten Punkt führt:

Daran mußte ich oft denken, als ich diesen Roman aus dem neuen Jahrtausend las.

15. SELBSTDARSTELLUNG eines Kritikers ist es letztlich – selbst wenn sie sich hier als scheinbar harmlose Reminiszenz präsentiert –, auf die ein Verriß hinausläuft; seine Dynamik bringt es mit sich, daß der Kritiker sich auf Kosten des Textes in den Vordergrund spielen muß.

Exemplarisches zur Kritik

Am Beispiel Heinz Schafroths

Platon, Aristoteles, Longinus, Horaz – oder Opitz und Lessing: am Beginn der Literatur schien die Kritik immer notwendig gewesen zu sein. Fast notgedrungen ließ dies auch ihre eigenen Anfänge didaktisch werden. Es galt ja, einen Katalog rhetorischer Figuren zu entwerfen, provisorisch einen Kanon zu etablieren, das Kaleidoskop ihrer Formen wahrzunehmen und vor dem Publikum immer wieder auch zu verteidigen, eine Sichtung, die zuerst der noch ungeschriebenen Literatur galt – zur *beßeren Fortpflantzung*, wie Opitz schrieb.

Der sogenannte Pöbel wird irgendwann einmal seiner Dichter wert geworden sein, die Dichtung sich zur Gänze entfaltet und die Belehrung auch in den Augen der Kritiker überholt haben – so könnte man meinen, wenn man nicht manchmal den Eindruck hätte, als läge *das Land immer noch vnter einer rawen vnd vngschlachten Lufft* und bei ersten barocken Versuchen. Als müßten Exempel immer noch erst examiniert und dann statuiert werden, als würden in den höheren Rängen noch immer Vorurteile, Vorverurteilungen und Gerüchte herrschen; als wären wir wirklich noch bei Hofe.

Es scheint, daß es für diese Gerichte der Vorkoster bedarf, um das Publikum vor größerem Schaden zu bewahren, bevor ihm Bücher vorgesetzt werden. Einmal für ungenießbar erklärt, gibt es dann aber erst recht ein Fressen, bei dem man vor lauter Schmatzen vergißt, daß der Teller leer geblieben ist. Der Tonfall dieser Tischgespräche ist polemisch, wogegen nichts einzuwenden ist, im Gegenteil: er fördert zweifellos Appetit und Verdauung. Doch in diesen Runden geht die Polemik meist in die Bulimie von Berufslesern über, und diese wiederum in moralinsaures Aufstoßen.

Die kulinarische Metapher steht der Literatur gut an; für die Kritik jedoch manchmal, leider, sprechender sind die Kostverächter. Seit der Übernahme des Begriffs bei uns im 18. Jahrhundert – wo man ihn noch mit einem C schrieb – versteht man unter Kritik immer noch hauptsächlich nur das Kunstrichtertum. Dessen Kriterien, wie die nie aufhörenden Diskussionen zeigen, sind alles andere als verbindlich. Um das deshalb so vordergründig Geschmäcklerische zu verbrämen, gibt man sich dabei entweder distanziert oder aber philosophisch, ethisch, politisch oder didaktisch, als hätte die Literatur nach wie vor sich diesen Intentionen anzudienen und Leitsätze eines biedermeierlichen Utilitarismus zu verbreiten.

Dem hohen Ansatz von Maximen gemäß, bedarf es deshalb auch stets eines Podiums, wie es immer schon für die Ehrengäste in diesem Zirkus vorgesehen war. Vor Publikum kommt keine literarische Loge, keine Runde und kein Preisredner diesem Sockel aus, wie auch die deutsche Sprache noch vor der Poesie die Stichworte Podest und Podium reiht – verschmitzt dazwischen aber auch den Podex.

Es ist ein alter rhetorischer Trick, allgemeinen Tadel vor das Lob des einzelnen zu stellen, um letzteren stärker noch hervorzuheben, und Heinz Schafroth vermöchte ihn auch bei seinem lateinischen Namen zu nennen – genauso, wie er auch weiß, daß das Horazsche Diktum *dulce et utile* mit seinem trennenden *und* nur in dieser Reihenfolge richtig ist, nicht aber sich umkehren läßt. *Dulce et utile.* Intelligenz, Wissen und Witz sind Qualitäten, die man vielen guten Kritikern unterstellen kann, aber nur bei wenigen ist das Wort Enthusiasmus auch in seinem ursprünglichen Sinn so angebracht wie bei ihm. Voll der Dämone der Literatur zu sein, war von jeher schon Bedingung des poetischen Aktes. Die Poesie liegt jedoch dann nicht – wie man vielleicht gemeinhin versucht ist zu glauben – im Schreiben, nein, eigentlich entsteht sie erst beim Lesen. Sie zu vermitteln, wach und klar, mit dieser so schwer zu erreichenden Einfachheit, von der Poesie zu erzählen, ihren ganz feinen, unmerklichen Brüchen nachzugehen, um den Worten auf die Spur zu kommen: Heinz Schafroth gehört zu den ganz wenigen, die dieses Fingerspitzengefühl besitzen. Und der beredt, aber um so redlicher seine Eindrücke darzustellen, in ein Argument einbinden und ihnen dann auch einen Standpunkt abzugewinnen vermag: nicht als Urteil in einem absoluten Sinn, sondern als Dafürhalten, Erkenntnis oder Anschauung. Nicht über sie hinweg, sondern in Augenhöhe mit der Literatur.

Jeder seiner Essays ist dabei, nicht zuletzt zwischen den Zeilen, auch eine Lektion: der Wahrnehmung (was für ein schönes Wort: ein

Buch für wahr zu nehmen!), aber auch der Unterscheidungen und Entscheidungen, mittels deren er seine Urteile darzustellen weiß. Und das geht bei ihm bis in die Wortwahl und den Satzbau hinein. Jenseits dessen gibt es bei ihm kein Kritteln, sondern etwas, das er gerne mit einem Schulterschlag *Schimpfen* nennt: und er meint den vertraulichen Unterton dieser Vokabel, die nichts mit Schande und Spott zu tun hat. Denn eigentlich leitet sich das Schimpfen von den *skimphari* ab, den mittelalterlichen Possenreißern und fahrenden Schauspielern – die die Schriftsteller nun einmal auch sind.

Das Objektive der Literaturkritik liegt jedoch im Eingeständnis ihrer Subjektivität. Auf welche Weise sie das tut, macht ihre Größe aus. Zur Kritik gehört deshalb wesentlich – auch wenn darüber ringsum meist Stillschweigen herrscht – das Bekenntnis, daß literarische Qualität nicht als Maxime definiert werden kann. Sie hat vielmehr mit den Eigenarten und Eigengesetzlichkeiten jedes einzelnen Werkes zu tun: diese aufzuzeigen, nur darin findet die kritische Arbeit ihre Berechtigung und Glaubwürdigkeit. Was bereits Voreingenommenheit oder Erwartung ist – wird Schafroth nicht müde zu betonen –, muß sich überprüfen lassen: ein gutes Buch wird ohnehin immer so sein, daß es die Lektüre der vorherigen wieder vergessen macht.

Als Rezensent persönlich greifbar, als denkende und formulierende Person faßbar zu werden, darin liegt die Anständigkeit der Kritik: sich weder vom beschriebenen Werk noch von sich selbst zu entfernen, um auch den Leser nicht aus dem Blick zu verlieren. Nicht in Zurschaustellung des eigenen Ichs, schrille Begeisterung oder philisterhafte Anbiederung an das Publikum auszuarten, zeigt eine selten gewordene Uneitelkeit, eine Moral, die nie jene eines Besserwissers war. Wenn dies ein goldener Mittelweg sein sollte, dann nicht in der Legitimation des Biedersinns, sondern als Gratwanderung: eine, bei der nicht Scheuklappen, sondern eine gehörige Portion von Horazschem Gleichmut zählt – und vor allem das Augenmaß.

Seine Arbeit als Verfasser von Autorenbüchern, Herausgeber für Reclam, Lehrer für Deutsch, Latein und Griechisch sein Leben lang, Dozent für Gegenwartsliteratur an der ETH, Autor für das KLG, Juror und Theaterkritiker spricht davon ebenso wie die Bandbreite seiner Rezensionen: die Aufsätze, mit denen er die römischen Klassiker wieder einem Publikum nahegebracht hat, die Wiederentdeckung von Catherine Colomb, Essays zu Nathalie Sarraute wie zu Gerhard Meier, die Palette der Schweizer Literatur von Muschg über Marti, Bichsel, Widmer, Jörg Steiner, Hanna Johansen und Felix Philipp Ingold bis Klaus Merz und Peter Weber, der große Anteil an der Vermittlung der österreichischen Literatur, Mayröcker, Aichinger, Jandl, Artmann, die Gegenwart von Michael Köhlmeier bis Klaus Händl.

Es ist eine Kunst, die Kunst einer empathischen Kritik, für sie alle und gegen das Vereinnahmende und Staatstragende den richtigen Ton zu finden. Seine Schriften sind dabei immer ein Korrektiv gewesen – zum Trend, zur literarischen Mode, zum Etablierten, wie es auch seine Dialoge und Briefwechsel mit Friederike Kretzen, Friedhelm Rathjen und Hermann Wallmann waren: Plädoyers für eine literarische Gerechtigkeit, mit denen er sich etwa für Niklaus Meienberg einsetzte, bevor dieser zugrunde ging.

Darin liegt ein Engagement, das nicht von vorgefaßten Prämissen ausgeht, sondern einzig und allein vom Werk selbst. Und das ist es, was man sich als Schriftsteller wünscht. Man will keine dieser Psychologisierungen, die hinter einem Buch immer auch den Autor in die Hände kriegen will, wenn sie ihn an seinem Werk mißt. Denn der Autor schneidet dabei immer schlechter ab – er muß es ja, schon allein, weil die Literatur seit ihren Anfängen eine nichtsnutzige und doch schöne Illusion ist. Weil nichts, kein Symbol und keine Maxime jemals wahr sein könnte, jemals gültig bis zum Ende. Weil kein Ende denkbar ist und kein Anfang. Der Literatur auf die Spur zu kommen kann eben nicht heißen, sie als Widerspruch und Paradoxon zu entlarven, ganz einfach, weil sie dies bereits verinnerlicht hat, davon ausgeht und trotzdem, trotz alledem etwas entwirft, was für wenige Seiten uns über die kosmische, komische Absurdität des Daseins hinwegzutäuschen vermag. Sie auf die banale Biographie eines einzelnen Menschen zu reduzieren, heißt zu ent-täuschen und ihr poetisches Versprechen auf einen Freudschen Versprecher einzuschränken. Denn wenn man sie so auf den Punkt brächte, wessen wäre man damit klüger?

Heinz Schafroth hat dies in einem Aufsatz über Friederike Mayröcker formuliert: eine poetische Wirklichkeit kann mit der alltäglichen nie ganz in Deckung gebracht werden, sowenig wie das lyrische Ich mit dem realen, denn dessen ständige Erfahrungen sind Wirklichkeits- und Selbstverlust. Und gerade darin liegt die *raison d'être* der

Literatur. Diesen Anspruch hat Heinz Schafroth nie verraten, sondern ist ihm gerecht geworden, indem er jedes Werk in seinem ihm *eigenen* Kontext zu positionieren versucht hat: nur darin offenbaren sich die Stärken und Schwächen einer Arbeit. So tritt er dezidiert zurück, und ist dabei jedoch um so tendenzierter: indem er es ernst nimmt. Doch in diesem Schritt zurück, in dieser Geste erst – die mehr ist als nur bloßes *understatement* –, tauchen die Urteile dann wie von selbst auf. Literatur, hat er mir einmal gesagt, ist immer noch die menschlichste vieler denkbaren Beschäftigungen, eine Art gelebter Humanismus.

Diese republikanische Freiheit der Literatur, sie liegt auch im Augenmaß und in der Augenhöhe. Von seinem Fenster aus hat man einen weiten Blick über den Bieler See, die Weinberge entlang bis zur Petersinsel hinunter. Seine Frau Ruth, und auch das hat nicht wenig mit Literatur zu tun, kocht, als würde sie auch der Weite vor den Fenstern aufkredenzen, und er tischt einem dazu seinen sabinischen Wein auf. Es ist ein schöner Ort, still genug, daß oberhalb seines Hauses Asche eines großen deutschen Lyrikers verstreut wurde; und das hat auch mit der Literatur zu tun: daß sie eine Freundschaft auch über den Tod hinaus ist, eine andere Art der Werkschätzung und Treue. Und man kann Heinz Schafroth kein größeres Kompliment machen als die Wertschätzung, die ihm die Dichter schon seit langem entgegenbringen, Ilse Aichinger, Friederike Mayröcker und Ernst Jandl, Marianne Fritz, Brigitte Kronauer oder W. G. Sebald, zu Lebzeiten schon.

Fünfeinhalb Gemeinplätze einen Verleger betreffend

Am Beispiel Michael Krügers

1. Wie aus dunkler Materie

Manche Kinder gibt's, die möchten, wenn sie einmal groß sind, gerne Lokomotivführer, Löwenbändiger, Astronaut oder Tiefseetaucher sein; du, glaube ich, wolltest immer schon der liebe Gott werden. Wahrscheinlich komme ich darauf, weil ich dich stets für einen großen Schauer gehalten hab – einen, der die Dinge so in sich hineinsieht, daß er mittlerweile ein ganzes Universum im Bauch hat.

Und dem die leicht erhobenen Brauen etwas ebenso Durchdringendes wie Zweifelndes verleihen – eine konzentrierte Strenge, der nichts ferner zu sein scheint als Ironie. Ein sichtbares Dunkel, das diesmal von dir selbst ausstrahlt.

Anders als die allermeisten Schriftsteller und Verleger (und der liebe Gott) gehst du ja nicht mit deiner Biographie hausieren. Es quillt dir eben nicht im Singularis majestatis über die Lippen wie sonst bei Selbstdarstellern. Statt dessen gibt es all diese Geschichten, die du im Mund, und die Gedichte, die du im Schild führst. Nein – die du *als* Schild führst.

Ich weiß noch, wie du an irgendeinem Nachmittag vor ein paar Jahren zu einer Lesung deiner Gedichte in der Literaturwerkstatt abgehetzt ankamst, vom Flughafen mitten hinein in diese museale DDR am Majakowskiring, und halb im Niedersitzen bereits mit einer Geschichte begonnen hast – die mit dir als Junge in der Bettritze zwischen deinen Großeltern endete, daß ich jetzt noch das knarzende Holz höre und deine Großmutter vor Augen habe.

Da habe ich zum ersten Mal verstanden, daß erzählen auch heißt: sich vor allem bewahren, was drängend um einen herumsteht und fordert, um das Eigene zu wahren, unversehrt. Und daß es ein Außen und ein Innen hat, das Erzählen. Wie bei einem Haus, dessen Türen ins Nichts gehen.

2. Gutenbergschen Galaxien

In deinen vielen Häusern öffnen sie sich auf ganze Gutenbergsche Galaxien. Was jetzt natürlich augenblicklich zum Lob deiner nebenberuflichen Arbeit als Verleger führt – denn daß es keine bessere Garantie für gute Bücher gibt als einen hauptberuflichen Dichter als Verlagsleiter, hat ja schon T. S. Eliot bewiesen.

Da hast du eben den richtigen Riecher, Geschmack, Intelligenz und vor allem einen Enthusiasmus, der sich auch nicht zu schade ist, sich die Schuhe dabei abzulaufen – mit einem Wort: eine gute Nase. Eine, wie sie nach landläufiger Vorstellung auch Gottvater ziert. In deinem Fall jedoch einen wohl konfessionslosen.

Denn welche Religion gibt's, wo der Herrgott von so vielen Weibsbildern umgeben ist? Von geschlechtslosen Engeln, ja – aber das sind sie ja beileibe nicht, all die Frauen rund um dich. Wobei wahrhaftig nichts dagegen zu sagen ist, daß du deine Arbeitszeit in diesem Frauenhaus in der Vilshofener Straße zubringst; der Große Alte mit dem Rauschebart würde das wohl auch, wenn er dürfte …

Deine eigentliche Schreibarbeit erledigst du jedoch, wie du sagst, morgens, wenn's gerade hell geworden ist, in deinem eigenen Haus. Von innen so klar und weiß wie ein Bauhaus, stehen da vor quadratischen Fensterfronten an den Schmalseiten rechts und links zwei Schreibtische. Einer zum Schreiben, der andere zum Lesen. Von beiden ein ungebrochener Blick auf Bäume, grad so, als säße man in einem verglasten Baumhaus. Wo dieses Rechts und Links mehr sind als nur Seiten. Oder Himmelsrichtungen. Doppelungen vielmehr. Die du jeden Morgen signierst wie ein Bild von Magritte: *Ceci n'est pas un arbre, cela n'est pas une fenêtre.*

Auch der Protagonist von deinem *Mann im Turm* steht zwischen Staffeleien voller Leinwände, die angesichts der Vielfalt der Erscheinungen, der Unendlichkeit sich vor ihm auftuender Räume, weiß bleiben. Weil die Welt sich, trotz der Schönheit aller Skizzen, die sich von ihr anfertigen lassen, jeder Abbildung verweigert. So daß dieser Mann im Turm befangen bleibt in diesem Unentschiedenen, weder nachgibt noch aufgibt, wie Buridans Esel zwischen den zwei sprichwörtlichen Heuballen. Nur daß er trotzdem etwas zustande bringt: nämlich etwas anderes.

Dann wiederum steht er in einem Villenviertel – wie ein Erkannter, schreibst du – einen unendlich langen Moment wie angewurzelt am Trottoir vor dem *Falschen Haus*, unschlüssig, ob er über den Rasen des Grundstücks hinauf- oder besser weitergehen soll. Das Gartentor, das für ihn einer Schwelle gleichkommt, die man nicht übertritt, will man nicht die undeutlichsten Stellen, die man von sich hat, auch noch verlieren.

3. Einem Necker-Würfel

Dein *Falsches Haus* hat mich heute bis vier Uhr früh wach gehalten. Ich konnte nicht aufhören, es gab kein Ende darin, die Figuren traten weiter aus dem Grund hervor und nahmen Gestalt an, um mir vor Augen zu stehen: alles paßte in diesem Tableau zusammen, die Sätze griffen ineinander, die Passagen verschränkten sich, und doch war alles ein Rätsel, in dem wieder ein Rätsel steckte, wie so viele Welten ineinander: ein Erzähler, der vorgibt, sich lieber entscheiden zu lassen, statt es selbst zu tun, und doch alle Fäden in der Hand hält; eine Frau, die nahe ist und fern; ein Kind, das mehr von einem Erwachsenen hat. Wie alle Figuren in deinem Haus besitzen sie ein Janusgesicht. Und trotzdem deckt sich jedes einzelne von ihnen mit den harten Umrissen eines Gedankengebäudes: und so vexierend war es für mich, daß ich immer noch daran herumkopfe wie vor einem Necker-Würfel, bei dem einmal die Kante vorn steht, dann wieder nach hinten kippt, ohne daß man zunächst begriffe, wie.

Worauf du vor einer halben Stunde per E-Mail geantwortet hast: *Guten Nachmittag, lieber Raoul, hier spricht der unverständliche Schriftsteller. Ich dachte immer, ich sei klar wie Leitungswasser am Munde des Philosophen, aber offenbar... In Müdigkeit dagegen kenne ich mich aus. Im Moment z.B. leide ich wie ein Schwein unter der zu vielen Arbeit und würde mich am lieb-*

sten aufs Ohr hauen. Aber meine preußische Kindheit hat mich an den Schreibtisch gekettet. Ein trauriger Anblick, während draußen alles ausschlägt. Salve, Michel

Irgendwie habe ich beim Lesen dieser Zeilen dann das Gefühl gehabt, es läge darin irgendwo der Schlüssel zu diesem Haus versteckt, die Lösung für den Rebus aller Geschichten, ohne aber, daß ich noch darauf stieß. Also bin ich wieder zurück zu deinen Gedichten gegangen.

4. Und Rubinschen Figuren

Von den Lebenden, dem halben Dutzend, die sich die Berufsbezeichnung ›Dichter‹ verdienen, bist du mir immer als der Anschaulichste und darob Menschlichste erschienen. Anschaulich ob der Leichtigkeit, mit der bei dir Begriffliches körperhaft wird, allegorisch, zu Stimmen findet, die dir etwas zeigen: *wie der Sommer niederkniet und einen letzten langen Schluck nimmt vom See.* Und menschlich, weil du all dies nicht in zeitlos starren Reliefs ›reiner Kunst‹, zu keinem auf platonischen Prinzipien beruhenden Fries formst, sondern zu Bildern des Scheiterns und neu Ansetzens.

Sind das nur noch Worte, die wir kurz bewohnen und sofort wieder aufgeben, weil sie uns nichts bedeuten? Diese Frage taucht überall in deinen Gedichten auf; und sie scheint wirklich so klar wie dieses ›Leitungswasser am Munde des Philosophen‹, weil das unlösbare Rätsel den ewigen Universalienstreit immer wieder von neuem stellt: ob die Wahrheit hinter den Dingen, in ihnen oder in unseren Köpfen steckt.

Mit einem Mal aber fiel mir dann das Stichwort ein, mit dem sich den Kippbildern deiner Poetik vielleicht beikommen läßt. Ähnlich wie beim berühmtesten Beispiel einer optischen Täuschung, der Rubinschen Figur – jenem weißen Becher, der vom schwarzen Scherenschnittprofil zweier Gesichter gebildet wird –, sieht man die Figur nur so lange, bis der Grund wieder hervortritt. Und umgekehrt. Genauso, wie auch die Lösung zu dem Bilderrätsel, das deine Romane sind, immer schon zwischen den Zeilen versteckt lag: Buridans Esel nämlich.

Der Grund, weshalb ich's so lange übersehen habe, lag darin, daß das Beispiel das falsche war: und doch das rechte.

Denn das Beispiel mit den zwei gleich großen Heubündeln, zwischen denen der Esel verhungern muß, weil er sich für keins von beiden entscheiden kann, ist keines, das sich überhaupt nicht in Buridans Schriften findet. Es wurde ihm bloß später untergeschoben, von jemandem, der gleich wie ich nicht begriffen hatte, was Buridan unter der Maxime *liberum arbitrium indifferentiae* – ›der Freiheit der Gleichgültigkeit‹ – eigentlich verstand: nämlich die grundlegende Einsicht, daß die einzige Willensfreiheit, über die wir Esel verfügen, bloß in der Bedenkzeit liegt, die wir unseren Überlegungen einzuräumen imstande sind, bevor unsere Gedanken dann doch die eine, unausweichlich von Beginn an festgelegte Richtung nehmen.

Ockhams Rasiermesser in der Hand, beschnitt Buridan damit ein für allemal unsere Illusionen über Selbstbestimmung und Autonomie; und mit derselben und immer noch scharfen Klinge läßt auch du im *Ende des Romans* einen Autor sein 800-Seiten-Opus schließlich auf einen verschwindend kleinen Rest zusammenschneiden, oder einen Dichter offen eingestehen, daß sich die Anrufung seiner Freiheit nicht im Gedicht realisieren kann, nicht einmal im Bruch der Zeilen.

5. Buridans Prämissen werden

Das einzige, was Buridan je mit irgendeinem Esel zu tun hatte, war der *pons asinorum*, den er für so begriffsstutzige Personen wie mich baute, um ihnen zu helfen, eine ›Eselsbrücke‹ zu finden, d. h. den richtigen Mittelbegriff für einen Syllogismus nach dem Muster:

a) Platon ist ein Mensch;
b) Menschen sind sterblich; daraus folgt
c) selbst Platon ist sterblich.

Was logisch schon deshalb richtig ist, weil sich alle Philosophie erst über den Tod mit dem Menschsein verbindet.

Nur daß man jeden Menschen dauernd daran erinnern muß. Wie es, lieber Michel, dein ganzes Schreiben tut, wenn es immer von neuem aufzeigt, wie wir von Prämissen zu unseren Konklusionen gelangen, ohne recht zu wissen, wie uns dabei geschehen ist. Wir längst von A nach B gegangen sind, und doch dabei geglaubt haben, zwischen links und rechts gewählt zu haben. Zwischen Seiten, die keine sind, bloß Doppelungen, Worte, wie du schreibst, die sich *weigern, ihre Wahrheit preiszugeben, als wüßten sie nicht, wie Anschauung, Wissen, in Sprache übersetzt wird.*

Jean Buridan lehrte, daß in seiner nominalistischen Welt nur einzelnes existiert, vereinzelte Dinge und Individuen – und deshalb kommt unseren Begriffsbestimmungen auch keine Wirklichkeit zu, sind sie nur willkürlich umrissene Bedeutungsinhalte des Denkens, nur Namen für Dinge, die einander manchmal mehr, manchmal weniger ähnlich sehen.

Wie auch unser Ich etwas ist, dem wir manchmal mehr, manchmal weniger ähnlich sehen. Es nur imaginieren wie die Sinnhaftigkeit einer Autobiographie. Wo wir uns in der Erinnerung begegnen, als Kind, Jugendlicher, Greis, und uns oft genug grüßen wie einen Fremden. Als wäre man selbst nur erfunden worden in Geschichten, die andere über einen schreiben. Biographien, die andere einem auf den Leib schreiben. In denen das Fiktive dann zum Faktischen wird. Weil alles für sich steht, allein, ebenso wie es auch in einem Universum kein Oben und Unten gibt, weder ein Rechts noch ein Links.

1/2 Und daraus eine moderne Himmelsmechanik

Alle Kinder möchten, wenn sie einmal groß sind, gerne Lokomotivführer, Löwenbändiger, Astronaut oder Tiefseetaucher sein; nur du und Buridan, ihr wolltet es immer schon dem lieben Gott gleichtun. So kam Buridan schließlich auch zu der Theorie, der zufolge Gott ursprünglich die Himmelskörper angestoßen und ihnen damit einen Impetus eingepflanzt habe, weshalb sie sich – da ja jeder Widerstand im Weltenraum fehlt – immerfort in vollem Gleichmaß weiterbewegen werden: und wurde damit zum Propheten der modernen Himmelsmechanik.

Und du? Na, du kannst als lieber Gott eine Welt betrachten, deren Big Bang im Kreis Zeitz, Wittgendorf, heute genau sechzig Jahre zurückliegt. Dich nun hemdsärmelig zurücklehnen, die Schuhe auf den

Schreibtisch legen, die Hände hinterm Kopf verschränken, die Augen schließen und auf dein Werk herabschauen: auf die Roten Zwerge, Weißen Riesen und was es da sonst noch alles an Sternen und Sternchen gibt. Voller Genugtuung darüber sein, daß die Planeten gleichmäßig weiter bis in alle Ewigkeit kreisen, weil dir nun endlich keiner mehr irgendeinen Widerstand entgegensetzt. Und auch der Impetus immer noch der alte ist, wie du zufrieden, Venus vor Augen, an deiner schenkelweiten weißen Hose zupfend feststellst. Im Ohr ein angenehmes Hintergrundrauschen noch vom Anbeginn der Zeit in einem, wie man zuletzt lesen konnte, zum weitaus größten Teil noch unerschlossenen Universum voll dunkler Materie. Das dir noch reichlich Stoff abgeben wird.

Fünfeinhalb Gemeinplätze die Poesie betreffend

1. Aus dem Katalog ihrer Formen

Die unterschiedlichen Schatten, die ein Körper wirft, das Knicken eines Stabes im Wasser, Spiegelbilder oder die Farbsegmente eines Regenbogens, Bewegungen zwischen Licht und Dunkel, die Räumlichkeit der Perspektive, unmögliche Dreiecke und Eschers Graphiken, flirrende Punkte bei geschlossenen Lidern, Gesichter im Feuer oder der Mann im Mond: all das sind nichts als Muster verschiedenster physischer oder physiologischer Reize und kognitiver Vorstellungen. Es ist unsere Wahrnehmung, die diese elementaren Empfindungen des Sehens – nach dem Prinzip der Ähnlichkeit – in einer Gestalt ordnet und sie dabei für wirklich hält, selbst dann noch, wenn wir wissen, daß ihnen die Realität wiederum so nicht entspricht.

Wollte man die hier aufgezählten Trugbilder katalogisieren, könnte man sie nach den Begriffen von Mehrdeutigkeit, Verzerrung, Paradox und Fiktion einteilen und würde dabei merken, daß auch der figurative Sprachgebrauch der Dichtung nach denselben Kategorien zu reihen ist. Ein Vers wie *Die Erde ist blau wie eine Orange*, in dem Metaphorik und Vergleich sich zu einem poetischen Bild überschneiden, ist ein gutes Beispiel dafür. Die virtuelle Vorstellung, die er erzeugt, oszilliert wie eine Kippfigur zwischen ›Erde‹ und ›Orange‹, ohne daß sich diese Zweideutigkeit – selbst auch nur farblich – auflösen ließe, und auch der Maßstab des Bildes changiert zwischen verschiedenen Größenordnungen; so bleibt die Aussage insgesamt widersprüchlich und nur auf einer fiktiven Ebene denkbar. Und doch scheint dieser Satz unmittelbar zugänglich und sinnlich zu sein: darin liegt das Paradoxon der Poesie.

Die gemeinsame Verbindung von Worten und Bildern, die sich zunächst einmal allein über die Täuschungen am Rand ihres Spektrums herstellen läßt, ist höchstwahrscheinlich ursächlich; es ist möglich, daß die Struktur der Sprache ihren Ursprung in prähumanen

Klassifizierungen von Objekten und Handlungen hat. Wenn sie auf den Grundmustern der Wahrnehmung aufbaut, würde dies auch erklären, weshalb sich die Sprache biologisch gesehen so rasch, in den letzten 150000 Jahren etwa, herausgebildet hat. Zumindest belegen die neuesten Forschungen seit Chomsky, daß es so etwas wie einen Sprachinstinkt gibt, eine angeborene Fähigkeit, Sprache lexikalisch und grammatikalisch zu verarbeiten.

2. Die Mondillusion

Wenn der Mond knapp über dem Horizont steht, wirkt er immer riesiger und röter als dann am Himmel; dort aber erscheint er, obwohl mehr als vierhundertmal kleiner, gleich groß wie die Sonne: deshalb nehmen wir ja eine Sonnenfinsternis erst als solche wahr. Unsere Wahrnehmungen von Bewegungen, Räumen, Objekten und Farben sind der dauernden Korrektur bedürftig, um unsere optischen Eindrücke mit dem, was wir von den Dingen wissen, zu einem Zusammenhang zu zwingen. In dieser Kluft nun, bildlich gesprochen, entsteht die Sprache, und sie versucht eine Brücke zu schlagen: zwischen den Meßdaten hochauflösender Instrumente und den Ketten von logischen Ableitungen einerseits und der primitiven Sinnlichkeit unseres Reptiliengehirns andererseits. Die Sprache schafft Symmetrien, um beiden Seiten gerecht zu werden, sie krümmt und windet sich dabei, sie verschleift, klittert, fälscht und verzerrt, sie improvisiert und kalkuliert – all das, nur um zu vergleichen.

Um die Distanz zwischen uns und den Dingen nennbar – und damit erst faßbar – zu machen, hat die Sprache ein ganzes Register dieser Art Stilmittel entwickelt. Vom ureigenen Körperlichen ausgehend, beginnt sie mit Neologismen, um uns den Raum zu eröffnen: vom Tischbein bis zum Bergfuß. So nimmt eine Metaphorik ihren Anfang, die von Metonymien und Symbolen über die Parallelismen, Überkreuzungen und Inversionen der Wortstellung, den Klangfiguren der Lautmalereien und Wortspiele schließlich zu den Antithesen, Kontradiktionen und Invokationen von Aussagen führt. Aus all diesen Strukturen besteht das Repertoire der Poesie.

Ihr Grundbaustein bleibt aber die Metapher. Sie ist letztlich nichts anderes als die Gegenüberstellung von Ich und Welt, Eindruck und

Wissen, eine Gleichsetzung, die wie eine mathematische Formel zwischen ein x und ein y ihr = setzt. Wovon sie ausgeht, ist ein Denken in Analogien. Im Unterschied zur Mathematik und den übrigen, exakten Wissenschaften scheint ihre Gleichung – oberflächlich betrachtet – kaum anders zu sein als jene Diagramme, mit denen optische Täuschungen demonstriert werden: wie jene Würfel, die beim zweiten Blick von hinten nach vorne kippen. Die Metapher mag man in dieser Hinsicht als Spielerei sehen, ebenso unzweifelhaft jedoch ist sie Teil eines Spieles, das uns die Dinge erst zugänglich macht, indem sie das Sichtfeld erweitert.

Treffender ist vielleicht der Vergleich mit dem Autostereogramm, einem dieser 3-D-Graphiken, bei dem erst im richtigen Winkel und Abstand das verborgene Motiv sichtbar wird. Im übertragenen Sinn bietet das poetische Bild so die einzigartige Möglichkeit, die Welt mit unseren Begriffen zu vermessen und ihnen räumliche Tiefe zu verleihen.

3. Die Relativitätstheorie

Daß Etwas wie etwas Anderes sein kann, dieses Aha-Erlebnis, macht das Vergnügen an einer Metapher und ihre Erkenntnis aus. Darin steckt die elementarste Form der Sinnstiftung, die wir kennen. Das Neue wird erst durch das Bekannte begreifbar, weil wir Dinge immer nur durch den Vergleich mit anderen Bereichen des Denkens erklären können. Das blumige Vokabular eines Weinkenners spricht davon ebenso wie die Musikkritik; beide nützen sie das synästhetische Potential von Metaphern. Das Unbekannte gewinnt erst durch den Rückbezug auf bereits Erfahrenes eine Kontur – aber es erschließt sich auch über den Vorgriff.

Daß Etwas wie etwas Anderes ist, hat so auch zu allen Entdeckungen geführt, aus denen unser Alltag und unser Weltbild bestehen. Von den Mythen über die vorsokratische Philosophie bis hin zu den modernen Naturwissenschaften läßt sich jede Erkenntnis, wie Schrödinger es formulierte, zuerst aus einem Akt *intuitiver Imagination* erklären: *Natürlich ist man nicht so einfältig zu denken, daß zu erraten sei, wie es auf der Welt wirklich zugeht. Um anzudeuten, daß man das nicht denkt, nennt man den präzisen Denkbehelf, den man sich geschaffen hat, gern ein* Bild *oder ein* Modell. *Denn im Grunde ist das die Art, wie eine immer bessere Anpassung des Bildes, das heißt unserer Gedanken, an die Tatsachen gelingen kann.*

Die Vorstellung, mit einem Lichtstrahl zu reisen und zurück auf die Uhr zu blicken oder eine Münze fallen zu lassen, während man im hinabfahrenden Fahrstuhl steht, hat zur Relativitätstheorie geführt, ein schwingender Kronleuchter in der Kathedrale von Pisa zu Galileis Fallgesetzen und der Ärger darüber, daß ein Hundefell schwer zu bürsten ist, zum Klettverschluß. Die Liste ist lange fortsetzbar, immer aber steht auch die Poesie dabei Pate. Sie war nicht nur seit ihren Anfängen immer wieder auch Medium für die Wissenschaften – von Parmenides' Lehrgedicht über Lukrez' *De rerum natura* bis noch zu den Blankversen des *Botanischen Gartens* von Darwins Großvater Erasmus –, sondern sie liefert auch die prägnanten Bilder, deren einziger Sinn und Zweck es ist, die Daten der einzelnen Disziplinen für unsere engen, archaischen Gehirne kompatibel zu machen.

Um beispielsweise zu erklären, was man unter ›deterministischem Chaos‹ verstand, prägte der Meteorologe Edward Lorenz das Bild vom *Flügelschlag einer Möwe in Brasilien, die einen Tornado in Texas auslöst.* Die Eigendynamik der Poesie, ihr stilistischer Feinschliff sozusagen, hat es inzwischen mit sich gebracht, daß aus der »Möwe« ein noch überraschenderer »Schmetterling« und die Länder, des Stabreims wegen, zu »China« und »Kalifornien« geworden sind.

4. Tropen

Der Katalog der Poesie besteht aus rhetorischen Kunstgriffen, die man Tropen nennt, ein Wort, das man, weil es sich vom ›Finden‹ herleitet, auch mit ›Trouvaillen‹ umschreiben könnte. Denn sobald es Sprache gab, stellte sich die Metaphorik im selben Maß ein, wie sich die grammatikalischen Tricks von selbst anboten, um sie in Szene zu setzen. Was die Geschichte der Poesie zeigt, ist, daß sich an ihren Ausdrucksmitteln grundsätzlich nichts änderte. Ihre Mechanismen bilden unabhängig von Kulturen und Zeiten heraus: es ist, als ob man beim Gebrauch von Sprache automatisch auf Personifikationen und Parabeln, die zwölf Arten der Wortwiederholung oder die drei Stilebenen der Umschreibung stößt: das hat ursächlich mit der Funktionalität von Sprache und Poesie zu tun. Der Reim findet sich in China schon um 500 vor unserer Zeitrechnung, auch wenn er im europäischen Raum erst fast ein Jahrtausend später dominant wird, freiere Rhythmik gab es zu Anfang bei den Sumerern und gibt es jetzt in unserem Jahrhundert zuhauf. Welche Ansprüche man an einzelne Elemente legte und wie umfassend die Dichtung aus dem Vorrat an Formeln schöpfen konnte, wurde nur durch die Funktion bestimmt, welche sie zu erfüllen hatte.

Es ist dabei gewiß ein Unterschied, ob die Poesie einem oralen Gedächtnis Rechnung zu tragen hatte oder ob sich mit der beginnenden schriftlichen Übermittlung eine andere, hauptsächlich visuelle und logischere Perspektive auf ihr Wissen eröffnete: was breiter wurde, war immerhin der Überblick über einen Text. Es steht auch außer Zweifel, daß sich der Anspruch auf Originalität erst stellte, als das Ich als Sprachrohr eines Kollektivs an Bedeutung verlor und zunehmend nur seiner individuellen Stimme Ausdruck verlieh: was aber unter Originalität zu verstehen wäre, ist besser mit Variation zu definieren. Und es ist überdies auch von Bedeutung, ob die Dichtung ihre Götter anrief oder sie schließlich nach und nach durch reale Personen ersetzte. Nur, ob man die Venus von Willendorf oder die eigene Geliebte besingt: die ganze Breite ihres sprachlichen Spektrums hat sie zumindest in den ›postmodernen‹ Epochen ihrer Geschichte immer genützt, dort, wo der offizielle, gesellschaftlich definierte Kanon ihrer zu leistenden Formen aufbrach: beim hellenischen Alexandrinismus beispielsweise, im Barock oder heute.

5. Ihre Funktionalität

Daß die Dichtung jetzt zu einem marginalen, um nicht zu sagen elitären Unternehmen geworden ist, kann dabei jedoch ihrer Funktionalität keinen Abbruch tun. Auch wenn sie als eigenes Genre kaum mehr wahrgenommen wird, und die Enzensbergersche Konstante von 1354 Lyriklesern immer weiter fällt, ist sie doch in jedem denkbaren Bereich präsent. Nicht nur die Naturwissenschaften greifen auf die Ästhetik ihrer Formen zurück, deren Schönheit ja auch eine ökonomische Seite hat: keine andere Gattung verbindet ein solches Minimum an Mitteln zu einem Maximum an Aussagen. Noch ein so scheinbar banaler Werbespruch wie *Vorsprung durch Technik*, der nicht gerade durch kühne Bildlichkeit glänzt, vermittelt unterschwellig noch eine lautmalerische Botschaft: ein ehrfurchtgebietendes »o« und »u« von Vokalen, gefolgt von den kurzen, rasanten Silben »ech« und »ik« – der Klang ist die Botschaft. Die Schlagzeilen jeder Zeitung werden nach rudimentären poetischen Prinzipien entworfen, wie auch die Artikel voll von abgesunkenem Dichtungsgut sind: die Variationen auf die »Entdeckung der Langsamkeit« sind zumindest in diversen Reiseberichten Legion. Selbst die uralte Gattung des Klagelieds ist seit dem Tod der Prinzessin Diana wieder neu erfunden worden, und der lange, avantgardistisch verpönte Reim taucht im Rap wieder auf, wo auf »schnell« die »Sauce Bechamel« folgt. Und wieder: die Liste ließe sich beliebig fortsetzen, bis hinein in die Kochbücher. Das schwierige Vergnügen der Poesie ist keines, weil es dazu viel zu selbstverständlich ist.

1/2 Samt weiteren Schlag- und Stichworten

Doch statt weiterer Worte aber lassen Sie mich jetzt einmal in den Hut greifen und des bloßen Beispiels halber 14 größere und kleine Waschzettel daraus hervorziehen, die vorn ein paar Verszeilen tragen und auf der Rückseite eine kurze Erklärung dessen, was sich sprachlich so alles herbeizaubern läßt oder ein etwas längeres Sprachporträt als Eintragungen in das Abecedarium der Poesie:

Ein poetisches ABC

Allegorie, die

Überwältigt endet der Sommer mit Drehorgel-Eichen,
Gefiedel von Stechmücken, ergebenem Ächzen eines
Karussells am Long Island Sound, im See treibend

der Mond am hellen Tag wie ein losgelassener Ballon;
Derek Walcott

gr. *allégoreïn,* ›anders sprechen‹: ein Ensemble poetischer Bilder, das sich durch die Aneinanderreihung von Metaphern oder Vergleichen ergibt, sich jedoch im Unterschied zu jenen sich nicht generalisierend auf ein Thema bezieht, sondern die einzelnen Details Element für Element in seinen Rahmen überträgt (hier als Folie: ›der Vergnügungspark‹). So eingebunden, ergibt sich eine Kohärenz zweier unterschiedlicher Bildflächen, in der die Grenze zwischen Thematisiertem und Thematisierendem verschwimmt und in eine parabelartige Erzählung übergeht.

Apophonie, die

Die schwarzen Farben wurden hier bestens genutzt –
wie bei der Entstehung der Schrift, des Carmen-*Motivs;*
und so verenden die Feinde des Fortschritts: im Mief.
Joseph Brodsky

gr. *apo*, ›im Abseits‹, und *phoné* ›Stimme‹: die Modulation eines vokalischen oder konsonantischen Klanges von einem Wort zum anderen. Als Stilmittel gehört sie zu jener Art des Reims, wie er für Brodsky und die russische Poesie im allgemeinen typisch ist; sie zieht statt des reinen Reims den Gleichklang von Vokalen (Regen – Sehen) vor. Die Verhärtung (hier in *Kellomäki VII*: ›*Carmen*-Motivs – Mief‹) von v zu f, das Dehnen des i und der Wegfall einzelner Lettern arbeitet klanglich den inhaltlichen Gegensatz mit heraus und macht ihn zugleich stimmig.

Aposiopese, die

An der Wand dahinter hängt eine knittrige Karte von Terra incognita.

Ruhig atmen ... Ein unbekannter Stoff ist an die Stühle genagelt.
Tomas Tranströmer

gr. ›verstummen‹: ein affektbetont unvermittelter Abbruch der Rede, bei dem etwas Wichtiges verschwiegen wird, um es zwischen den Zeilen zu sagen. In Tranströmers Beispiel ist sie zweifach vorhanden: das Schweigen des Atems, durch das ein Riß in der Beschreibung des Raumes entsteht, und die drei Punkte nach dem »Ruhig atmen ...« als Anrede, die dieses Verfallen in die Wortlosigkeit ausdrückt und zugleich doch überbrückt. Das Verstummen wird zur Sprache des Gedichts, das hier (*Vermeer*) mit einer weiteren Definition dieses Stilmittels endet: »Ich bin nicht leer, ich bin offen.«

Diatypose, die

So viel hängt ab
von

einer roten Schub-
karre

glänzend von Regen-
wasser

bei den weißen
Hühnern.
W. C. Williams

gr. ›durch ein Bild ausgedrückt‹: Fragmente von Bildern. Im Gegensatz zur ›Hypotypose‹ ist diese Art des poetischen Bildes durch die minimale Andeutung seiner Umrisse gekennzeichnet; seine emblematische Gestalt erhält es allein durch die Suggestivität einzeln eingesetzter Details. Der Effekt, der durch das Wegfallen größerer kompositorischer Züge und Diagonalen erzielt wird, zeigt sich auch an der Geschichte des Beispiels. Die Zeilen stammen ursprünglich aus Wallace Stevens' *Sonntagmorgen*: »Und hier, / zu Hause, an unseren Herden und Herzen / hängt soviel ab ... zwischen den Hühnern, / daß wir häuslich, wild und froh zugleich sind.« Stevens strich die Zeilen und überließ sie Williams, zu dessen – ironischerweise – meistzitiertem Vers sie wurden, nachdem er sie typographisch aufbereitete und sprachlich schliff: *»Warum* zwischen *den weißen Hühnern? Stimmt zwar, besser aber* bei *oder* neben. *Hühner sind stets überall, bleiben nie stille stehen, besonders die weißen Leghorns nicht. Du willst doch ein Stilleben, keinen Massenauflauf.«*

Enjambement, das

manchmal schlagen die möwen
sich am bleiglas hinter dem altar die köpfe
ein weil sie das schmierige licht im gestöber
der sterne für gischt halten;

Raoul Schrott

frz. ›überschreiten‹: ein Überspringen der Verszeile, ohne daß im Maß oder Rhythmus des Verses eine Zäsur hörbar würde. Es verleiht dem Ausdruck nicht nur eine zusätzliche Dynamik, sondern trägt auch zwei gegensätzlichen Ebenen des Gedichts Rechnung: einerseits der Anforderung der Schrift an eine visuelle und graphische geschlossene Form der Strophe, andererseits die des Gesprochenen an orale, metrische Regelmäßigkeiten. Im Beispiel hier kommt dem Enjambement auch noch eine ikonische Funktion zu: die jeweiligen Zeilenbrüche unterstreichen optisch die Aussage: das Einschlagen / der Köpfe; die einzelnen Punkte der Sterne, die im Gestöber / aufgelöst werden.

Frage, die rhetorische

Jeden Morgen gegen vier kommt ein Wagen.
Ich vermute, daß er Brot ausfährt.

Aber was für Brote?

Schwere, schwarze, wie Steine?
Helle, leichte, knusprige,

wie für Engel gemacht?

Lars Gustafsson

ist der Kunstgriff eines Gedichts, sich selbst in Frage zu stellen; keine einmal getroffene Aussage läßt sich ja wieder zurücknehmen. Mit der ›Ironie‹ verwandt, die das Gegenteil dessen meint, was sie sagt, ist ihre Funktion eine dreifache: subtil gesehen behauptet sie erst recht, was sie zu hinterfragen vorgibt; als emotioneller Ausdruck schafft sie wie die Formen der ›Anrede‹ eine größtmögliche Nähe und emotionelle Identifikation mit ihrem Gegenstand; perfide gesehen stiehlt sie sich aus jeder Verantwortung für das, was sie eigentlich vorgibt – so wird das Poetische an sich scheinbar erst von der Zustimmung des Lesers abhängig gemacht.

Hypotypose, die

Diesen ganzen Sonntagnachmittag lang
flog ein Drachen über den Sonntag,
ein straffes Trommelfell, ein Armvoll Spreu im Blau.

Ich hatte ihn, im Entstehen, glitschig grau gesehen,
ihn, weiß und steif getrocknet, angestippt, zeitungspapierne Schleifen
in den Zweimeterschwanz geknüpft.

Seamus Heaney

gr. ›ein überdeutliches Abbild geben‹: malt Situationen, Personen oder Dinge auf so lebendige Weise aus, daß sie vor Augen zu stehen scheinen. Von der rein beschreibenden Häufung von Bildern und Metaphern abgesehen, sind es untergründig vor allem die lautmalerischen Mittel, die diesen Effekt hervorbringen, hier die Konsonanzen (z. B. ›*g*litschig *g*rau *g*esehen‹), der Binnenreim (›Entstehen – gesehen‹) und die Assonanzen (›w*ei*ß und st*ei*f‹, ›Schl*ei*fen‹, ›Zw*ei*meterschwanz‹).

Ich, das lyrische

Um Jahrtausende gealtert
auf einmal über Nacht:
Meine kannelierten Beine
vom Deckblatt halb überwuchert
vermitteln mir nur noch
archäologische Eindrücke.

Günter Kunert

von Margarete Susman (1910) eingeführter Begriff, um die grundsätzliche Abkehr von der traditionellen Vorstellung zu deklarieren, daß es sich bei Lyrik um Selbstaussagen des Autors handle: *Das »Ich« der reinen Lyrik ist so wenig persönlich und subjektiv, daß es eigentlich einem »Er« gleichkommt. Denn Gegenstand der reinen Lyrik ist nicht ein vereinzeltes, einmaliges Erlebnis, sondern etwas Allgemeines, immer Wiederkehrendes, das von der Persönlichkeit des Dichters sich rein und vollständig abgelöst hat* (Oskar Walzel, 1926). Von Benn übernommen, um das zu bezeichnen, was den Dichter vom epischen oder dramatischen Autor trennt, wird der Begriff jedoch immer noch meist falsch, im Sinn eines ›biographischen Kurzschlusses‹, verwendet.

Kenning, die

Brachvögel laut in aalwindenden Wellen
Dylan Thomas

aus dem Altnordischen stammender Name für die mehrgliedrige bildliche Umschreibung von Dingen oder Personen (hier: ›Möwen‹ und ›das Meer‹). Aus der Tradition des Rätselgedichtes und des Orakels herrührend kann sich die Kenning auch auf nicht denotierbare Vorstellungen beziehen, um zur erst im Zusammenhang erschließbaren ›Chiffre‹ oder zur ›kühnen Metapher‹ (wie die deutschen Begriffe lauten) zu werden. Die walisische Poesie von Dafydd ap Gwilym über G. M. Hopkins bis Dylan Thomas ist besonders auf dieses Stilmittel, ›dyfalu‹ genannt, konzentriert.

Prosopopöie, die

Ich richte dieses Gedicht
(akzeptieren wir vorläufig dieses Wort)
an den Dritten, der mir spätnachmittags über den Weg lief,
kaum weniger geheimnisvoll als jener des Aristoteles.

Ich weiß, daß er einen Lieblingsgeschmack hat.
Ich weiß, daß er gemächlich den Mond betrachtet hat;
J. L. Borges

gr. ›zur Person, zur Maske machen‹: Stilmittel, um abwesende Personen sprechend oder handelnd in Szene zu setzen, als erweiterte

Form einer plötzlich zum Leser gewandten Anrede. Sie ist eine Art doppelter Aktualisation, die dazu zwingt, sich das, was nur mittelbar erzählt werden kann, als unmittelbar gegenwärtig zu verstehen. Borges bezieht sich hier auf den von Aristoteles in seiner *Meteorologie* beschriebenen Fall eines Mannes mit schwachem Augenlicht: *Er sah immer ein Bild vor sich, das ihm beim Gehen entgegenstarrte. Dies deshalb, weil sein Blickstrahl zu ihm zurück reflektiert wurde. Sein kränklicher Zustand hatte diesen so geschwächt, daß die Luft vor ihm wie zum Spiegel wurde.*

der Kairos
der Elke Erb

Selbst noch dem Schrotthaufen, sagt Elke Erb, *nähere ich mich mit Andacht – weiß ja nicht, wie es um ihn bestellt ist.* Das ist Sachnähe. Diese Andacht, die kein Über-denken, sondern ein An-denken ist, ein Einfühlen und ein An-nähern – wie die Worte sich an und mit den Dingen messen: das steht am Anfang jeder Dichtung, das skizziert und entwirft erst die formalhaften Grundelemente, die die herkömmliche Poesie dann benützt, um auf ihnen aufzubauen und weiterzubauen. Platon läßt seine Muse Diotima sagen, daß Dichtung alles ist, *was nur für irgend etwas, egal was, Grund und Ursache wird, um aus dem Nichtsein ins Sein zu treten; die Dichtung ist der Akt, der etwas Seiendes schafft und im weitesten Sinn die Dinge erst werden läßt.*

Der Dichter als Seher; oder modern gesagt: als sprachgenerierendes Sinnsensorium. Und sein Modus der des ewigen Präsens. Die Kunst dabei ist die Geistesgegenwart, die es braucht, um einen Augenblick zu halten, sich in derselben Geschwindigkeit mit ihm zu bewegen: *einfach entlang dem Vorhandenen,* wie sie schreibt. Das ist – um aus dem Bild zu fallen – so, als wollte man ein Flugzeug in der Luft betanken. Oder sich wie ein Pilotfisch an den Dingen nur mittels schauender Sprache festhalten. Erwischt man sie nicht im Flug, *muß ich nachholen, wenn ich vorsprenge,* schreibt Elke Erb: *Hinholen, Sprung für Sprung.* Und Herholen.

Im Präsens ihrer Diktion ist alles gleichzeitig und zugleich: so wie auch die Musen einer volkstümlichen Etymologie zufolge die ›omou ousai‹ waren, die ›zugleich und gleichzeitig Seienden‹. Oder wie Elke Erb in ihren datierten Gedichten und Tagebuchnotizen sagt: *Wovon um mich herum oft zu vielverschiedener Zeit, in vielverschiedener Art die Rede war und ist.* Die Kunst dabei ist, *nicht aufzuhören, sich zu wundern*, das dünnhäutige Staunen zu bewahren – und es dann in eine leise, scheinbar schlichte Sprache zu übertragen. Das ist Detailarbeit, Achtsamkeit, die von der Genauigkeit der Wahrnehmung lebt, die winzigste Verschiebungen der Dinge registriert, um sie immer wieder neu zu erschaffen, sie zu entdecken, als wär's das erste Mal: *ich räume die einstige Gegend wieder hin, als seien die noch vorhandenen Formen (Feld, Wiese, Gebäude) im vollen Sinn ihres Anfangs geblieben. Klingt das abstrakt? Es gibt nichts Spannenderes, als so die Dinge ins Licht zu holen: solange es während des Ansehens in mich fährt, ist es dasselbe ... eine hohe Leistung ... von einigem Charme.*

Einer Dichterin eine Muse zuzuschreiben mag vielleicht geschlechtsspezifisch falsch gedacht sein. Passender für Erbs Gedichte ist wohl der griechische Gott Kairos, der oft mit Hermes dargestellt wurde, ein ursprünglich erdiger, vegetativer Gott, der dann das rechte Maß und die goldene Mitte verkörperte; als rhetorischer Terminus war Kairos der Begriff für Zeit, Ort und Kontext eines Subjekts. Und da die Griechen wußten, daß sich über alles einander gegensätzliche Feststellungen treffen ließen, war es nur der Kairos, der richtige Augenblick, der über die Wahrheit entschied.

die poetischen Miniaturen des Raphael Urweider

Die Biographie eines Dichters liegt in seinen Gedichten; denn was ihn als solchen verrät und charakterisiert, ist sein Umgang mit Sprache, Wort für Wort: seine Idiomatik. Wie er der Sprache aufs Maul schaut: das ist sein Handwerk; das Mundwerk, mit dem er sich's verdient, Dichter genannt zu werden.

Idiomatik ist das erste Stichwort für Raphael Urweider – nicht nur was seinen lakonischen Sprachgestus angeht. Dichtung hatte seit ihren Anfängen immer etwas Formelhaftes. Homer baute seine Gedichte aus idiomatisch verknappten und rhythmischen Blöcken, kleinen Wahrnehmungseinheiten, die jede für sich einen ganzen Horizont um sich suggerieren: die wein-dunkle See, die rosenfingrige Dämmerung. Die Arbeit des Dichtens mag nun dahin gehen, neue Bausteine zu entwerfen, oder die alten neu zu kombinieren. Letzteres ist Urweiders Sache – die Sachlichkeit einer Sprache, mit der sie das Repertoire von romantischen Versatzstücken auf noch verfügbare Bilder abklopft: um sie als Spielelemente einzusetzen. Formeln wie ›Am Anfang war das Wort‹ oder ›Schwarz und weiß‹ oder formelhaft vorgeprägte Assoziationen wie bei den Wörtern ›Die Presse‹, ›druckreif‹: All das ist Sprachmaske und Material aus zweiter Hand, das – auf eine andere Bühne gestellt – neu ins Licht gerückt wird:

der mainzer winzer weiß der gutenberg druckt weisheiten
aus weinpressen das schwarz und weiß ist

meister johanns sache während sie hinab
in den keller steigen tauschen sie druckreife

news aus – am anfang ist der bleisatz meint johann

Die Diktion ist die eines Parlandos, die Geste augenzwinkernd, altklug, spitzbübisch, aber auch skeptisch und melancholisch; die Gedichte dabei bestehen aus Montage, seriellen Reihen, kombinierten Wortrastern und permutierten Phrasen – in denen die Sprache zur Figur wird, zur Spielfigur. Die Anekdoten und Pointen dafür liefert die Idiomatik. Es ist ein Spiel mit Stilmasken. Aber warum? Nicht nur weil jedes Gedicht eine Maske ist – Innen und Außen zugleich, innen die Stilmaske, die einem eine bestimmte Tonlage von selbst verleiht, Außen die Sprechmaske des Ichs im Gedicht –, sondern auch weil jede Maske zugleich typisiert, die Wahrheit ihrer Rolle deutlich sichtbar im Gesicht trägt.

Welche Wahrheit aber? Unter anderem auch die, daß jede Dichtung insgeheim auf der Suche nach einer Idylle ist, einem Amerika, durch Kolumbus' Fernrohr betrachtet – und doch dabei weiß, daß sie entweder illusorisch ist oder kitschig wäre. Man müßte also irgendwie anders auf die Dinge schauen. Urweider tut dies, indem er sein Fernrohr einfach umdreht (daran mag ja auch etwas Schweizerisches sein). Die Distanz dann, wenn man beim verkehrten Ende durchschaut, sie ist eine Form der Ironie – und die edlen Wilden und andere Kannibalen, die man dann am Ufer eines unbekannten Kontinents herumhüpfen sieht, sehen aus wie Zinnfiguren oder Marionetten auf der runden Bühne des Blicks:

indien wenn ich mich nicht irre kichert
columbus er steigt an land die amerikaner

freuen sich ganz uneuropäisch tanzen sie um
die flotte besatzung columbus hält ausschau

Sie drehen sich wie auf einer Spieldose oder die Figuren eines Glokkenspiels, mit ihren ewigen kleinen Fluchten und Sehnsüchten – denen der Dichter immer wieder einen neuen Dreh gibt. Ein passender rhetorischer Terminus dafür mag deshalb wohl der der poetischen Miniatur sein.

der Reim
des Peter Rühmkorf

Peter Rühmkorf mit nur einem einzigen Kunstgriff zu charakterisieren fällt nicht schwer. In seinen gesammelten Gedichten gibt es nur einige wenige, die nicht gereimt sind. Versuchen wir also, daraus poetologisches Kapital zu schlagen. Es dauerte ja eine ganze Weile, bis der Reim, diese arabisch-chinesische Erfindung, schließlich auch in Deutschland Fuß faßte, wobei die ersten Versuche Otfrieds von Weißenburgs (der als erster Herz auf Schmerz reimte) jahrhundertelang folgenlos blieben – aus einem einfachen Grund: das Deutsche leiht sich dem Reim nur schwer, die Auswahl ist zu klein; was man sagen will, läßt sich durch den Stabreim leichter in ein klingendes Gefüge bringen, da gehen einem von den Nibelungen aufwärts die nötigen Worte nicht aus. Reimlisten sind aber auch unter einem anderen Gesichtspunkt beschränkt: denn was bitte schön sollte *Kettlein* mit *Deadline* oder *tänzelt* mit *gecancelt* verbinden? Sie treffen immer eine sehr sonderbare Auswahl, eine Zufallskunde der Welt.

Was etwa reimt sich auf Rühmkorf? Diverse *Dörfer* bis *Düsseldorf, Schorfe, Torfe, Carl Orff* und *er verworf* (macht aber daraus noch ein ganzes Buch). Und was auf Reim? *Beim, geheim, Keim, Leim, Oheim, Schleim, Seim* und *Rüdesheim*. Um daraus also ein halbwegs vernünftiges Gedicht zu machen ... Doch gerade das ist's, worauf ich hinauswill: mit dem hinlänglich Vernünftigen hat das alles nichts zu tun. *Die Damen, die Bäume und der Wind*, weiß Rühmkorf, sind leider auch mit den schönsten Worten *nicht nachzuahmen*. Es braucht schon eine kasuistische Intelligenz, um das Potpourri von Begriffen, den einem die Reimlisten anbieten, unter einen Hut zu bringen. Einen Freigeist, der in der Zufallsalchemie der Sprache aus Blei sein Gold macht; einen Freibeuter, der die behäbige Galeone des Deutschen zu entern versteht, einen alten Hasen, der in den Versen elegante Widerhaken zu schlagen versteht, einen Akrobaten der Zunge, einen Seiltänzer zwischen dem hohen und dem niederen Ton, mit nichts als der Feder, um die Balance zu halten. Um aus dem Zufall Sinn zu machen, braucht es einen wachen Verstand.

Aber dann, aufeinmalso beim Schlendern
lockert sich die Dichtung, bricht die Schale
fliegen Funken zwischen Hut und Schuh:
Dieser ganz bestimmte Schlenker aus der Richtung
dieser Stich ins Unnormale –
was nur einmal ist und auch nicht umzuändern:
siehe das bist du.

die Sangsprüche
des Albert Ostermaier

Wo Urweiders Sprachformeln immer noch literarische traditionelle sind, hebt Ostermaier jede historische Tiefe darin auf und rückt sie einem direkt vors Auge: es sind Nahaufnahmen, deren Präsenz gerade durch ihren leicht verwischten Fokus Lebendigkeit bekommen. Statt Tiefenschärfe hat sein Material die Breite der Gegenwart: es sind Schnappschüsse, Lomographien, Polaroids. Das Formelhafte darin ist das von eingefangenen Sprachklischees aus den 90ern, deutsch-amerikanische Floskeln, durch Rap geprägte Phrasierungen, von Filmen vorgegebene Kulissen, Bilder, die die scharfe Konturierung und einfache Farbigkeit von Comics haben, kurz all das, was jetzt und hier kulturelle Münze ist, rasch eintauschbar in Gefühl und Haltung – und auch inflationär.

Kombiniert, rhythmisch verändert und ironisch gebrochen fügen sich diese Formeln in Lyrik ein – in ihrem alten Sinn: nichts anderes als die zur Melodie einer Leier vorgetragenen Texte: Liedertexte. Lyrics also; Soundtracks. Und nichts ist schwerer, als Texte so offenzulassen, sie nicht so schriftlich schwer auf dem Papier werden zu lassen, daß sie singbar werden können. Benn ist kaum singbar, Brecht schon eher, Rühmkorf leicht, Rap meist nur. Diese Art von Lyrik lebt von der Pointe, die sie setzt: nicht auf dem Blatt als visuelles, beliebig oft zu entzifferndes Vexierbild, sondern beim Hören, beim Zuhören, wo einem nur dieser eine Augenblick bleibt und dieser eine Moment alles ist – die Pointe sitzen muß wie angegossen, in die Melodie gegossen.

Der passende rhetorische Oberbegriff für Ostermaiers Lyrik ist wohl der des Sprechgesangs, das deklamatorische Sprechen, das das Ephemere der Dinge um sich herum inszeniert und dramatisiert: scheinbar aus dem Stegreif. Ein Jonglieren mit dem, was augenblicklich eben gerade verfügbar ist, egal wo, egal wie. Auf einer Plakatwand, im Radio oder im Fernsehen. Theatralisch gesehen wäre dies das Monodrama, das – wenn es mit Musik untermalt ist – auch Melodram genannt wird. Bei der Oper nennt man es Rezitativ. Und in der Lyrik einen Sangspruch: *ich saz uf eime steine und dahte bein mit beine, do daht och mir vil ange, wes man zer werlte solte leben.* Oder wie Ostermaier den Vogelweider weiterschreibt:

bleibst du deinen worten treu
mußt du sie wechseln
wäg sie ab – schweigen
ich sags dir
ist ein goldenes mundwerk
& ein wortschatz
der sich heben läßt
wenn man ihn wörtlich nimmt.

Was Ostermaiers Priameln dabei jedoch sympathisch macht, ist, daß sie an Frauen gerichtet sind – Aufgesang, so gut es die Minne eben vermag. Und das ist eigentlich der einzige Wertmaßstab, dem man sich zu Lebzeiten als Dichter freiwillig unterwerfen will: das Gedicht ist gelungen, wenn es die eigenen Verführungsqualitäten hebt, das Mundwerk golden genug ist, der Schatz gehoben und die Geliebte es für gut befindet. Alles andere wird ja erst posthum verhandelt.

Vierter Teil

VOM LUFTRAUM DER WOLKEN

Verteidigung der Poesie

Sehr geehrte Damen und Herren Geschworene,

erlauben Sie mir, zu Anfang meines Plädoyers die nun bereits dreitausendjährige Geschichte eines Verfahrens Revue passieren zu lassen, das mittlerweile in die vierte Instanz gegangen ist – um zu demonstrieren, auf welch maliziösen Argumenten die Anklageschrift bisher aufgebaut und mit wieviel Ressentiment, Vorurteil und Ignoranz sie abgefaßt wurde. Sie werden sehen, wie die Vorwürfe dabei mit jeder neuen Berufung wechseln. Schon allein das spricht dafür, daß man es auf einen Schauprozeß angelegt hat, behaupte ich. Ja, Sie haben richtig gehört! Denn die Geschichte der Literaturkritik beginnt bereits mit dem Wunsch, die Poesie möge verschwinden und mit ihr auch mein Klient, den vor diesem Gerichtshof zu vertreten ich die Ehre habe.

Wer sich damals beim ersten Prozeß gegen ihn profilieren wollte, war Plato, der als frisch ernannter Staatsanwalt meinen Klienten des vorsätzlichen Betrugs anklagte: wo der Sinn des Lebens in der Suche nach ewiger Wahrheit liegt, biete er in seiner Poesie bloß Imitationen von Imitationen. Bloße Phantomkunst sei sie: wo es für jedes Ding – einen Baum etwa – irgendwo hoch oben im Himmel das Ideal einer Form gäbe, die schon der beste Gärtner nur mehr unvollkommen zu züchten verstehe, biete der Dichter bloß mehr ein Imitat aus dritter Hand, Worte, mehr nicht. Statt sich jedoch um einen verantwortungsvollen Umgang mit ihnen zu bemühen, manipuliere er sie des bloßen Effektes wegen. Er greife, so lautet der Vorwurf, in die Wurzeln der Sprache ein und spiele mit Buchstaben: ein P mit einem W vertauscht genüge und alles *p*urzle, weil es nur mehr in der Luft *w*urzle. Und schon waren aus den Wurzeln seines idealen Baums die Purzelwurzeln eines lächerlichen Purzelbaums geworden. Ja, dieses Beispiel zeigte Plato zur Genüge, daß eines Dichters Lügen Vernunft und Verstand schadeten; sie machten die Männer im besten Falle kindisch, im schlimmsten weibisch: Plato forderte deshalb die Höchststrafe: Berufsverbot für meinen Klienten, Ausweisung aus der Republik und eine öffentliche Bücherverbrennung.

Die Jury damals sprach unsere Seite mangels Beweisen frei – doch die Staatsanwaltschaft ging in Berufung. Mein Klient hat sich dagegen zu behaupten gewußt, einen Rekurs um den anderen dagegen eingelegt und trotz des Druckes, unter dem er jahrhundertelang stand, und des erheblichen Einbruchs an Kundschaft, der sich bei ihm bereits da schon abzeichnete, epochale Werke geschaffen. Viele haben ihn auch damals nicht gelesen, so etwas wie die obersten Zehntausend gab es noch gar nicht – und nachdem Maecenas ihn als Protegé aufgab, war sein Einkommen dementsprechend niedrig. Dazu kam, daß auch der ewige Zwang, sich mit den Machthabern arrangieren zu müssen, sich bei meinem Klienten in der Abhängigkeit von politischen und religiösen Autoritäten niederschlug: man denke nur an die republikanische Propaganda, die er in seiner *Aeneis* betreiben mußte, oder an seine züchtig eingefügten Lippenbekenntnisse zum Christentum, gleich ob in den Marienliedern seiner Minne oder der *Comedia*.

Dann aber, 1595 und mit Gerichtsstand England, wurde der nächste große Prozeß angesetzt; den Angeklagten vertrat damals der Seniorpartner meiner Kanzlei, Sir Philip Sidney. Man wiederholte den Vorwurf, daß mein Klient einzig und allein Lügen verbreite, sah dann aber von der Forderung ab, ihn staatsschädigenden Verhaltens wegen aus der Gesellschaft auszuschließen – mit der Begründung, sein Gewerbe könne weder so noch so zur Kultur beitragen, so nutzlos sei es. Der Staatsanwalt, ein kleinkarierter Puritaner namens Gosson, merkte zu spät, daß er mit dieser Argumentation das Verfahren nur einstellen konnte, und trumpfte daher in seiner Not plötzlich mit der Behauptung auf, mein Klient habe sich der Herstellung und Verbreitung von Pornographie schuldig gemacht (ich zitiere: *er infiziert uns mit dem Pesthauch des Verlangens und verführt uns zu lüsterner Sündigkeit und wollüstiger Liebe*). Daß dieser Strategiewechsel schon in sich höchst widersprüchlich war, weil es Nutzloses für subversiv erklärte, blieb nebensächlich: Auf ein Urteil hatte man es schon gar nicht mehr angelegt, jetzt ging es nur mehr darum, den Angeklagten in den Augen der Öffentlichkeit lächerlich zu machen, ihn moralisch zu diskreditieren. Es war reinster Rufmord.

Den Vorwurf der Obszönität wischten wir kurz und bündig mit dem Argument vom Tisch, daß nicht die Poesie den Menschen korrumpiert, sondern der Mensch die Poesie, wenn er sie nur auf das Erotische hin liest. Und was das ewig über uns hängende Damoklesschwert des Wahrheitsanspruchs der Poesie und ihrer Nützlichkeit betrifft, so bauten wir unsere Verteidigung damals darauf, daß ein Gedicht mit dem Faktischen nichts zu tun hat; es keinen Sachverhalt bestätigt und deshalb auch nicht lügen kann; es dem Poeten ja nicht darum geht, was es gibt oder nicht, sondern allein, was es geben sollte. Der Dichter – um bei der eingeführten Baum-Metaphorik zu bleiben – war ein Gärtner, der die Samen des Möglichen in das Beet der Wirklichkeit säte und das Bild des Guten in die Köpfe seiner Leser pflanzte. Dadurch führt – und hier waren wir leider gezwungen, mit eigener, bloß juristischer Vorstellungskraft die Allegorie weiterzuführen –, dadurch führt das Nachdenken über einen Baum irgendwann einmal, sagen wir, zu seiner Definition als ›Wurzel-Exponent‹, diese ebenso assoziativ wiederum zu Quadrat- und Kubikwurzeln und jene ganz pragmatisch dann zu jener Raumfahrt, in deren Schwerelosigkeit Purzelbäume erst ihr wahres Umfeld finden. Überraschung, dann einsetzender Applaus im Gerichtssaal.

Wir waren in der Lage, deutlich zu machen, daß sich in diesem didaktischen Imperativ aller Imagination das alte griechische *eistatike* – das ›Präfigurieren guter Dinge‹ wie es die Etymologiker der damaligen Zeit deuteten – und das liederliche *phantastike* ebenso miteinander verbündeten wie die *oratio* mit der *ratio*, die Sprache mit der Vernunft. Dadurch kam ein Gedicht als ›sprechendes Bild‹ zustande, das uns schlagartig nie zuvor gesehene oder vernommene Einsichten zuteil werden ließ, Epiphanien, von sprichwörtlich überwältigender Wirkung. Denn die Nützlichkeit der Poesie, sie lag darin, daß sie das effektivste Mittel der Überredung darstellt, das wir Menschen kennen. Zustimmendes Kopfnicken von seiten der Jury, bevor dann trotzdem noch die Frage nach dem eigentlichen Sinn und Zweck der Poesie kam. Der Dichter – holten wir aus – hat als einziger Sterblicher mittels seiner Phantasie Zugang zu den unterschiedlichen Idealen der Gesellschaft. Er besitzt die Kraft und Möglichkeit, sie für seine Mitmenschen ins beste Licht zu rücken – um auf seiner Bühne den idealen Intellektuellen ebenso zu verkörpern wie den idealen Politiker und allen Zeitgeist. Er vereinte dies alles virtuell in seinen Werken.

Damit hatten wir die Jury längst schon auf unserer Seite. Und etwas Glück. Denn glücklicherweise kam nicht zur Sprache, daß sich mein Klient dafür persönlich vorzugsweise der Masken, Verkleidungen und all der erfinderischen Tricks der Koketterie bediente – und damit oft genug eher als Schmierenkomödiant, Dandy und Zuhälter wirkte denn als der Philosoph, Soldat und Liebhaber, der er zu sein beanspruchte.

Doch sehen Sie sich, meine sehr verehrten Geschworenen, den Angeklagten jetzt an: von seinem großartigen Auftreten ist nicht viel geblieben. Von Mode keine Spur mehr: der Stehkragen seiner Hemdbrust wirkt heute ebenso deplaziert wie der gewichste Schnurrbart, die Sandalen, die karierten Hosen, das Tweedjackett und der Borsalino, unter dem er sein sich lichtendes sandfarbenes Haar glaubt verbergen zu können. Ich weiß, meine Damen und Herren, daß er nicht den vorteilhaftesten Eindruck erweckt, sein einmal arroganter, dann wieder magenkrank melancholischer Gesichtsausdruck ihn auch nicht sympathischer macht. Das hat weniger damit zu tun, daß ihn der Staatsanwalt – ein ehemaliger Kollege meines Klienten übrigens – im dritten und bisher letzten Instanzenprozeß vor dreißig Jahren als Décadent betitelte, als reaktionären Spießer, der bloß noch dem schönen Schein anhängt, ohne etwas zu sagen zu haben und ohne die Gesellschaft verändern zu wollen. Ein Gespräch über Bäume war da plötzlich fast ein Verbrechen. Jeder Reim reaktionär. Und Poesie nur mehr als Agitprop denkbar. Viel Feind, viel Ehr', wie gesagt. Denn auch mit diesen Anklagepunkten wurden wir elegant fertig, indem mein Klient sich ihnen einfach in allen Punkten anschloß. Und unter dem Pseudonym Pablo Neruda die geforderte engagiert linke Lyrik schrieb. Bis man des Linkischen daran überdrüssig wurde und er wieder zeigen durfte, was er eigentlich konnte.

Ja, mein Klient ist stets ein Opportunist gewesen, das gestehen wir offen ein. Der Grund, weshalb wir jedoch jetzt ein wenig fassungslos reagieren, liegt darin, daß, nachdem man uns einmal als Junge Wilde, ein andermal als Ewiggestrige beschimpft hat, der Anarchie, Demagogie und Pornographie anklagte und uns eines ums andere Mal den Wahrheitsbeweis und die Rechnung über unsere Nützlichkeit abverlangte – daß man nach alledem nun meint, uns jetzt schlicht und einfach ignorieren zu können. Und uns damit für unmündig erklärt. Zum

Beweis führt man an, daß wir nun fast alles Publikum und jedweden gesellschaftlichen Rang verloren hätten; nicht einmal das billigste Boulevardblatt uns noch der Erwähnung für wert befindet. Daß uns nichts anderes übriggeblieben ist, als diesmal selbst einen Prozeß in aller Öffentlichkeit anzuzetteln, um überhaupt noch Zuhörer für eine Verteidigungsrede zu finden.

Gewiß, mein Klient trägt auch selbst Schuld daran. Wir stünden heute nicht hier, wenn er weniger Dünkel zeigen würde und die vielen illegitimen Söhne, die er im Laufe seines bunten Lebens gezeugt hat, anerkennen würde. Wen könnten wir da nicht alles in den Zeugenstand rufen und für ihn bürgen lassen – Georges Brassens und Jacques Brel, Fabrizio de André und Ivano Fossati, Chico Buarque und Caetano Veloso, Leonard Cohen, Patti Smith und Bob Dylan ... jeden noch so berühmten Popsänger, Chansonnier und Hip-Hopper, ja, besonders letztere, weil sie nichts anderes betreiben als Lyrik im klassisch griechischen Sinn. Aber auch jeder Bestsellerautor und Romancier, Schlagzeilenverfasser und Werbetexter hat sein Geld damit gemacht, daß er die durch meinen Klienten vererbte hohe Kunst breittrat, sie auswalzte für seine Zwecke. Und damit genau das tat, womit auch mein Klient seine Karriere begonnen hat. Nur daß er zu eitel geworden ist, es sich einzugestehen.

Damit aber nähern wir uns bereits dem eigentlichen Kern des Problems, den man – das behaupte ich – in dreitausendjährigem Prozessieren bis dato übersehen hat. Denn alle gegen meinen Klienten vorgebrachten Klagen rühren einzig und allein davon her, daß er zum Opfer einer Medienrevolution wurde, die das mediterrane Erbe der Dichtung in Vergessenheit geraten hat lassen. Und meinen Klienten damit zum lebenden Anachronismus gestempelt hat. Die Frage ist nur, ob seine Arbeit damit auch ihre Wahrheit eingebüßt hat und ihren Nutzen.

Das deutsche Wort ›Dichtung‹ heißt nach der Diktion, die alle Poesie definiert, dem für sie charakteristischen Wortgebrauch, mit dem sie ihre ›sprechenden Bilder‹ erzeugt. All die Techniken dieser Diktion – Denkfiguren wie Metaphern und Similes ebenso wie die Klangfiguren von Versmaß oder Reim – wurden jedoch einzig und allein deshalb entwickelt, weil man einen klar umrissenen Verwendungszweck vor Augen hatte: Information erinnerbar zu machen. Wissen von Generation zu Generation weiterzugeben. Indem man musikalisch genormte Sprache als die einzig verfügbare Gedächtnisstütze gebrauchte (versuchen Sie doch, sehr geehrte Geschworene, einen Liedtext aufzusagen, ohne dazu die Melodie zu summen ...). Sich mit Formeln (ob Homers ›listenreichem Odysseus‹ oder unserem ›lieben Gott‹) allgemeingültig ausdrückte und etwas mittels bildlich übertragener Vergleiche (die ›rosenfingrige Eos‹) möglichst prägnant charakterisierte. Dann Bild- und Tonspur miteinander synchronisierte, um derart so etwas wie ein Kino im Kopf entstehen zu lassen: das Wochenschau ebenso war wie Unterhaltung, Historienschinken gleich wie Lehrmittelfilm, sosehr Propaganda wie Erbauungsübung. Mittels dessen Fakten, Sachverhalte und Werte tradierbar wurden. Und Kultur überhaupt erst möglich.

Nur zu diesem Zweck ist die Dichtung erfunden worden. Allein dafür hat sie den Formelvorrat ihrer überzeitlichen Sprache herausgebildet. Die Tradition, auf die sie dabei zurückgreifen konnte, war weit älter als die wenigen Jahrtausende, in denen sie uns als Literatur vorliegt. Genau da liegt aber nun die Crux unseres Problems. Denn mit der Erfindung des Alphabets verlor sie mit einem Schlag ihre bisherige Aufgabe und Daseinsberechtigung. Durch die Einführung der Schrift wurde ihre Formelsprache als Medium für Information nicht mehr benötigt, konnten Ideen und Sachverhalte mit einem Mal fixiert werden, ohne durch die Determinanten dichterischer Matrix umgeformt werden zu müssen. Das hatte den Vorteil, daß sich ganze Wissensgebiete nunmehr von der Dichtung emanzipieren und eigenständig etablieren konnten, die Naturwissenschaften ebenso wie die Philosophie oder Rechtswissenschaft, weil man Sprache nun plötzlich direkt aufzuzeichnen vermochte; so entstanden aber auch neue poetische Genres wie etwa das Theater, in dem die Menschen nun reden konnten, wie sie es sonst auch taten. Der Nachteil war, daß das Instrumentarium der Dichtung mit einem Mal überflüssig schien.

Diesen plötzlichen Funktionsverlust, mit dem alle gegen uns geführten Prozesse überhaupt erst begannen, hat die Dichtung bis heute nicht überwunden. Er kam unserer Vertreibung aus dem Paradies gleich. Plato hatte dies bereits mit dem neuen Namen klargemacht, mit der er sie verächtlich belegte: nostalgisch rückwärtsgewandt wie er war, beklagte Plato den Untergang der alten Aoiden, diese durch die Götter und die Geschichte eingesetzten Sänger, Seher und Propheten, die in Personalunion das Monopol auf Kulturvermittlung innegehabt hatten. Denn jetzt, wo diese Medienrevolution der Schrift ähnlich umwälzend war wie später jene unseres Computerzeitalters, waren aus ihnen ›Poeten‹ geworden, gottlose ›Macher‹, marktschreierische Handwerker der Sprache, billige Silbendrechsler und Wortverdreher. Die jede Autorität und Auktorialität damit einbüßten, zu bloßen ›Autoren‹ wurden. Und darüber auch aller Glaubwürdigkeit verlustig gingen.

Nach Sichtung dieser Faktenlage können wir, sehr verehrte Jury, jetzt auch zu unserer Verteidigung schreiten. In der wir beweisen werden, daß der Leumund des Angeklagten trotz aller vorgelegten Indizienbeweise tadellos ist – daß jedoch über seinen Beruf, nach diesem großen Umbruch, anders geurteilt werden muß. Denn was ist vom ursprünglichen Charakter der wahrscheinlich jahrzehntausendealten oralen Dichtung unverändert geblieben? Nur sehr wenig. Hauptsächlich wohl der Genuß, ein Gedicht zu hören – ob diskret in der eigenen oder klangmalerisch in einer fremden Sprache und der Lautpoesie. Das Vergnügen dabei liegt auch in dem, was die gebundene Sprache des Gedichts der Musik verdankt und dem Konzert: als ritualisiertes Gemeinschaftserlebnis, bei dem Vortragender und Publikum miteinander eins zu werden scheinen, synchronisiert im Gleichmaß von Versen. Indem das Papierne von Worten seine archaische Körperlichkeit zurückerhält. Und eine Kommunikation entsteht, wie sie auch der oralen Dichtung eignete, die zu ihren Uranfängen ja auch einmal im Dienste der Religion stand, wo Kommunikation zur Kommunion wird. Ihrem Wahrheitsbeweis mag sich die Vernunft zunächst noch entziehen. Der Methode kaum: denn darin beweist die Dichtung eine Überredungskraft, deren sich politische Demagogie ebenso bedient wie die Sprache der Werbung, wenn sie uns durch die Insinuationen klangvoller Worte Botschaften verkaufen, die möglichst nicht hinterfragt werden sollen.

Zugegeben, es liegt auch eine Art der Gehirnwäsche darin. Doch warum interessiert das Konfliktpotential dabei nur bei der Religion, der Wirtschaft oder beim Populismus, nicht jedoch in der Poesie? Weil bei ihnen die poetischen Kunstgriffe Mittel zu einem bestimmten, jedem einsichtigen Zweck sind; die Dichtung dagegen reiner Selbstzweck geworden zu sein scheint. Zu klären ist deshalb, meine

Damen und Herren Geschworenen, erst einmal die Frage der Legitimation der Poesie. Die orale Dichtung wurde gerechtfertigt durch den lobenden Herrscher, den zu preisenden Gott, das zu unterhaltende Publikum, das zu vermittelnde Wissen; sie hatte sich dabei bloß unterzuordnen wie Adam und Eva im Paradies. Mit der Schrift aber, mittels deren mein Klient bald seinen Beruf auszuüben begann, biß er – um ein letztes Mal diesen Topos zu gebrauchen – in den bitteren Apfel; und aß damit vom Baum der Erkenntnis: der Selbsterkenntnis. Hinfort wurde er zum eigenen Gesetzgeber. Nicht die Musen waren es mehr, die seine Gedichte, wie zuvor immer, legitimierten und seinen Enthusiasmus als voll des Gottes Sein; er mußte sich von jetzt an für seine Produkte selbst rechtfertigen.

Durch ihre Literarisierung verlor die Dichtung aber ihre Eindeutigkeit. Nicht nur weil, wie Plato bemängelte, alles Schriftliche offen interpretierbar war, da es bloß Worte, nicht aber Intonation, Mimik und Gestik zu registrieren vermochte, die bestimmten, wie etwas wirklich gemeint war. Nein: zusätzlich zu diesen sich auftuenden Ambiguitäten büßte die Poesie auch an allgemeiner Verständlichkeit und Zugänglichkeit ein. Wo die orale Dichtung bei ihrem epischen Extemporieren noch auf die kurze Aufmerksamkeitsspanne eines zuhörenden Publikums durch kurze Informationseinheiten, allgemeingültige Formeln und dauerndes Wiederholen Rücksicht genommen hatte, hatte die Poesie es nun zum ersten Mal mit Lesern zu tun. Für die ein Gedicht überblickbar wurde. Beliebig oft lesbar. So entstand der ›Text‹ – sein immer dichter geflochtenes Gewebe, das erst nach mehreren Malen durchschaubar wurde. Damit jedoch büßte die Poesie ihr breites Publikum ein. Weil dieses ja mehr am Kino im Kopf interessiert war, am Film, weniger an der Beschaffenheit der Leinwand an sich.

Sie sehen, wir gehen mit dem Angeklagten härter ins Gericht als alle Staatsanwälte vor uns. Um zu guter Letzt das in den Vordergrund zu stellen, was die Dichtung einzigartig und unnachahmlich macht. Und damit endlich den Wahrheitsbeweis zu führen.

Je mehr die Poesie für Papier, Schrift und still schauende Leser gemacht wurde, desto unnötiger wurden all die Redundanzen, deren Gedächtnis, Vortrag und Zuhörer bedurften: die Verse wurden statt dessen äußerlich immer konziser und komplexer. Ihrem innersten

Wesen nach aber begann sie nun diese Revolution menschlichen Denkens, die die Schrift mit sich brachte, *par excellence* zu exemplifizieren; und dieser Umbruch ist bei weitem folgenreicher, als wir gemeinhin zu glauben bereit sind. Lassen Sie mich dazu noch einmal ausholen: In einer oralen Kultur gibt es die Idee des Wortes nicht – allein die des Klangs (und alles Begreifen setzt erst dann ein, wenn ein Laut bereits nicht mehr existent ist: etwas gehört zu haben heißt, daß bereits wieder Stille herrscht). Dauer erhalten Schall und Rauch des Klanges erst durch die schriftliche Fixierung – und erst durch Buchstaben entstehen jene unterschiedlichen Einheiten von Sinn, in denen das Dynamische einer Kommunikation zu einer Statik eingefroren wird, die wir Worte nennen. So werden aus akustisch flüchtigen Eindrücken permanente Zeichen unseres Bewußtseins. Das ist für uns schon so selbstverständlich geworden, daß wir gar nicht merken, wie visuell unsere Wahrnehmung von Sprache geworden ist (denken Sie nur an das Wort ›nichtsdestotrotz‹ – Sie werden es gar nicht mehr als Klang verstehen, sondern wie geschrieben vor sich sehen).

Dieser Umstand aber hat nun ganz wesentlich mit unserer spezifisch modernen Art der Erkenntnis zu tun. Wo eine orale Kultur ihre Informationen durch ein ›und‹ aneinanderreihte, hat erst die Schrift unseren Sinn für Hierarchien und ihre konzessiven, konsekutiven oder kausalen Unterordnungen geschärft; wo sie auf parallelen oder antithetischen Satzkonstruktionen aufbaute, arbeitet sie eine analytische Syntax heraus; wo akustische Kommunikation es auf die Eindeutigkeit eines Begriffes angelegt hat, bringt die Schrift erst die Mehrfachbedeutungen eines Wortes zum Vorschein und verzeichnet seine semantischen Diskrepanzen in einem Lexikon. Aber es reicht dies noch tiefer in unsere Psyche hinein: Wo orale Kulturen typisieren und ihre Formeln totalisieren, beginnt erst die Schrift zu differenzieren und auf das Detail zu sehen; wo sie mit Hilfe ihrer mündlichen Tradition ihr Wissen konservativ, generalisierend und deduktiv zu bewahren bedacht sind, führt die Schrift zu einem spekulativen Denken, das auch Einzigartiges und Originelles hervorbringen und induktiv vorgehen kann. Kurz: wo eine orale Kultur den Kontext ihrer Äußerungen als konkret, funktionell und praktisch auf eine Situation bezogen versteht, macht Schrift erst ein konzeptuelles Denken möglich, das nur dadurch, indem es die Worte beinahe wie Dinge vor Augen hat, abstrahiert und Kategorien entwirft. Weiters: Wo der Klang den Hörer in der Mitte seines Raumes positioniert, in einem Hier und Jetzt, stellt uns das Schreiben an den Rand, rückt uns nach außen, in einen Blickpunkt, der uns ein Geschehen überschaubar macht. Und: wo für eine orale Kultur Wissen bedeutet, eine empathisch nahe, gemeinschaftliche Identifikation mit bereits Bekanntem herzustellen, entsteht durch die Schrift Objektivität im Sinne von persönlicher Distanzierung: statt für ein Publikum gesprochen, geschieht das Schreiben isoliert von der Außenwelt und für einen anonymen, einzelnen Leser.

Ein situationelles Gruppen-Denken weicht so der artikulierten Selbstanalyse. Das Alphabet hat so nicht nur eine – linguistisch wie konzeptuell – formale Logik möglich gemacht (und damit erst jede Wissenschaft), sondern auch die Idee eines ›Ichs‹. Das zeigt schon ein grober Überblick über die Produktion unseres Angeklagten quer durch die Zeit – von sich und seinen subjektiven Empfindungen beginnt er immer erst zu reden, wenn er ein der Schrift kundiges Publikum vor sich hat: das beginnt ansatzweise bei den Werken, die er mit dem Namen Homer zeichnete, zeigt sich erstmals bei Sappho deutlicher und wird bei Catull offenkundig (gleich wie dann auch seine Shakespearsche Erforschung des bürgerlichen Ichs nach der Einführung des Drucks und der Verbreitung von Büchern möglich wurde).

Das Gedicht nun aber bildet die Brücke zwischen diesen beiden Wahrnehmungsweisen, das ist ihm als Bürde wie als Privileg erhalten geblieben. Seine grundlegende Legitimation bezieht es nun daraus, daß es beide Denkwelten zu einem zusammenführt – das Distanzierte eines abstrakten Denkens in Symbolen mit dem Anschaulichen konkreter Erfahrung; das Konzeptionelle von Worten mit der Sinnlichkeit des Klangs.

Soviel zum Allgemeinen; doch ich weiß, werte Geschworene, Sie wollen Beweise und Fakten statt Indizien. Gehen wir darum ins Detail. Offen zugestanden, wie gesagt, sei, daß die Poesie durch die Revolution der Schrift als Medium ihre ursprüngliche Funktion verloren hatte und ihr nun nichts anderes blieb, als sich auch selbst zu thematisieren. Sie begann somit den Blick auf ihre Eigengesetzlichkeiten und Mittel zu schärfen. Das Dominierendste darunter ist wohl die Metapher. In den Worten unseres ersten Kollegen Aristoteles ausgedrückt, der die Poesie vor 2500 Jahren gegen Plato verteidigt hatte:

der Metaphorik mächtig zu sein ist bei weitem das Größte; niemand kann sie einen lehren; sie ist das Zeichen eines Genies, denn gute Metaphern zu machen heißt, ein Auge für Ähnlichkeiten zu besitzen.

Der Nutzwert der Poesie liegt nun darin, daß sie Analogien zu einem ihrer zentralen Anliegen macht. Wo die Metapher in der oralen Dichtung bloß ein Kunstgriff war, um Dinge prägnant zu umreißen, wurde sie nun zum Erkenntnisinstrument. Das seinen realen Nutzwert hat: jede Erfindung, jede Entdeckung geht auf das Aha-Erlebnis des Archimedes in seiner Badewanne zurück, die Einsicht, daß etwas wie etwas anderes ist. Auf diesem Denken mittels Ähnlichkeiten basieren *think tanks* ebenso wie *creative studios,* Naturwissenschaft und Technik ebenso wie die Weinkritik (und haben Sie schon einmal eine Gourmetkritik gelesen, wo der Wein nach Weintrauben schmeckt?). Ja, mehr noch: dieses x = y ist der einzige sinnstiftende Mechanismus, über den wir verfügen. Mit ihm haben wir unsere Welt benannt und begreiflich gemacht. Von uns, unserem Körper ausgehend, haben wir uns mittels Metaphern die Dinge rund um uns zu eigen gemacht: vom Tischbein bis zum Bergfuß. Weil wir gar nicht in der Lage sind, uns etwas auszudenken, *das es nicht gibt.* Denn alles neu Erfundene ist immer aus Altem zusammengesetzt, und alles neu Entdeckte erschließen wir uns erst durch den Vergleich mit bereits Bekanntem (denken Sie nur an Sciene-fiction-Filme: haben Sie dort etwa je ein Alien entdeckt, das nicht aus diversen Reptilien zusammengeklittert wäre?). Und die Disziplin, die sich zentral damit auseinandersetzt, das ist die Poesie. Womit wir unser erstes Argument vorgestellt hätten.

Zweites Argument: wo die orale Dichtung eine Gedächtnisleistung war, bei deren Realisation der Rhapsode, das Gedicht und die Zuhörer eines wurden, in einem Moment reinster Gegenwart, hat die Schriftlichkeit der Poesie statt dessen das Zeitlose herausgearbeitet. Ein Bewußtsein reinster Gegenwart gibt es heutzutage wohl nur noch im Moment dichterischer Inspiration, die so lange anhält, bis – wie unser Klient gerne erzählt – der Mann aus Porlock an die Tür klopft und allen Visionen eines Xanadu den Einbruch der Realität beschert. Was danach erfolgt, ist das Ausarbeiten eines reinen Einfalls, das Konstruieren des Gedichts mittels der Vorgaben seiner Form, das ein Rekonstruieren dieses Augenblicks ist. Was dabei thematisiert wird, ist wiederum etwas Selbstbezügliches: die Erinnerung an sich.

Unser eigenes Gedächtnis ist kein Videorekorder, mit dem sich ein Film aufzeichnen und beliebig oft wieder zurückspulen läßt, nein – wir rekonstruieren uns die Vergangenheit immer wieder von neuem, indem wir aus Fragmenten jedesmal eine andere Einheit konstruieren. Wo die orale Dichtung eher einem Film vergleichbar war, ist es die Poesie nun eher mit einer Photographie; wo sie einmal einen breiten allgemeingültigen Blickwinkel zu präsentieren glaubte, kann sie jetzt vielmehr den Anspruch darauf erheben, zwar punktuelle und subjektive, doch dafür genau belichtete Aufnahmen vorlegen zu können. Und wo sie einmal in ihrem oralen und epischen Rahmen Vergangenes weitergab für die Zukunft und die Dichtung ein durch die Zeit bedingtes Gewerbe war, sieht sich die Poesie heute weit mehr aus der Zeit gehoben, besitzen ihre Verszeilen etwas von zeitlos fixierten Momenten.

Der Grund für dieses zeitlos Fixierte liegt in der musikalischen Gebundenheit ihrer Sprache, dem Reim und der Strophenform; diese drei Dinge weisen eine Eigenschaft auf, die für die orale Dichtung nebensächlich gewesen ist und erst jetzt, im Selbstbezogenen der Poesie, zum Tragen kommt: im Repetitiven ihrer Struktur weisen sie nämlich rückwärts. Der Reim ist nur ein Echo auf das Wort, das ihn bestimmt, der Refrain eine Wiederholung, die uns wieder an den Anfang versetzt, die Melodik der Verszeile eine Monotonie des immer Gleichen. Es ist dadurch, daß ein Gedicht die Zeit aufhalten und aufheben kann. Und als einziges Subjektives bewahren, es überdauern lassen kann. Subjektives, wie es Zelluloid oder digitales Plastik nicht wiederzugeben vermag.

Daß dieses über das bloß Private und Individuelle dennoch hinauszureichen vermag, ist jedoch der zweiten Sache zu verdanken, die neben der Musik die technische Revolution der Schrift unbeschadet überstanden hat: den Stilfiguren der Dichtung (die Literatur hat dem Repertoire an rhetorischen Kunstfertigkeiten nichts hinzufügen können). Keiner hat ja den Reim oder die Metapher je erfunden – sie lagen immer schon im Bereich der Sprache und des Denkens. Der objektivierende Duktus der Diktion ist es denn auch, der dem zutiefst subjektiven Gestus, in dem ein Gedicht heute meist gründet, überindividuelle Wertigkeit zu verleihen vermag. Indem es aus dem Persönlichen das Exemplarische macht, Stellvertretende und Allgemeingültige. In einem Gedicht, das ein Gesamtkunstwerk ist von Bild und

Ton, Sprache und Musik, Intellekt und Emotion. Die Totalität eines Augenblicks, in dem alles auf seinen urmenschlichsten Punkt gebracht ist. Das kann nur ein Gedicht – weil dies weder prosaisch zu erzählen noch dramaturgisch abzuhandeln ist.

Doch die Wahrheit? Ein gutes Gedicht unterscheidet sich von einem schlechten nur, wie konsequent seine formalen Anforderungen erfüllt wurden; gleichgültig, ob sie semantisch-logischer oder allegorisch-bildlicher Art sind, ihre Aussage auf Visuellem gründen (ob bei den Kalligrammen der alexandrinischen Epoche mit ihren durch Schrift gezeichneten Eros-Flügeln und Gomringers Wortkonstrukten) oder Mathematischem (wie bei der Kombinatorik von Zaubersprüchen, den Hypogrammen, die Saussure bei Martial nachgewiesen hat, den auf der mittelalterlichen Gematrie aufbauenden Liedern von Guihelm und Villon oder den Rastern der Oulipoten). Der Wahrheitsbeweis scheint dabei, oberflächlich betrachtet, eher einem Arkanum gleichzukommen; einzig Sonetten, die die logische Schlußform des Syllogismus imitieren, scheint das Kriterium ›Wahrheit‹ auf den ersten Blick weniger Probleme zu bereiten. Doch welche Wahrheit mag beim zweiten Blick in solchen Gedichten liegen, die wie etwa bei Inger Christensen Welt mittels semantischer Fibonacci-Reihen aufschlüsseln? Oder, einfacher formuliert, welchen Wahrheitsbeweis können durch den Gleichklang von Reimen geordnete Strophen überhaupt antreten?

So logisch absurd sich dies anhört, so glaubten doch schon die Sumerer, daß ähnlich klingende Worte grundlegende Wesensverwandtschaft aufzeigen. Überraschenderweise hat dies nun auch die Neurologie bestätigt: Jemand, der sich im Labor wie ein Pawlowscher Hund konditionieren läßt, indem er jedesmal, wenn er im Sprachlabor das Wort ›Reim‹ hört, einen Stromschlag erhält, wird auch dann zurückzucken, wenn er hört, daß er anderem auf den ›Leim‹ ging. Oder nun wieder ›heim‹gehen kann. Es scheint also, als könnte man damit beweisen, daß der Reim auch eine biologische Basis besitzt. Wie immer unser Denken auch funktionieren mag – schon allein über diese Konditionierung besitzt der Reim damit auch eine eigene Wirklichkeit und damit auch Anspruch auf eigene Art Wahrheit. Doch wie verhält es sich dann bei Gedichten als Textgraphiken, Objekte oder Klangformen wie etwa bei Jaap Blonk? Eine zeitgemäße Poetologie müßte auch hier ansetzen – die jedoch noch nicht geschrieben ist. Wir können hier bestenfalls bloß andenken, daß mit den visuellen Figuren das figurative Nachahmen verschiedenster in der Natur vorkommender Strukturen im Vordergrund steht (egal ob nun in Fibonacci-Reihen oder der Chaos-Theorie verpflichteten Determinanten von Blonks Lautreihen). Sie lassen sich, um wenigstens einen greifbaren Ausgangspunkt zu bieten, zunächst aber durch die uralte Idee der griechischen Mimesis begründen – wenn man sie als Interpretation und Darstellung von Wirklichem auffaßt. In diesem Sinne gibt es wohl keine Kunstform, die beides zugleich – nämlich Interpretation und Darstellung – konzentrierter tut als ein Gedicht. Und das könnte als *conclusio* unseres Plädoyers bereits genügen. Doch damit ist noch nicht alles gesagt.

Der Fokus der Poesie liegt heute, wie bereits erwähnt, auf den Eigengesetzlichkeiten ihres Genres: den unterschiedlichen Arten, wie Sprache organisiert und systematisiert werden kann. Da Sprache und Denken sich wechselseitig beeinflussen, müssen beide automatisch auch einen wie auch immer gearteten Wirklichkeitsgehalt besitzen. So weit waren wir schon in unserer Argumentation: die Poesie ist – egal welcher Machart – schon allein deshalb *wahr*, weil sie den Worten verhaftet bleibt. In dieser Hinsicht entspräche das Gedicht, um einen modernen Vergleich zu wagen, einem Modul: jede Strophe einer Platine, jeder Vers einem Schaltkreis. Unter dem Gesichtspunkt einer solchen Informatik stellt die poetisch kodierte Sprache den Kontakt zwischen Realität und Bewußtsein her, liefert ein Gedicht ebensosehr Abbildungsmodalitäten für die Wirklichkeit wie Versuchsanordnungen zu ihrer Erschließung. Entscheidend ist allein die Leitfähigkeit diesen poetischen Chips. Wenn man in diesem Kontext nun von Wahrhaftigkeit sprechen will, dann in einem relativen Sinn, insofern, als es in diesem Kontext weniger um ›wahr‹ oder ›falsch‹ als um ›gut‹ oder ›schlecht‹ geht: je stringenter das Ordnungssystem seiner Form und je konsequenter die Durchführung, desto erkenntnisreicher das Gedicht – denn nur seine Prägnanz kann das Datenrauschen in diesem Modul auf ein Minimum beschränken. Egal, welche Art von Programm es realisiert – ob klassische, visuelle oder eine Poesie von Klängen –, das Gedicht wird immer etwas über die Wirklichkeit aussagen und um so wahrhaftiger sein, je kompletter, effizienter und integrierter seine inneren Schaltungen arbeiten.

Was diese dann auf den mentalen Bildschirm bringen, sind Strukturen – Schemata, um einen anschaulicheren Vergleich zu bemühen, wie Karten, von denen manche die Niederschlagsmengen wiedergeben, andere Strömungsverhältnisse und Windrichtungen, dritte geologische Eigenschaften, die nächsten Höhen und Temperaturen, die übernächsten die Bevölkerungsdichte und andere Statistiken, um uns Welt vor Augen zu führen ... Sie sehen, sehr verehrte Damen und Herren, worauf ich hinauswill: jedes einzelne, von einem poetischen Programm generierte Schema macht uns einen spezifischen Aspekt menschlicher Wirklichkeit sichtbar. Das ist Argument Nr. 3 unseres Plädoyers.

Und doch wäre damit wieder nur eine von vielen Charakteristiken der Poesie bestimmt. Denn ebenso wichtig wie diese Definition des Gedichts als Modul mit seinen In- und Outputs von Ich und Welt ist das nicht zu leugnende Faktum, daß die Poesie keine herkömmliche Informatik betreibt. Pragmatisch als Sprechakt beurteilt, sehr verehrte Damen und Herren der Jury, weiß mein ob all unserer technischen Metaphern nun eher blasiert dreinblickender Dichter sehr wohl, daß seine Verse von der Wahrheit – insofern als sie eine insgeheime Konvention unter Menschen darstellt – bewußt abweichen. Das liegt daran, daß ihm:

a) meist mehr an Originalität liegt als an Wahrheit, die ihm oft zu banal ist;

b) aber auch an der fehlenden Präzision des Mediums Sprache;

c) überdies aber auch an den Stilformen der poetischen Diktion, denen immer auch etwas von einem Artifizium und einer Behelfskontruktion anhaften wird;

d) hat die Komplexität, die sich durch die Literarizität der Poesie ergeben hat, ebenfalls Anteil daran.

Schuld ist aber auch, daß in einem Gedicht stets mehrere Ordnungsprinzipien miteinander konkurrieren – und dadurch auch einander konkurrenzieren:

1.) die Grammatik

2.) mit einer durch die Verszeile oft elliptischen Syntax,

3.) diese beiden wiederum mit den Anforderungen des Versmaßes

4.) und der musikalischen Bindung,

5.) all dies zusammen dann aber auch mit der Logik ihrer Tropen und Bildebenen.

Es ist dies vergleichbar mit einem Kreuzworträtsel, das Unterschiedlichstes unter einem einzigen Raster vereinen und dabei noch Sinnvolles aussagen will. Mit ein Grund, weshalb es so wenige gute Gedichte gibt.

Es trotzdem immer wieder zu versuchen, auf die *eine* Wahrheit zu stoßen, die auf allen Ebenen gültig wäre, darin liegt im klassisch griechischen Sinn der eigentliche Eros der Poesie – mit Fingerspitzen berühren zu wollen, was sich nicht fassen und greifen läßt. Wichtiger jedoch noch als dieser Gestus sind die Ambiguitäten, die durch diese Verfahrensweise erzeugt werden. Der Umstand, daß sich dort, wo die einzelnen Sprachebenen und ihre Codes sich überschneiden, Mehrdeutigkeiten ergeben. Und schließlich Widersprüche. So wie es bei einer Metapher eine schlagartig einleuchtende Hälfte gibt und eine zweite, mit der etwas Unauslotbares beginnt, nicht mehr zu Ende Denkbares, bereits schon Metaphysisches. Darin liegt nun die wahre Leistung des Gedichts: daß es beim Versuch, Welt darzustellen, aufzeigt, daß das Paradoxale bereits dort beginnt, wo – wie in der Metapher – zwei Worte aufeinanderstoßen. Das ist seine Wahrheit: zu zeigen, wo das Widersprüchliche entsteht und wie. In der Wittgensteinschen Klarheit, die seiner Hermeneutik entspricht: ein Gedicht liefert seine eigenen Beurteilungskriterien und -grundlagen gleich mit. Damit nachprüfbar Wort für Wort etwas entsteht, was über jedes Wörterbuch und alle Sprache hinausgeht. Darin besteht die wahre Widerspruchsfreiheit der poetischen Wahrheit. Daß ein Gedicht bis an die Grenzen philosophischer Erkenntnis geht, weil es durch diese Widersprüche behauptet, daß alle Gedichte – wie alle Kreter – in dem Maße lügen, wie sie auch Wahres sagen.

Als Argument Nr. 4 wäre dies nun etwas zu philosophisch, um eine uns wirklich feindselig gestimmte Jury beeindrucken zu können. Doch diese durch die Poesie inszenierten Ambivalenzen haben auch einen sehr praktischen Effekt – denn sie schaffen Freiräume der Imagination, die durch nichts einzuengen und zu beherrschen sind: Bewegungs- und Spielräume für das Denken. Das ist der Grund, weshalb mein Klient darüber Genugtuung empfunden hat, ja, es als Ehre sah, daß man ihm Subversivität vorwarf und Demagogie und

Pornographie. Weil sich damit all die totalitären Systemen verrieten, die ihn mit solchen Schauprozessen in die Knie zwingen wollten. Aus gutem Grund. Denn in solchen Diktaturen erinnert sich die Dichtung, dieses älteste Gewerbe der Welt, wieder ihrer alten mediterranen Traditionen und wird wieder zu dem, was sie einmal war: Sprachorgan für alle. Bloß im Untergrund dann, mittels Kassiber und im Samisdat. Allein deshalb ist mein Klient jetzt auch nicht wirklich entrüstet darüber, daß sich unser überaus demokratischer Herr Staatsanwalt nun entschieden hat, stillschweigend die Anklage gegen meinen Klienten fallenzulassen: denn das ist zugleich ein Zeichen, daß es der Poesie gut genug geht. Weil sie bei uns, hier und heute, im guten oder im schlechten, so selbstverständlich geworden ist, daß niemand mehr merkt, wie allgegenwärtig sie längst geworden ist. Vielleicht allzu gegenwärtig auf jedem Fernsehschirm und jedem Werbeplakat, in jedem Radio und auf jeder gedruckten Seite. Daß mein Klient sich mittlerweile überlegt … ob er unsere ganze Gesellschaft nicht auf Tantiemen verklagen soll.

Hundertundein gehörter amerikanischer Dichter

finding the mesaure is finding
the natural articulation of ideas
the organism of the macrocosmos
the organism of language
the organism of I
combined in ceaseless naturing
to propagate a forth: the poem
from their trinity

Robert Kelly

I

Tontafeln, in die sich keilförmige Zeichen eindrücken ließen, waren die ältesten Träger der ersten revolutionären Erfindung in der Geschichte der Kommunikation: der Schrift. Als Artefakt machten sie das gesamte menschliche Wissen erst reproduzierbar und schließlich über das benutzerfreundliche Alphabet jedem zugänglich; ein Korpus von jahrtausendelanger mündlicher Überlieferung wurde plötzlich ein für allemal fixierbar. Die sich dadurch ergebenden Veränderungen waren tiefgreifend, inhaltlich ebenso wie formal. Was eine elitäre Kaste von Kulturträgern – Priester, Seher und Sänger – mit ihrer Gedächtniskunst von einer Generation an die nächste weitergeben hatte können, war beschränkt und deshalb vorrangig auf die Vermittlung der wichtigsten zivilisatorischen Selbstaussage ausgerichtet gewesen: der Religion. Mit der immer demokratischer und industrieller werdenden Verbreitung der Schrift wurden einzelne Bereiche, die der Hierarchie des Sakralen zuvor untergeordnet worden waren, jedoch eigenständig: die Geschichtsschreibung, Wissenschaften und Philosophie bildeten sich heraus. Auch der Modus der Kommunikation verselbständigte sich; er löste sich von seiner vorherigen Zweckgebundenheit, öffnete sich allen denkbaren politischen, sozialen oder individuellen Themen, entwickelte sich weiter und spaltete sich in Gattungen auf: Prosa und Drama entstanden – und die moderne Poesie. Was ihr dabei verlorenging, war die Stimme; was sie dafür gewann, war das geschriebene Wort und der Raum, der sich zwischen ihren Zeilen auftat. Lassen Sie mich zunächst Pindar als Beispiel anführen.

Deutlich wie bei kaum einem anderen zeigt sich an ihm der Umbruch zwischen oraler Tradition und Schriftkultur. Athens Aufstieg zur Großmacht, die perikleische Demokratie, der Bau der Akropolis (als historische Parallele zur Demokratisierung Amerikas und die auch architektonische Etablierung Washingtons als Machtzentrum) waren es, die Pindars Zeit beherrschten. Der Aristokratensohn aus Theben, *dem* Ort der griechischen Tragödie – dieser neu aufgekommenen und erst durch Sophokles, Aischylos und Euripides definierten Gattung –, war da jedoch schon der letzte Vertreter eines Genres, das seinen Ursprung mit dem des Theaters teilte und mit ihm an Popularität gerade noch mitzuhalten verstand, während alle anderen Formen der Poesie von ihm bereits verdrängt worden waren: die Rede ist von der Chorlyrik. Was von Pindar überliefert ist, sind Preislieder für die Sieger bei den vier großen überregionalen, letztlich politisch motivierten Wettkämpfen (die Olympiade war einer davon), die man bei ihrem Einmarsch in seine Heimatstadt während der Prozession zum Tempel oder beim Festbankett sang. Es war Auftragsdichtung, der Anspruch an Dichter jedoch, den Sieg eines Athleten als Symbol von gleichsam universell politischer Bedeutung zu feiern und ihn an mythischen Vorbildern zu messen.

Mit ausgelöst hatte diese sozialpolitischen wie poetischen Umbrüche in diesem 5. Jahrhundert die Schrift und ihre inzwischen bereits allgemein gewordene Verbreitung. Als Medium machte das Alphabet das vorhandene Wissen jedem einzelnen kommunikativ verfügbar und fixierbar – von Handelstransaktionen bis zu Gesetzestexten –, gleichzeitig aber auch analysierbar und interpretierbar; es veränderte damit auch nach und nach die etablierten gesellschaftlichen Strukturen. Auf die Dichtung bezogen, untergrub die Schrift die mündlichen Überlieferungsformen, die alles Kulturgut bis dahin zu transportieren hatten, und brach sie auf. Strenge metrische Raster und die formelhafte Diktion der oralen Poesie verloren ihre Funktion als Gedächtnisstützen und wurden zweckfrei; so konnte das Theater Umgangssprache auf die Bühne bringen und ihren Chören eine damals ebenso noch ungewohnte rhythmische Kontrapunktik verleihen.

Auch die Chorlyrik schöpfte nun diesen neuen Freiraum in ihren Oden aus. Konventionell war an ihnen nur mehr, daß sie in Strophe, Gegenstrophe und Abgesang unterteilt und zu ihren wechselnden Rhythmen auch getanzt wurde. Bloß ein einziges von Pindars erhaltenen Liedern wiederholt sein metrisches Muster; dazu aber besticht vor allem die Kunst, mit der er das Altgriechische – das keine festgelegte Wortstellung kennt – einer Diktion nutzbar macht, deren Syntax sich den einzelnen Tanzschritten anzupassen weiß: eine Choreographie von Worten, deren Logik gestisch wird, anspielend, assoziativ. Obwohl für den Vortrag bestimmt, ist eine solche kompositorisch vielschichtige Offenheit nur durch die Übersicht denkbar, die die Schrift auf dem Pergament bietet. Wie zum Hören der Blick auf einen Text hinzukam und gleich wie auch der Tanz ein Schauen war, so skizziert Pindar dazu nun Bilder einer modern anmutenden Kinematographie: *Leb, mein Freund, wohl. Ich schicke dir dies, Honig, mit weißer Milch gemischt, vom Rühren umkränzt mit Schaum, eines Dichters Trank mit einem Hauch äolischer Flöten, spät aber doch. Unter den Vögeln ist der Adler schnell. In der Ferne schwebt er, stürzt herab, plötzlich, und holt sich mit seinen Klauen Beute blutig. Die geschwätzigen Dohlen bleiben auf bescheidnerer Höhe. An dir, dank Klio auf ihrem hehren Thron, und ob deiner Laune eines Siegers, hat in Nemea, in Epidaurus und in Megara auch, aufgeleuchtet das Licht. (III. Nemeische Ode)*

Es wäre dies alles fast schon alexandrinische Schaumschlägerei, mehr Manier als Stil, wenn die überraschende und zugleich eindrückliche Abfolge der Szenen nicht so genau gesetzt wäre, bis hin zu den Vokalen und den Diagonalen der Vorstellung*. Denn darin drückt sich eine Komplexität des visuell Suggestiven aus, wie sie ein Jahr-

* Trotz all seiner die Konturen genau ausleuchtenden Virtuosität wäre Pindar bei uns dennoch vergessen worden, hätte er nicht wesentlichen Einfluß auf Hölderlin gehabt. Befördert durch das damals gängige Mißverständnis, daß das Deutsche dem Altgriechischen wesensverwandt wäre, schulte Hölderlin seine Sprache vorsätzlich mit den Interlinearübersetzungen, die er von Pindars Oden anfertigte: aus ihnen bezog er die Inversionen seiner Wortstellung, das frei schwebende Versmaß, den »Rhythmus der Vorstellungen«. Daß er sie damit in das Prokrustesbett des Altgriechischen zwängte und diese Weise der verdeutschenden Nachdichtung bis in unser Jahrhundert noch bestimmend blieb, ist eine Sache. Die andere

hundert zuvor noch kaum denkbar gewesen wäre: es ist – trotz des offiziellen Anlasses – ein höchst individueller Weltentwurf durch Sprache, der sich darin abzeichnet.

Von solcher Subjektivität kann bei der oralen Dichtung noch keine Rede sein; in einer auf ihrer Tradition aufbauenden Gesellschaft hatte der Dichter die kollektive Erinnerung zu verkörpern. Da sein Gedächtnisvermögen darüber entschied, was bewahrt werden konnte, bediente er sich einer Ausdrucksweise, deren Formeln und rhythmische Sprachfiguren seine Leistung stützten und der Aufnahmefähigkeit des zuhörenden Publikums entgegenkamen. Seinem Vortrag haftete dabei nichts Subjektives an, weil man den Dichter als göttliches Sprachrohr begriff und ihm seine Autorität als personifiziertes Gedächtnis eine kaum in Frage zu stellende Objektivität verlieh: seine Rede, die sich auf einen Gott berief und an die Zuhörer gerichtet war, stellte die Welt dar, sie ahmte sie nach, indem sie ihr in größtmöglicher, eindringlicher Eindeutigkeit zur Stimme verhalf. Für ihn war – in der Formulierung nicht etwa eines alten Griechen, sondern der des amerikanischen Theologen Jonathan Edwards – immer noch *die materielle und natürliche Welt ein Sinnbild der moralischen, spirituellen und intelligenten Welt, oder der Gemeinschaft Gottes; die Dinge dieser Welt sind geordnet und dafür ersonnen, spirituelle Dinge zu verkörpern, denn Gott erschuf das Niedere gewollt in Nachahmung des Höheren, das Materielle in Nachahmung des Spirituellen, damit sich das ihnen gemeinsam Innewohnende offenbare.*

Diese Stimme kam mit der Schrift jedoch zum Verstummen. Die Einfachheit, mit der sich durch das Alphabet jede Art von individueller Aussage in aller nuancierten Ausführlichkeit wiedergeben ließ, machte die Gedächtnisstützen einer auf kurzen Wortblöcken aufgebauten, formelhaften Prosodie unnötig; und je mehr das Hören zu Lesen wurde, desto mehr kappte die poetische Sprache auch die Redundanz jener Elemente, mit der sie auf die Aufmerksamkeitsspanne eines Publikums eingegangen war und immer wieder von neuem auf

ist, daß jede Art von literarischer Originalität stets Nachahmung und Umarbeitung von Altem zu Neuem war und Pindar damit über Hölderlin fast unbeachtet auf die deutsche Dichtung eingewirkt hat, über Rilkes *Duineser Elegien* und Celan bis hinauf zu Franz Josef Czernin, Urs Allemann oder Ulf Stolterfoht etwa.

das Erzählte verwiesen hatte. Einer, der schreibt, kann zudem größere Sinneinheiten überblicken als jemand, der sie im Kopf behalten muß – und so gingen die aufzählenden Reihungen in die Bei-, Unter- und Überordnungen sich relativierender Sätze über. Aus dem soliden Stoff der mündlichen Dichtung wurden so die geknüpften Fäden und Stränge eines lockereren Gewebes: der Text.

Abgetrennt jedoch vom Rahmen eines für Zuhörer bestimmten Vortrags, vom Kontext der Gestik, Mimik und dem Tonfall entbunden, der das Gesagte mit einer Intention versah, verliert sich die Auktorialität: und die Maschen des Textes werden durchlässig. In Ermangelung eines Sprechers beziehen sich die Worte nur mehr auf andere Worte, definieren sich gegenseitig, lassen widersprüchliche Lesarten zu; sie werden vieldeutig und paradoxal. Der konkrete Bezug des Gesprochenen wird zur Abstraktion und der ursprüngliche Wahrheitsanspruch zur Fiktion, mit derselben symbolischen Willkürlichkeit, mit der Buchstaben die Dinge bezeichnen: sie *präsentieren* diese nicht mehr mit einer auktorialen Stimme, sie *repräsentieren* sie nur noch. In Stein gemeißelt, dann auf feuchten Lehm oder Wachstafeln eingedrückt, später auf Papyrus und Pergament aufgemalt und schließlich auf dünnem Papier gedruckt, wird auch ihr Wirklichkeitsgehalt flüchtiger, schwebender. Im selben Maß, wie das Schreiben überhandnimmt und den durch die Musen legitimierten Sprecher ersetzt, beklagte schon Platon, kann der Text seinen Wahrheitsbeweis nicht mehr antreten und wird jedwedem fehldeutenden Mißbrauch offen. Und mit dem Verlust der Auktorialität geht auch seine anfänglich sakrosankte Autorität verloren: der göttliche Dichter wird zum profanen Poeten, einem privat sein Handwerk ausübenden ›Macher von Worten‹, das Schreiben zur Industrie und die Worte, die den Ursprung des von phönizischen Händlern übernommenen Alphabets nicht mehr zu verleugnen vermögen, werden zu Wechselgeld, das beständig an Wert verliert.

Die Poesie wußte dennoch von diesen merkantilen Prinzipien zu profitieren und daraus Kapital zu schlagen. Doch da sie sich dazu ablösen mußte von der Religion, die sich als Bewahrerin der einzigen und einen Wahrheit verstand, sah sie sich stets dem Vorwurf unlauterer und ketzerischer Praktiken ausgesetzt. Man bediente sich zwar des Formenvorrats ihrer Erfindungen, aber die dichterische Freiheit an sich blieb dennoch suspekt; sie wurde nie ganz den Verdacht los, daß sie falsch, trügerisch und verführerisch sei und das Vergnügen an der metaphorischen Austauschbarkeit der Dinge und Worte, die Lust, sich an Wortspielen und Andeutungen zu ergötzen, über die Suche nach dem höheren Sinn stellt. In diesem Sinne wetterte noch Jahrtausende später ein amerikanischer Prediger, Cotton Mather: *Versteife dich nicht so sehr auf die Poesie, indem du dauernd über ihren leidenschaftlichen und metrischen Seiten brütest. Laß nicht, was nur Sauce, nicht Nahrung für dich sein sollte, dich so voll in Anspruch nehmen. Laß den Becher der Kirke dich nicht rauschig machen. Besonders jedoch bewahre die Keuschheit deiner Seele von den Gefahren, die dich befallen mögen, durch ein Zwiegespräch mit den Musen, die nicht besser als Huren sind.*

II

Das *Bay Psalm Book* (1640) mit seinen versifizierten Bibelstellen war das erste Buch, das je in Amerika gedruckt wurde, die didaktischen Strophen der Anne Bradstreet über die vier Elemente, die vier Jahreszeiten und die vier Weltalter – *The Tenth Muse Lately Sprung up in America* (1650) – der erste amerikanische Gedichtband. Der skizzierte Paradigmenwechsel, den die Ausbreitung der Schrift in der Antike und dann im frühen Mittelalter und der Renaissance mit sich brachte, läßt sich in groben Zügen auch auf die Entwicklung der amerikanischen Poesie übertragen. Mochte die Analphabetenrate zwar geringer sein, so hieß dies jedoch nicht, daß eine Nation von Milizionären, Viehhirten und Bauern – die sich mit der Eroberung und Kolonialisierung eines ganzen Kontinents herausbildeten und ihre Identität aus diesen Grenzlandmythen bezogen – großes Verständnis oder gar Bedürfnis für die sogenannten *Liberal Arts* nach europäischem Muster gehabt hätten. Was davon trotzdem unter den weißen Emigranten kursierte, wurde importiert und imitiert; und damit war ebenso eingeschränkt und letztlich an mündliche Weitergabe gebunden: eine Handvoll auswendig gelernter Gedichte und weitererzählter Geschichten, Lieder, Sprichwörter und Lebensweisheiten. Als bodenständige regionale Poesie mit ihren pastoralen und wertekonservativen Untertönen sich zu etablieren, gelang ihr erst im 20. Jahrhundert, mit Robert Frost und John Crowe Ransom. Wo sich eine orale Tradition reinster Ausprägung auf amerikanischem Boden fand, war bei den aus

Afrika verschleppten, versklavten Schwarzen: ihr Einfluß auf die Hochkultur war präsent, aber untergründig, kam mit der Lyrik des Blues erstmals zu breiterer Geltung, konnte sich jedoch erst ab den 70er Jahren als eigenständige Black Poetry definieren.

Die Geschichte wiederholt sich. Wo immer eine Zivilisation eigene Formen annimmt, stehen sie anfangs unter dem Einfluß der Religion und ihrer Imperative; bis aus der Kommunion Kommunikation werden kann, bedarf es zumindest der Zeit – das gilt auch für Amerika. Die Zentren der Kultur, das waren die Kirchen, die Prediger zugleich die Lehrer der Sonntagsschule, und der alles beherrschende calvinistische Fundamentalismus achtete mit aller unerbittlichen Strenge darauf, daß die Bibel das einzige Buch blieb, und bedachte die weltliche Dichtung, die sich nicht an ihren Wertmaßstab hielt, mit einem Bannfluch – wie die beiden Zitate weiter oben diese Geisteshaltung belegen.

Wenn trotzdem Gedichte entstanden, so nur als Zeugnis eigener Seelenängste; aber sie blieben in der Schreibtischlade verschlossen, weil ihre Veröffentlichung in diesem kunstfeindlichen Klima nicht auf Akzeptanz gestoßen wäre. Sie konnten a priori mit dem klerikalen Zeitgeist nicht konform gehen, der private Emotionen nur akzeptierte, wenn sie für seinen Katechismus exemplarisch waren; die anarchische Abgründigkeit und individuelle Freigeisterei der Poesie war immer anrüchig – und so konnten selbst Emily Dickinsons Gedichte, deren vierzeilige Strophen aus dem Gesangsbuch übernommen waren und deren Themen um Gott und Natur kreisten, erst hundert Jahre nach ihrem Tod erscheinen.

Die puritanische Ethik mit ihrer introspektiven Psychologie, die jeden einzelnen dazu trieb, in sich selbst nach Anzeichen von Schuld und Erlösung zu suchen; ihr Materialismus, der sich rechtfertigte, indem auf ganz kapitalistische Weise Erfolg zu haben ein Zeichen der Gnade und des Auserwähltseins war; ihre utopische, manchmal endzeitliche Spiritualität, der die Bibel als oberstes, nicht zu hinterfragendes Gesetzbuch galt, in dem sich das Universum endgültig erklärt fand; ihre Ästhetik, die jede Art von Schönheit, sofern sie keinem Zweck dienlich und funktionslos war, als sündigen Prunk und eitles Ornament ablehnte und dafür das rechtschaffen Schlichte und praktisch Gebräuchliche bevorzugte; all dies ist bis zum heutigen Tag prägend geblieben. Ihrer Zensur unterliegen nach wie vor auch alle Bereiche, von denen man meinen könnte, sie hätten sich längst schon ihrem Einfluß entzogen, die Künste oder die Wissenschaften: eine Ausstellung von Mapplethorpe-Photographien wurde unlängst noch unter dem Verdacht der Pornographie geschlossen, der Darwinismus gilt an vielen Schulen als Irrlehre, und die Wissenschaften schlagen sich nach wie vor mit den bibelgläubigen Kreationisten herum, für die die Welt im Jahre 4004 v. Chr. von Gott erschaffen wurde und die sich die Mondkrater durch Satans geschleuderte Felsbrocken bei seiner Schlacht mit Ihm erklären. Es ist deshalb auch nicht weiter verwunderlich, daß bereits vom zweiten Beispiel an – James Weldon Johnsons *The Creation* – die hier vorliegende Sammlung zu einem guten Viertel aus Gedichten besteht, deren überwiegendes Interesse in ihrer Auseinandersetzung mit Theologie besteht.

An dem, was Religion ist, hat sich seit Urzeiten nichts Wesentliches geändert; sie ist die Mutter aller Dichtung, aus deren Umklammerung sich die modernen Poesien erst langsam herauswanden. Wo ihr das in der Antike mit der Verbreitung der Schriftkultur gelang, so war dies auf amerikanische Verhältnisse vom freien Zugang zu Druckerpressen und Verlagen und einer wohlwollenden Aufnahme von seiten der Feuilletons und des Publikums abhängig. Die drei Namen, die der amerikanischen Dichtung zur Selbständigkeit verhalfen – Emerson, Poe und Whitman –, bezeugen diese Abhängigkeit ebenso, wie sie zugleich auch drei Hauptrichtungen für die späteren Generationen vorgaben.

Auch für Ralph Waldo Emerson (1803–82) blieb die Vorstellung, die er von einem Dichter hatte, noch den historischen Anfängen verhaftet; seine Rolle war die eines Philosophen, Sehers (›ein durchsichtiger Augapfel‹, wie seine berühmt gewordene Definition aus dem Manifest *Nature* lautete) und Weissagers, der die engen Korrespondenzen zwischen Worten, Dingen und Wahrheit zu deuten verstand: *denn die Worte sind die Zeichen natürlicher Tatsachen und die Natur ist ein Symbol des Geistes.* Nachdem Emerson sich von der Doktrin des christlichen Glaubens losgesagt hatte und als Kanzelprediger zurückgetreten war, kehrte auch sein religiöser Dichtungsbegriff wieder zu seinen animistischen und pantheistischen Wurzeln zurück; abseits aller Katechismen erschloß sich die Poesie einen intuitiven Zugang zur Natur, der auf inspirativem Einblick und empathischer Einsicht beruhte: *einem*

Gedanken, der so leidenschaftlich und lebendig ist, daß er wie der Geist einer Pflanze oder eines Tieres eine eigene Architektur besitzt und die Natur mit einem neuen Ding Glanz verleiht. Die Architektur der Dinge, wenn auch auf einem anderen Grundriß, wurde dann eines der Lotlinien für die Imagisten, Ezra Pound, W.C. Williams, H.D., Marianne Moore und später e.e. cummings.

Was, wenn unsere Blumen – nur Blumen sind? Für Edgar Allan Poe (1809–49) war die Natur nicht länger ein Buch ewiger Wahrheiten, geschrieben bevor es die Zeit noch gab, aus ihm ließen sich keine spirituellen Wahrheiten entschlüsseln, sondern eine Wirklichkeit, der die poetische Einbildungskraft Sinn verleihen mußte, indem sie sie metaphorisch verschlüsselte, ihre Fragmente durch Worte neu komponierte: das Gedicht war ein Artefakt wie die Lettern eines Alphabets und seine Beziehung zu den Dingen Konjektur. Mit dieser, Emerson diametral gegenüberstehenden Haltung fundierte er die amerikanische Poesie endgültig als eigenes, unabhängiges Genre im modernen Sinn und erklärte ihre Unabhängigkeit – und durch seinen Übersetzer Baudelaire wurde er zur Leitfigur des europäischen Symbolismus, ein Einfluß, der in der amerikanischen Dichtung von Wallace Stevens bis weit hinauf reicht. Dennoch war es ein langer Weg gewesen, bis Poe schreiben konnte, *daß es kein Werk gibt, noch es eines geben* kann, *das durch und durch würdiger ist als dieses Gedicht, das ein Gedicht ist und nichts weiter – dieses Gedicht, das nur des Gedichts wegen geschrieben wurde.*

Doch die buchhalterische Strenge einer symbolistischen Poesie, ihre Arbeit an jeder Wortsilbe, den Komplikationen der Strophenformen, die wie bei Mallarmé noch die *mise-en-page* mit einbezog, sind ein Anzeichen dafür, wie sehr sich ihre Regeln durch die Verschriftlichung gewandelt hatten. Das Maß ihrer Kunstfertigkeit wurde nun weniger nach der Kontrolle bewertet, die sie über die Dramaturgie eines für den mündlichen Vortrag komponierten Materials ausübte, sondern wie sehr die Inszenierung der Worte auf der Buchseite gelang; der Anspruch an das Orale verlegte sich zusehends auf das Visuelle. Mehr und mehr zum stillen Lesen bestimmt, war der Text zwar dichter gefügt und komplexer geworden, die Stimme darunter aber verflachte in der Monotonie rein gesprochener Metrik; was einmal aus der rhythmischen Wiederholung von Klangfiguren seine Spannung bezogen hatte, um ein Publikum beim Zuhören zu halten, unterlegte die für den einzelnen Leser geschriebenen Denkfiguren oft bloß noch mit dem Takt eines Metronoms.

Sich den archaischen, aber darum nicht weniger kunstvollen Techniken oraler Traditionen zu bedienen, um ein auf dem Papier konzipiertes Gedicht wieder zum Singen zu bringen, diese beiden, letztlich doch gegensätzlichen Ansätze einander anzunähern, das hat die moderne amerikanische Poesie Walt Whitman (1819–92) zu verdanken. Er fand sie dort, wo sie weiterhin ihre Funktion erfüllten, bei der Messe, den Lesungen von der Kanzel, den Predigten, im Alten Testament, in den Gesängen des Chors, aber auch in den Rezitativen und Arien der Oper, die er in New York besuchte. Auf die Poesie übertragen und adaptiert, entstand so etwas, das Whitman *free verse* nannte: Zeilen von unregelmäßiger Länge und Betonung, die nicht von Metrum und Reim strukturiert wurden, sondern von Wortwiederholungen und Rhythmus – dieselbe Prosodie, auf die auch die Dichtungen der Sumerer schon aufgebaut hatten.

Whitmans exklamatorischer, freier Vers; die Maske einer Persona, mit der sich unterschiedlich relativierende Haltungen Gott und der Welt gegenüber formulieren ließen; die Behauptung des eigenen Ichs, das sich exaltiert oder beichtend an die gesamte Menschheit zu richten schien; die offene Betonung von Sinnlichkeit und Sexualität, die in seinem 1855 begonnenen Lebenswerk – *Leaves of Grass* – zum Ausdruck kam; sie steckten zusammen einen Freiraum von der Religion ab und machten Whitman zur Identifikationsfigur, mit der die amerikanische Poesie eine eigene Identität erlangte. Die Auseinandersetzung mit dem Puritanismus als dankbarem Gegner, von dem man doch das Umgangssprachliche und das Sentenzenhafte aufnahm; die untergründig trotzdem fortdauernde Frage nach der Relevanz von Poesie, die sie mit einer zum eher schnörkellosen und handfest Pragmatischen tendierenden Ausdrucksweise beantwortete; die Lebensnähe und Pointenfreudigkeit; die unverkrampfte Offenheit und Unbelastetheit, mit der sie auf alle außeramerikanischen Einflüsse reagierte, um sie in sich zu integrieren; das Pathetische, dem sie ebensowenig auswich wie dem Lächerlichen; die mangelnde elitäre Arroganz, die sie zeigte; sie machten die Originalität der Dichtung nach Whitman aus. Es gab kaum eine spätere Generation, bis hin zu den Beats und der Slam Poetry, die sich nicht auf ihn berufen konnte.

III

Alle epochalen Poetiken bislang gehen auf jene Umbruchszeit zurück, als man mit der freien Verfügung über die Schrift auf das Reservoir einer mündlichen Tradition zurückgreifen und ihre Themen in der eigenen Sprache in die Literaturgeschichte umschreiben konnte: das gilt für die Sumerer, Ägypter, Griechen und Römer ebenso wie für die Araber, die Trobadors oder die frühe italienische Dichtung. Seine Reverenz vor diesen Anfängen erwies auch der heute wohl unumstritten einflußreichste amerikanische Dichter, Ezra Pound, der seine *Cantos* mit einer Bearbeitung der *Odyssee* und der homerischen Hymnen begann, die Ägypter, den angelsächsischen Anonymus des *Seafarers*, Sappho, Properz und Cavalcanti übertrug und bei allem stets darauf hinwies, daß man von ihnen eines lernen könnte: das Gefühl für Rhythmus und Musikalität von Satzbögen.

In einem breiteren gesellschaftlichen Zusammenhang gesehen, mag es jedoch auch der Stellenwert des gesprochenen Wortes in der amerikanischen Kultur gewesen sein, der zu der zweiten umwälzenden Erfindung in der Geschichte der Kommunikation beitrug: dem Tonband. Was die Tontafeln mit ihrer sumerischen Keilschrift einmal bedeutet hatten, diese Bedeutung erhielten nun die sogenannten Sprechmaschinen; wo man in der griechisch-römischen Antike auf Wachstafeln geschrieben hatte, ließ es ein mit Wachs überzogener Zylinder nun erstmals auch zu, daß die Steilschrift der Nadel auf dieser Walze jetzt auch hörbar wurde. Thomas Alva Edisons Phonograph wurde 1878 gebaut, kurz nach Whitmans Tod kam das Grammophon des Deutschamerikaners Emil Berliner auf den Markt und wurde dann von LP und Magnetband abgelöst.

Die nun in unserem Raum auf CD erhältliche Sammlung von Lesungen amerikanischer Dichter – von 1869, dem Geburtsdatum des ersten vorgestellten Dichters, bis zum Erscheinungsdatum der Gedichte des letzten, 1968 – ist deshalb ein Dokument für sich: ihre hundert Dichter stehen nicht nur für ein Jahrhundert technischer Revolutionen, was im Rauschen der frühen Aufnahmen unüberhörbar ist, sondern auch für dieselben hundert Jahre, in denen die amerikanische Poesie Weltruf errang.

Nichts – schreibt Arthur Luce Klein in der Einleitung zu seiner Anthologie – *veraltet so schnell wie das Wort ›modern‹ – besonders, wenn man es auf die verschiedenen Kunstgattungen bezieht. Und doch herrscht allgemeine Übereinkunft darüber, daß die moderne amerikanische Poesie mit der Publikation der ersten Auflage von Walt Whitmans* Leaves of Grass *1855 begann. Was gäbe man nicht, wenn uns die Stimme dieses Freigeistes, der so ›ungebunden und sinnesfroh wie die Natur‹ war, von irgendeiner Walze eines Phonographs noch bewahrt worden wäre! Die Kostbarkeit eines solchen Zeugnisses wäre nicht zu überschätzen. Doch die amerikanische Poesie hat einen weiten Weg zurückgelegt, seit Whitman seinen ›barbarischen Urschrei über die Dächer der Welt‹ ausstieß. Seit ihrer Rebellion gegen die Präzision und Gelehrtheit der Poetaster vor Whitman, kehrte sie mehrmals wieder dorthin zurück, wo sie angefangen hatte. Sie suchte nach ihren Wurzeln in der heimatlichen Erde und unter dem Pflaster ihrer Städte. Sie sprach in den unverblümten Worten Edgar Lee Masters' und Carl Sandburgs alles offen aus; sie verblüffte das Ohr mit den neuen Rhythmen und den harten, klaren und konzentrierten Genauigkeiten der Imagisten; schwelgte in der üppigen Sprache von Wallace Stevens und e.e. cummings; sang in den Balladen der beiden Brüder Benét mit; schlug eine lyrische, unvergeßliche Note mit Conrad Aiken, Muriel Rukeyser und Lenore G. Marshall an; gab das Echo der Elisabethaner mit der Sensibilität einer Louise Bogan und Léonie Adams wieder; ging mit den Fugitives und Neo-Fugitives des Südens auf Distanz; schöpfte mit Dorothy Parker und Ogden Nash aus den Quellen des Humors; spielte mit dem Surrealismus; verherrlichte die Unverantwortlichkeiten mit den ›Beats‹; und dann ... kehrte sie einmal wieder zu Klarheit, Präzision und Form zurück, um sie in den disziplinierten Gedichten von Karl Shapiro, Theodore Roethke, Sylvia Plath, Robert Lowell, Howard Moss, Peter Viereck, Richard Wilbur, W. D. Snodgrass, Anne Sexton und Ruth Stone zu zelebrieren. Doch bei all diesen proteischen Metamorphosen hat die amerikanische Poesie weiter in ihrer ureigenen Sprache und mit einer Eindringlichkeit zu sprechen, die wie ein reißender Strom unter der eleganten Musikalität eines Eliot zu hören ist, selbst noch in den gelehrten und anspielungsreichen Cantos Ezra Pounds.*

In dieser Anthologie, der ehrgeizigsten, die je von amerikanischen Dichtern, die ihre Werke lesen, zusammengestellt wurde, suchten wir den Klang dieser neuen Dichtung in all ihrer Vitalität auf bestmögliche Weise wiederzugeben, vorgetragen von den Männern und Frauen, die sie verfaßten. Wir haben bei der Auswahl keine eigenen Favoriten bevorzugt; wir haben auch nicht die individuellen Stimmen in einen Topf geworfen, um sie willkürlich in einer Schule oder einem Credo unterzubringen. Wir haben in den Archiven so weit in der Zeit zurückgegriffen, wie es uns möglich war, und die Lebenden in unsere Aufnahmestudios geholt. Die Ergebnisse wurden gewissenhaft über eine Anzahl von Jahren hinweg ediert und dann in einer einfachen Chronologie angeordnet. Die Unterschiede in der Tonqualität von einem Album zum anderen geben damit auch die Geschichte des gleichzeitigen Fortschritts wieder, den unser Land bei der Aufzeichnung der menschlichen Stimme machte. Diese bemerkenswerten Kostbarkeiten zu hören heißt nicht nur, durch die Modulationen der Stimme neue Einsichten in die Intentionen der einzelnen Dichter und ihrer Gedichte zu erhalten, sondern auch mit einem gewissen Erstaunen festzustellen, mit welch atemberaubendem Schwung es der amerikanischen Dichtung gelang, zum Fundus an großen Gedichten der Welt noch etwas hinzuzufügen.

Der aufmerksame Zuhörer wird nicht nur das allen gemeinsame Gütesiegel erkennen, sondern auch das Wasserzeichen einer lustvollen Freiheit, die die so unterschiedlichen Töne einzelner Stimmen harmonisiert, von denen viele leider nicht mehr am Leben sind. Wir bedauern zutiefst, daß wir einige der überragenden Gestalten der amerikanischen Dichtung nicht in diese Sammlung aufnehmen konnten – wie beispielsweise Hart Crane, von dem es gerüchtweise hieß, es gäbe von ihm den Mitschnitt einer Lesung von The Bridge, *ohne daß es uns jedoch gelungen wäre, ihn ausfindig zu machen; von einigen, die aus Stolz oder Bescheidenheit sich vor dem Mikrophon scheuten, und von den wenigen, die zwar ihre Gedichte aufnehmen ließen, wo aber rechtliche Schwierigkeiten, trotz all unserer Bemühungen, den Zugang zu dem in Privatbesitz befindlichen Material verwehrten. Selbst mit diesen Auslassungen addieren sich die Alben dieses Sets dennoch zu einem umfassenden Abenteuer des Zuhörens, zum Vergnügen der Lebenden und – wie man nur hoffen kann – derjenigen, die sich die Zeit nehmen zuzuhören, wenn wir bereits nicht mehr unter ihnen weilen.*

Nichts veraltet aber auch schneller als eine Anthologie. Mit dem Rückblick von mehr als dreißig Jahren würde man heute manche der hier präsentierten Dichter streichen, andere hinzunehmen, einigen mehr Raum geben. Und doch blieben diese Korrekturen ebenso vorläufig wie jede Literaturgeschichte, die diese Sammlung notwendig begleiten muß: auch sie wird von Jahrzehnt zu Jahrzehnt neu umgeschrieben. Statt dessen liegt hier jedoch ein umfassender Querschnitt der amerikanischen Poesie vor, als sie den Höhepunkt ihres Ansehens erreicht hatte; bestätigt wurde sie darin später durch die Nobelpreise der *american residents* Brodsky, Miłosz und Walcott.

Es sind diese CDs also ein Zeitdokument aus der Sicht der 60er Jahre, das die Beat-Generation noch unter Anführungszeichen setzt und als Mitte ihrer konzentrischen Ringe – in denen wirklich kaum eine literarische Größe fehlt – die religiöse Dichtung stellt: man muß dazu nur einmal die Predigten des Brother Antoninus, die Kanzelrede James Weldon Johnsons und die Gebete Conrad Aikens gehört haben, um zu merken, wie sich daraus der weichere, melodische Singsang der volkstümlichen Dichtung eines William Rose Benét oder Tristram Coffin ableitet, die mit Edgar Lee Masters, Carl Sandburg, Robert Frost, Langston Hughes oder Robinson Jeffers einen eigenen Rang beansprucht; wie eine Louise Bogan mit ihrer Anlehnung an der klassizistischen Dichtung den Radius erweitert, der mit der Anarbeitung herkömmlicher europäischer Muster bei Whitter Bynner, Babette Deutsch oder Allan Tate größer wird, bis man merkt, wie groß der Sprung zur geistreichen Urbanität Dorothy Parkers oder John Updikes war. Und erst ab dann, von der amerikanischen Moderne Gertrude Steins, Ezra Pounds, T.S. Eliots, W.C. Williams oder H.D.s aus – über W.H. Auden, Marianne Moore, e.e. cummings, Elizabeth Bishop –, ordnen sich die Namen zu jenem Kreis an, in dem man bei uns die amerikanische Modernität begriffen sieht: John Berryman, Robert Lowell, Richard Wilbur, Denise Levertov, Lawrence Ferlinghetti, Robert Creeley, Allen Ginsberg, John Ashbery, Anne Sexton, Sylvia Plath und Robert Kelly. Und trotzdem ist bei fast allen nachvollziehbar, wie tief ihr Wortschatz und ihre Musikalität zurückreichen, über die Religion weiter in die Traditionen mündlicher Dichtung.

IV

Die Rezitation der *Odyssee* war und ist ein packender Genuß; sie nur zu lesen ist bei weitem mühsamer, weil ihre wiederholenden Elemente den Lesefluß brechen. Umgekehrt gilt das auch für die meisten Gedichte: was am Papier gelingt, weil alle Zeit bleibt, es zu überblicken und aufzuschlüsseln, verschließt die Einmaligkeit des Vortrags großteils wieder – davon kann jeder, der einmal bei einer Dichterlesung war, sein Lied singen. Das mag mit ein Grund dafür sein, weshalb T. S. Eliot hier nicht *The Waste Land* liest, warum überhaupt kaum eines der Werke, die einen Dichter berühmt gemacht haben, in dieser Anthologie aufscheint: die Auswahl umfaßt überwiegend jene Gedichte, die sich *coram publico* realisieren lassen. Aber nicht nur der Kanon der Dichtung wird dadurch ein anderer; auch die Gedichte selbst verändern sich – und mit ihnen die Dichter.

Was über das Hören jedoch als erstes in das Gedicht zurückkehrt, ist die Persönlichkeit des Dichters – des Dichters, nicht des Menschen, weil er vor Publikum immer durch eine Maske spricht und dabei doch nie nur Privates preisgibt. Das Skelett von Worten erhält durch die Stimme Fleisch und Blut und das Gedicht damit auch wieder seine ursprüngliche Auktorialität zurück – was nicht gleichbedeutend mit Intentionalität ist, denn nur selten ist ein Gedicht rein nur für das Publikum geschrieben: es wird jetzt nur so vorgetragen, daß ein Zuhörer Zugang zu ihm erhält und der Dichter seiner verhältnismäßig ungewohnten Rolle als Rhapsode gerecht wird. Worauf er dabei zurückgreift, ist – weil wir schon bei organischen Metaphern sind – die innere Seele des Gedichts, die zwischen den Zeilen stumm angedeutet wird. Sie in all ihrer Vielschichtigkeit zum Ausdruck zu bringen kann nicht gelingen: das macht den Unterschied eines in einer mündlichen Tradition entstandenen Gedichts und einem Text aus, für den sich nun erst eine Möglichkeit der Rezitation finden muß. Die Worte eines Gedichts sind bloß Notationen, die nun über eine Stimmhaltung und einzelne Tonfälle umgesetzt werden: der vieldeutige Radius eines Textes und der weite Umkreis, den er damit schafft, bringt es jedoch mit sich, daß der Dichter diesen Abstand zu einer Mitte hin überwinden muß und deshalb in seinem Vortrag konturiert, charakterisiert, karikaturisiert oder konterkariert. Elizabeth Bishops distanzierte Texthaltung wird so beim Sprechen noch scheuer, daß sie sich manchmal dabei verhaspelt; Sylvia Plath gerät ins andere Extrem, indem sie der fragilen Sensibilität ihrer Gedichte eine bittere, fast schon aggressive Schärfe verleiht, als könnte sie sie damit kompensieren; Kenneth Patchen dagegen, als einer unter vielen, verläßt sich auf die lyrisch weiche, tief von weit hinten raunende Stimme. Es gibt keinen in dieser Sammlung, dessen Modulation für lange neutral bleiben würde – die latent in der Umgangssprache vorhandene Musik bricht überall durch, sie ist das, worauf man beim Vorlesen unwillkürlich zurückfällt, weil sie zum tragenden Medium wird; sie verhilft sogar Robert Kellys schwerer, belegter Stimme schließlich zu einer schwebenden Leichtigkeit.

Das Publikum ist eine Größe, auf die man eingeht, um sich seiner Dankbarkeit zu versichern: daher Sätze wie ›das folgende Gedicht, das ich lesen werde ...‹, manche kurze Erklärung, und wieder auch die Auswahl, die unterhalten soll und darf, wie Carls Sandburgs *Proverbs from the People, Yes*, die klatschend quittiert werden. Doch selbst dann – und die überwiegende Mehrzahl der Gedichte sind ja Studioaufnahmen –, an wen ist das Gericht gerichtet, wenn man ins Dunkel der Zuschauer hinein spricht oder in das Mikrophon in einem schalltoten Raum, das gelangweilte Gesicht des Tontechnikers hinter dem dicken Glas? Es ist die Rhetorik der Apostrophe, womit beim griechischen Drama das abrupte ›Abwenden‹ von der breiten Masse der Zuschauer und die direkte Ansprache spezifischer Personen gemeint war. In diesem Beiseitereden auf einer Bühne entsteht das Gedicht: als Sprachfigur der Anrede an Abwesendes und Abwesende, an Dinge oder eine Idee, als wäre sie lebendig und gegenwärtig. Es ist die Evokation des poetischen Aktes an sich und für sich, die eigentliche Intention des Gedichtes, das in seinem Benennen uns der Dinge Welt gewärtig sein läßt, die Invokation, mit der sie durch die Stimme plötzlich Körper bekommen, eine Gestalt, die zwischen dem Autor und dem Publikum, in dem Raum zwischen der Bühne und den ersten Sitzreihen greifbar zu werden scheint. Und diese Invokation unterscheidet dann nichts mehr von der Anrufung der Musen, die schon in der Antike Anlaß und Beleg der Poesie war, der Enthusiasmus, das ›voll des Gottes sein‹, mit dem der Rhapsode der Dichtung zu Gehör brachte und dabei mit seinem Stab den Takt schlug.

Als Ezra Pound seine *Cantos* in der Brunnenburg über Meran aufnahm, stand eine Schüssel neben seinem Tisch, auf die er manchmal schlug; ihr vibrierender Klang gab ihm seinen Rhythmus vor und akzentuierte ihn. Es gibt jedoch noch eine ältere Aufzeichnung, das Zeugnis einer anderen Geschichte und zugleich auch eines der ganz seltenen Dokumente darüber, daß sich mit einem Tonbandmitschnitt auch der Bezug eines Gedichts, seine Inspirationsquelle wiedergeben und festhalten läßt. Pounds Lesung wurde im Zimmer des St. Elizabeth's aufgenommen, jener psychiatrischen Klinik, in die er nach dem Krieg festsaß, um nach der Anklage des Hochverrats dem Gefängnis zu entgehen; man hört, wie schwach seine Stimme ist, hört seinen Stuhl, das Rascheln des Papiers, Schritte und Schreien draußen im Korridor. Es war nach solch einem Besuch bei ihm, daß Elizabeth Bishop ihr *Visits to St. Elizabeth's* schrieb – dessen Aufnahme sich ebenfalls in dieser Sammlung findet.

Wider jede Bestenliste

So notorisch die unablässig gestellte Frage nach dem wichtigsten Buch eines Jahrhunderts ist, sollte sie doch wenigstens einmal zur Gegenfrage zwingen, wo denn dieses sozusagen vorauseilende Bedürfnis nach einer Bestenliste herrührt, und was es wohl sein könnte, das ein Buch wichtiger als ein anderes macht? Denn der Kanon der Literatur läßt sich nicht diktieren oder oktroyieren (wie übrigens auch jede Rechtschreibreform), er etabliert sich stets von selbst und richtet sich auf unvorhersagbare Weise für jede Epoche immer wieder neu ein, weil er – trotz aller germanistischen Propädeutik – wesentlich von einem kollektiven Gedächtnis bestimmt wird; welche Werke dann aus unserer Bibliothek von Babel aus dem Regal gegriffen werden, hängt davon ab, ob sie noch Relevanz für eine Gegenwart besitzen, ob sie den für die jeweilige Zeit bestimmenden Fragen eine symbolische Form zu bieten imstande sind. Die Frage verrät deshalb im Grunde eine Einschätzung der Literatur, die letztlich nur ihre Eigenständigkeit – und dadurch auch ihre Notwendigkeit anzweifelt.

Der Anspruch aber, den die Literatur selbst stellt, formuliert sich konträr dazu: für sie ist jedes Buch wichtig, für sie setzt sich ihre Entwicklung von Band zu Band fort – und aus diesen evolutionären Bindungen sind auch die mißlungenen nicht wegzudenken. Das einzige Kriterium dabei, nach dem sich ein Buch als ›gut‹ bewerten läßt, ist das seiner inneren Notwendigkeit, seiner Kongruenz, der Grad, in dem es sein inhaltliches Anliegen formal einlöst. Ob dieses relevant ist, hängt allein vom einzelnen Leser ab; darüber hinaus ist zwar das Feuilleton versucht, ein kleinstes gemeinsames Vielfaches zu finden, doch auf umfassende Gültigkeit kann es dabei weiß Gott nicht bauen. So lösten den heute vergessenen Kotzebue zuerst Schiller und schließlich Goethe als Leitfigur ab; umgekehrt ist es jedoch fast schon eine Regel, daß das, was bei Erscheinen kaum wahrgenommen, verrissen oder zensiert wurde – Joyce' Werke beispielsweise –, jetzt in der Literaturgeschichte etabliert ist: was eben mit wechselhaften Interessen zu tun hat. Was aber verrät dann der Versuch, auf diese übergeordneten Selektionsmechanismen Einfluß zu nehmen? Den uneingestandenen, im Grunde jedoch totalitären Anspruch, über eine Hierarchie einen absoluten Kanon (also wörtlich: einen Wertemaßstab) zu fixieren, an dem eine Gesellschaft zu messen wäre, eine Meßlatte, die dazu beiträgt, zukünftige Größenordnungen vorzugeben.

Deshalb ist das Werk, das ich Ihnen – sozusagen als Kontrafaktur – vorstellen möchte, eines, das ursächlich mit den Problematiken solcher Zielsetzungen zu tun hat. Es propagiert seine idiosynkratische Liste von Hundert Besten Büchern, um sie in ein *europäisches Paideuma* einzubinden, ein von Frobenius übernommener Begriff, mit dem die komplexe und eigengesetzliche Einheit aller kulturellen Manifestationen gemeint war, ein Paradigma des Erlernten und Anerzogenen (wie es wörtlich heißt), das eine Zivilisation wie eine Keimzelle von sich aus bedingt – wozu selbst noch politische und ökonomische Aspekte zählen, wie dieses modernere Epos auf seinen 800 Seiten unablässig betont. Zwischen 1915 und den 60er Jahren entstanden, will dieses Epos in Exzerpten und Zitaten eine höchst private Summa summarum weltländischer Geschichte sein: ein Who's who (and why) von der Antike und den Literaturen des Ostens über das europäische Mittelalter bis hinauf zur Moderne, als Odyssee der Kultur inszeniert, als Lehrgedicht angelegt, in Totengesprächen vorgetragen, als göttliche Komödie vom Inferno zu elysischen Gefilden sich vortastend. *I have tried to write Paradise*, heißt es in einem von mehreren Notizen, die zu keinem Schluß finden; weiter unten heißt es: *Let the Gods forgive what I have made.*

Und monströs ist dieses Gedicht – nicht weil es den Ruf hat, das Schwierigste überhaupt zu sein, sondern weil es von einem Kanon ausgeht, den es absolut setzt. Als könnte es einen Index von Werken geben, eine Ideologie akademischen Wissens, die, einmal aufgearbeitet, zwangsläufig den Humanismus einer Utopie etablieren müßte – und dafür alle Mittel einzusetzen bereit ist. Dabei jedoch geht dieser idealisierende Gesellschaftsentwurf von einem Trugschluß aus, dem viele Dichter in dieser Epoche der Extremismen aufsaßen, ohne ihn wieder revidieren zu können: ob die Expressionisten oder die Futuristen, Majakowski, Hamsun, Céline, Drieu la Rochelle, Malaparte, Weinheber oder eben auch Pound. Denn jedes Stück Literatur ist souverän und diktatorisch. Es gibt eine streng durchgearbeitete Hierarchie von Sinnbezügen vor, die sich nur umstoßen, nicht aber frei und neu zusammensetzen läßt, ein autoritäres Gedankengebäude, das sich nur als Gegenentwurf zu einem absurd fluktuierenden Universum rechtfertigen läßt. Um so verlockender war es deshalb stets, zu glauben, diese symbolischen Utopien wären kongenial in Realität umsetzbar. Daß sie es nicht sind, weil die Literatur (und alles mit ihr) dadurch ihre *raison d'être* einbüßt, ist die Lektion, die gerade jenen Teil exemplarisch herausragen läßt, der eigentlich das Paradies hätte zum Inhalt haben sollen, dann aber zur Beschreibung der Hölle wurde: gemeint sind die *Pisaner Cantos*. Mussolini fand zwar alle Gesänge davor noch »unterhaltsam«, Pound jedoch büßte es in einer Nervenheilanstalt ab, aus der entlassen ihm nur mehr Sprachlosigkeit blieb.

Von Bedeutung ist dieses fragmentarische Epos nicht, weil sein Autor die wichtigsten literarischen Strömungen unserer Zeit mitgetragen hat und immer noch großen Einfluß ausübt – und nicht nur Eliot hat von Pound sein dichterisches Rüstzeug gelernt; es gibt nur wenige, von denen man besser lernen könnte –, wichtig sind *The Cantos,* weil sich in ihnen das ganze Pandämonium dieses Jahrhunderts widergespiegelt findet, als Zeugnis des Scheiterns darin. Vor allem jedoch hat es seine Bedeutung, weil es auf grandiose Weise demonstriert, daß sich jeder Kanon von selbst unterminiert, weil die Freiheit der Literatur in der unbedingten Freiheit vor ihr selbst liegt. Zu schreiben heißt, jeden Kanon zu ignorieren und ihn zugleich zu sprengen – was man beim Lesen ohnehin immer tut.

Ein nicht mehr gelesener deutscher Dichter

I

Als Friedrich Rückert (1788–1866) in Erlangen 1826 zum ordentlichen Professor für orientalische Sprachen ernannt wird, hat er eher einen Ruf als Verfasser patriotisch-geharnischter Lieder zu den Befreiungskriegen, als amouröser Feinspitz – seiner Sonette an ein Wirtsmädel wegen, das er dem Publikum zuliebe in *Amaryllis* umtaufte – und ein wenig auch als Theaterautor. Wofür man ihn dagegen heute noch kennt, sind jedoch Werke, für die er damals in breiten Kreisen kaum Ruhm eingeheimst hat. Dazu gehören seine in Erlangen mit Müh und Not angenommene Habilitationsschrift; die Übertragung der *Makamen des Hariri*, deren Sprachakrobatik die Virtuosität des arabischen Originals mit ihren Reimen, Rätseln und Wortspielen noch übertrifft (von denen Cotta damals in zehn Jahren bloß 250 Stück verkaufte); und die Übersetzungen der *Ghaselen* des Persers Rumi. Als Name geläufig ist Rückert aber vor allem durch seine *Kindertotenlieder*, und dies auch nur deshalb, weil Gustav Mahler fünf aus diesem überhaupt erst nachgelassenen Korpus von über 300 vertonte. Dem in diesen Gedichten nachgetrauerte Tod seiner Tochter und eines seiner Söhne, die beide kurz nacheinander im Winter 1833/34 an Scharlach zugrunde gingen, ließ ihm die Haare binnen weniger Wochen buchstäblich grau werden. Die erwähnte Professur lag also in mehr als einem Sinn in der Hälfte des Lebens; abgesehen vom Einschnitt im Privaten, teilt sich zu der Zeit auch sein Arbeiten in zwei anfänglich scheinbar unvereinbare Gebiete.

Lyrische Gedichte, schreibt Rückert, *sind kein gesuchtes Marktgut*, damals schon wie heute, und macht sich seinem Verleger anerbietig, *hausbackene Lieder zu verfassen, soviel nur begehrt wird*. Anders als Uhland kann er vom Dichten allein nicht leben, und schon gar nicht eine Familie durchbringen. In seiner fixen Anstellung nun gelingt ihm das aber auch nur eher schlecht als recht: *unser deutsch-griechisch-italienischer poetischer Künstlerkönig* (womit der Landesvater und Schirmherr der

Universität, Ludwig I., gemeint ist) *läßt einen armen abgedankten Poeten und notgedrungenen Orientalisten mit sechs Kindern hungern wie einen indischen Büßer. Es reißt mir nun wirklich die Geduld, und ich muß endlich ein ordentlich gelehrtes Werk loslassen, um mich bei der übrigen Welt zu melden.* Nach mehreren Versuchen gelingt es ihm dann auch. Bei seinem fünfzigsten Geburtstag wird man den überaus lehrunwilligen Gelehrten ehren als kompetenten Orientalisten, der bei Hammer-Purgstall in Wien gelernt und renommierte Schüler ausgebildet hatte, und ihn wenig später an die Universität Berlin berufen. Zum anderen wird man dem publikumsscheuen Dichter attestieren, daß auf dessen großes Vorbild *Goethe Friedrich Rückert folgt. Diesen Ort und diese Ehre hat er nach vieljährigem Kampfe endlich errungen. Rückert erfreut sich in diesem Augenblicke einer ausgezeichneten Anerkennung, und es gibt eine große Anzahl rascher Freunde des herrlichen Mannes, die in ihm vorzugsweise den positiven Tröster finden gegen den Heinianismus und die ganze negative Gesellschaft.*

Bei aller patriotischen Gesinnung Rückerts, die sich dann auch in Schriften gegen den Vormärz zeigte, läßt sich Heine jedoch nur oberflächlich als Gegenfigur aufbauen. Wie dieser tritt er zwar das Erbe der Romantik und der Goetheschen »Kunstperiode« an, zwar nicht in Paris, der Hauptstadt der Revolution, sondern im Erlangener Orient der Poesie, doch Rückerts Standpunkt ist deswegen nicht weniger konturiert. Er konnte ebenso satirisch und zielgerichtet sein wie Heine, doch darüber hinaus war seine Kritik auch die einer der Grundlagen; was er in seinem Welthunger an fremder Literatur vermittelte, war an der Wurzel subversiv, weil es liberale Ansichten beförderte. Wissen war für ihn kein akademisches Exerzitium, sondern Ausdruck eines überparteilichen Humanismus, den er für ein breites Publikum zu verkörpern suchte.

Zugleich aber fehlt es nicht an Kritikern, die ihm eine eigene Stimme absprechen, ihn abwechselnd trivialer Geschmacklosigkeiten oder Sprach- und Klangkünsteleien bezichtigen, ihm endlose, unaussprechlich langweilige Bände vorwerfen und ihm bei so gänzlichem Mangel an aller »Correctheit« raten, die verfehlte Passion des Versemachens endlich einmal aufzugeben. Und auch das stimmt: er war vom Schreiben, vom Schön-Schreiben besessen, ein Kalligraph der Lyrik, wie ihn Hesse genannt hat; *die Welt ist mir nichts mehr als Stoff der Poesie*, heißt es in der *Weisheit des Brahmanen*. Ungerecht ist diese Kategorisierung nur dort, wo sie vergißt, daß dahinter eine unbändige Neugier steckte, eine Offenheit, der die Welt vor allem deshalb zum Stoff der Poesie wurde, weil sie letztlich nur dadurch auch individuell faßbar wird.

Was diese Zitate jedoch darüber hinaus ausmessen, ist abgesehen von der biographischen Einschätzung auch das Spannungsfeld der Literatur in einem gesellschaftlichen Kontext, dessen Umrisse auch heute noch ablesbar sind: die zwiespältige Legitimation der Poesie zwischen Gelehrtheit und Lyrik, Empfindungskunst und Formspielerei – in den Worten von damals: »echt germanischer Gemütsmacht« und der »Witzelei äußerlicher Geschicklichkeit« –; zwischen moralischem Trost, einer Rhetorik der Unterhaltung und literarischem Hickhack. Rückert jedenfalls wird lebenslang darin nach Rechtfertigungen und Positionen suchen und sich einmal als indischer, einmal als ordentlicher Büßer geben, was ihm die Nachwelt letztlich als kosmopolitisches Biedermeiertum anrechnet. Doch mehr davon zum Schluß.

Zunächst verdient sich der altphilologisch ausgebildete Rückert noch sein Brot als vergleichender Sprachwissenschaftler; er treibt Tag und Nacht seine Exegesen, um für eine Handvoll Hörer, die ihm weder Freude noch Aufmunterung geben, ein leidliches Collegium über die Psalmen zu lesen. Er unterrichtet Arabisch, Persisch, Türkisch, Hebräisch, Äthiopisch, Russisch, Armenisch, Koptisch, Tamil, Telugu und Kanaresisch, um nur einige von einem halben Hundert zu nennen, Sprachen, die er sich, ähnlich wie Schliemann, durch die Methode aneignet, *eine ganz längere Zeit – er rechnete im Durchschnitt sechs bis acht Wochen dazu nötig – sich nur diese eine Sprache vorzunehmen und ausschließlich in ihr zu leben.* Das Sanskrit, da es zu seiner Zeit wie für die meisten anderen Sprachen auch weder Lehrmeister noch deutsche Lehrmittel gab, brachte er sich durch eine englische Grammatik bei, ein englisches Wörterbuch, das er aus Geldmangel abschrieb, und dem Epos *Mahabharata,* das zusammen mit einer lateinischen Übersetzung vorlag.

Kontakt hat er von seinem Lehrstuhl aus mit Friedrich Schlegel, den er schätzt, August Wilhelm Schlegel, den er haßt, mit Platen, der wie er selbst den Perser Hafiz übersetzt hatte, mit Brentano, Chamisso, Schwab und Lenau, dem Philosophen Schelling und einem Universitätskollegen, der es zu Weltruf bringen sollte, dem Physiker Georg Simon Ohm. Ein umfangreiches Werk an einen Verleger in Frankfurt, Stuttgart oder Leipzig zu bringen gelingt ihm in den ersten zehn Jahren seiner Professur nicht, obwohl er überall Übersetzungen des zweiten Teils der *Makamen*, einer Sammlung arabischer Volksdichtung, einer chinesischen Anthologie oder von Sanskrit-Liedern anbietet. Er merkt selbst allzu deutlich *die Vergeblichkeit meiner bisherigen Bemühungen ums Publikum mit meinen Zwitterarbeiten. Desto mehr muß ich nun mit etwas ordentlich Gelehrtem vorrücken.* Doch auch dies, die streng wissenschaftliche Bearbeitung eines indischen Epos samt Fußnoten, Bibliographie und Anmerkungen, findet kein Interesse. Andererseits stoßen aber auch seine, wie gefordert hausbackenen und in Anlehnung an Heines Verkaufsschlager von 1827 genannten *Neuen Lieder* auf kein nennenswertes Echo. *Was philologisch gefehlt*, formuliert er im übertragenen Sinn für das Gedicht, *vergibst du poetischer Freiheit, / Und die poetische Schuld schenkst du der Philologie.*

Und dann, nach diesen brachen Jahren, in denen ihm auch noch Schwester und Mutter sterben, trotz widrigster Umstände und vergeblichem literarischen Taktieren, bricht 1835 eine Arbeit aus, die in einem noch nie dagewesenen Furor all dies in 2789 und einem Punkt bündelt (und in dieser Liste fehlen noch 171 verstreute Gedichte, 221 in der Sammlung *Erbauliches und Beschauliches aus dem Morgenlande*, dazu die 218 der *Sieben Bücher morgenländischer Sagen und Geschichten* sowie der 304 der *Brahmanischen Erzählungen*):

Ich schreibe seit einem Jahr und länger . . . lauter Bruchstücke eines Lehrgedichts. Möchte endlich eine schöpferische Begeisterung hineinfahren und das Chaos zur Welt, zu einem Ganzen machen. [. . .] Ich habe einige Mappen voll zum Durchblättern; aber abschreiben, auch nur aussuchen kann ich nichts, sondern nur immer Neues schreiben. Es muß alles hinein, was ich eben lese: vor 8 Wochen Spinoza, vor 14 Tagen Astronomie, jetzt Grimm's überschwenglich gehaltreiche Deutsche Mythologie, alles unter der nachlässig vorgehaltenen Brahmenmaske. [. . .] Bruchstücke zu den berühmten Bruchstücken, in welche Bruchstücke mein Leben vollends aufgehen zu wollen scheint, in Brüche und Stücke, wie alles Leben.

Bleibt für die drei Jahre währende und gärende Arbeit noch die indische, orientalische und antike Literatur zu ergänzen, griechisch-römische und gegenwärtige Philosophie, Bibel und Koran, von Carl Ritters *Erdkunde im Verhältnis zur Natur und zur Geschichte des Men-*

schen bis hin zu den Schullehrbüchern seiner Söhne mit ihren mathematischen, physikalischen und astronomischen Gleichnissen, moralische Lesefrüchte von Plato bis Catull – alles was damals zugänglich war –, aber auch Gedichte zum Tod seiner Mutter und Landschaftsimpressionen einer Reise durch Tirol.

II

Herders Spruchsammlung *Gedanken einiger Brahmanen*, Friedrich Schlegels *Über die Sprache und Weisheit der Inder* und nun Rückerts *Weisheit des Brahmanen* verraten ein Programm: *Die jetzige Lande Indiens ist von der Art, daß es gewissermaßen den Mittelpunkt der Welt, der asiatischen zumal ohne Widerrede, ausmacht. Neben der einheimischen mannichfaltigen Überlieferung in Wort und Werk hat sich dahin gerettet der Rest des alten Parsismus; eben dahin hat seine Überschwemmung ergossen der Islam mit allen seinen Sekte und ihren Schriftschätzen; dahin endlich ist seit Jahrhunderten das germanische Europa gesegelt.*

Es ist ein Indien, das symbolisch älter noch als Delphi oder Jerusalem gesetzt wird, ein Ursprung kultureller Breiten und Längen, von dem aus die Erde einmal einheitlich überschaubar war. Und damit wird es für die deutschen Dichter in der Epoche vor '48 auch zu einer Utopie ganz eigener Art. Ihnen bietet dieses Indien einen imaginären Ort, in dem die einzelnen intellektuellen Bemühungen zu einem Schnittpunkt finden sollen, eine Zentralperspektive, unter der sich die ganze Vielfalt dessen, was sich als Kultur in Deutschland behauptet, einordnen läßt. Denn wenn die Jahre um 1800 eines zeigen, dann das Bemühen um eine eigenständige Nationalliteratur, deren Anspruch und Ästhetik erst auszuarbeiten war, für und gegen das Publikum, mit didaktischem Eifer von Gottsched bis Schiller, mit der Goetheschen Verachtung alles Provinziellen. Und eine Provinz blieb Deutschland in Europa auch zu Rückerts Zeiten noch, insbesondere, was die Literatur betrifft, die Nadler später einmal in einer *Literaturgeschichte der deutschen Stämme und Landschaften* zusammenfassen sollte.

Deutschland war zersplittert in Protektorate mit Zöllen und Zensuren, der Buchhandel als Markt bot kaum ein Korrektiv dazu, und die Diskussion zwischen Adelung, Voß und Wieland um eine »Hochdeutsche Mundart« lag noch nicht lange zurück – da wird auch der deutsche Eifer um Abgrenzung von und Identifikation mit den Nachbarn und ihren Traditionen verständlich. Und er zeigt sich in einem philologischen Eifer erstaunlichen Ausmaßes. Englische und französische Poetiken werden abgehandelt, dann der romanische Raum entdeckt, man beginnt die griechische Antike abzutragen, bis der orientalische Horizont dahinter binnen weniger Jahre abrupt vor Augen kommt, und in der Ferne schließlich auch Indien – als Projektionsfläche für das eigene Land.

Goethes Forderung nach einer *Weltliteratur*, Hamanns Einordnung *der Poesie als Muttersprache des menschlichen Geschlechts* und Rückerts Traum von *einer Weltpoesie als Weltversöhnung*, all diese Schlagworte waren missionarisch ernst gemeint, wenn auch nicht uneigennützig. Unter diesem poetischen Deckmantel und seiner vorgeschützten Lauterkeit ließen sich bei Bedarf liberale Ideen in die pietistischen Lesezirkel schmuggeln, in Rückerts Fall ein religiöser Synkretismus, der in seinem Lehrgedicht kein einziges Mal Jesus erwähnt. Mit diesem Deckmantel verkleidete man aber auch die eigenen Vorstellungen, die so chauvinistisch waren, wie sie aus dem grassierenden deutschen Minderwertigkeitskomplex dem Ausland gegenüber herrührten; schon in seiner Dissertation hatte Rückert ja vertreten, daß dem Deutschen vorrangig die Fähigkeit zukomme, alle fremden Idiome in sich aufzunehmen und wesensgerecht wiederzugeben – zusammen mit der Goetheschen Forderung nach Weltliteratur wurde folglich die Eingemeindung alles Fremden ebenso missionarisch wie eigennützig betrieben.

Durch diesen Deckmantel wiederum, und das war wohl ausschlaggebend, ließ sich auch die eigene poetische Arbeit legitimieren, und zwar indem man sie überhöhte und so aus den gesellschaftlichen Animositäten heraushob – keine Leichtigkeit in einem Land, das über Geschriebenes in absteigender Reihenfolge politisch, didaktisch, philosophisch oder biographisch urteilte und es eigentlich nur als Zeitvertreib verstand. Eine Magna Charta für die Literatur als davon unabhängig einzuschätzendes Feld, als Ausdruck eines autarken Humanismus und einer Freiheit vor der Republik gibt es, im Unterschied zu anderen europäischen Ländern, ja immer noch nicht wirklich.

Als dies sei vorausgeschickt, um einen Hintergrund zu skizzieren, aus dem Rückerts *Weisheit des Brahmanen* sich ebenso einfügt, wie es daraus hervorragt als abendländisch-deutsche, epochale Summa summarum, vorgelegt unter der nur »nachlässig vorgehaltenen« Maske eines Weisen, in der bald sein eigenes Gesicht zum Vorschein kommen wird: der Dichter und Gelehrte, der sich seines Adressaten nie sicher ist und seine Alexandriner schließlich für seine Söhne schreibt, um sie in ihrer Welt-Anschauung zu unterrichten – was manches, längst aber nicht alles am Tonfall erklärt. Das Publikum schließlich respektierte und akzeptierte es; in den dreißig Jahren bis zu seinem Tod wurden 10 000 Stück wenn schon nicht gelesen, dann doch verkauft – und schließlich vergessen.

III

Lehrgedicht hat Rückert seine Sammlung von Bruchstücken genannt, und damit auch ein doppeltes Paradoxon inszeniert: denn kein Gedicht unterrichtet von etwas im Sinne einer Lehre, und das Lehrgedicht als solches, als eigene Gattung, existierte nach der Renaissance nur noch im Schatten einer großen Tradition. Diese Zäsur war um so einschneidender, als seit Menschengedenken alles in Verse gebracht worden war, was der mündlichen Überlieferung wert schien: gleichgültig ob Wissenschaft, Philosophie, Ethik oder Geschichte; von Hesiod über die Vorsokratiker, Lukrez und Manilius, mathematische Abhandlungen in Indien oder Gesetzestexte in Irland bis hin zu Angelus Silesius' *Cherubinischem Wandersmann*, dessen Sinnsprüche Rückerts unmittelbares Vorbild waren. Doch spätestens seit dem Streit um Dantes *Comedia*, von der man nicht wußte, wie sie einordnen, ob als Gedicht oder als Lehre, und mit dem Abkommen von der Vorstellung einer durchgeistigten Natur und der Herausbildung der empirischen Wissenschaften und ihrer Instrumente, die die Welt nur mehr mittelbar zugänglich werden ließen, verlor das Lehrgedicht auch seine eigentliche Legitimation. Es wurde vom Vehikel, bei dem sich faktische Erkenntnis und humane Einsicht zu einem Ganzen verband, zur bloßen Form von Kommentierung der Wissenschaften und moralischer Didaxe, in der sich der Kreis kaum noch schloß. Rückerts *Weisheit des Brahmanen* steht in dieser Hinsicht bereits isoliert und januskköpfig in seiner Zeit da. Zum einen konnte er zwar noch auf Hegels Diktum zurückgreifen, das noch für Kant galt, daß nämlich sich *die Philosophie in ihrer letzten Synthese als Poesie erweist*, zum anderen aber ist es bereits Ausdruck einer Zeit, wo die Begriffe ›subjektiv‹ und ›objektiv‹ in die europäischen Wörterbücher Eingang finden und die Unterscheidung zwischen ›Wahrheit‹ und ›Schönheit‹ immer deutlicher in den Vordergrund tritt.

Sucht man darüber hinaus noch ein symbolisches Ende, so ist es wohl die Erfindung des Teleskops und die einsetzenden, nun mehr auf Instrumente und Experimente sich konzentrierenden modernen Naturwissenschaften, mit denen der Zugriff auf die Welt seine Unmittelbarkeit verliert und nicht mehr mittels Intuition, Inspiration und Imagination aufgefangen werden kann. Mit Galilei gerät ein jahrhundertelanges Gleichgewicht ins Kippen: je faktischer die Natur wird, desto mehr wird die Dichtung zur Kontrafaktur, bis sie langsam ins Phantastische abrutscht, ins Mystische, Geniale und Egomanische, in die romantische Gegenwelt des Wahnsinnigen und die künstlichen Paradiese des Symbolismus, bis Schönheit und Wahrheit schließlich zu Gegensatzpaaren werden. Das sogenannte Lehrgedicht taucht dann nur mehr sporadisch auf – in Keats Kommentaren zu Newton, Erasmus Darwins' Biologie in Blankversen, seinem *Botanical Garden*, bei Nietzsche, in Pounds *Cantos* oder zuletzt bei Ernesto Cardenals *Cántico Cósmico* –, und dann kommt ihm eine andere Funktion zu: nämlich die, eine Brücke über eine immer breiter werdende Kluft zu schlagen, um wissenschaftliche Erkenntnisse wieder an humanen Prämissen zu messen.

Eine Lehre nach den heutigen Vorstellungen von in sich geschlossener Empirie und folgerichtigen Gedankengebäuden hat das Gedicht jedoch nie vertreten. Widersprüchlichkeiten und Ambiguitäten auf einen denkbaren Nenner zu bringen heißt nicht, sie in logische Eindeutigkeiten überzuführen, im Gegenteil: diese Art von Philosophie zu hintergehen, darin lag immer schon der Verrat der Dichter. Daß Rückert *niemals eigentlich philosophische Studien trieb, vielmehr eine gewisse Abneigung vor aller abstrakten Spekulation empfand, und sogar ernsthaft böse werden konnte, wenn man ihn im Gespräch zu tief dahinein verflechten wollte*, das ist uns durch einen Zeitgenossen überliefert, und es ist zugleich im übertragenen Sinn charakteristisch für jedes seiner Gedichte, die gar nicht anders können, als Abstraktheit am Konkreten abzuhandeln. Selbst wenn Rückert über eine »gegenstandslose« Dichtung nachdenkt, meint er damit noch Gedankenlyrik.

Der Begriff mag oberflächlich betrachtet positivistisch klingen; von den ›harten‹ Wissenschaften jedoch hebt sie sich bereits durch die rhetorische Figur ab, von der sie getragen wird: der Anrufung der Apostrophe und der Invokation, der Sprache – und nicht den Kategorien eines ›Dinges an sich‹ – als emotives Vehikel der Erkenntnis. Vom wissenschaftlichen Standpunkt aus beging die Poesie immer den Irrrtum, der Natur menschliche Eigenschaften zuzuschreiben; sie lebt ja von den Anthropomorphismen der Analogieketten, die sie aufstellt. Doch dieser ›Irrtum‹ ist nur ein scheinbarer, denn so deklariert sie erst eine Beziehung zwischen Subjekt und Objekt, ohne die es kein Wissen geben könnte. Dieser sogenannte Irrtum ist vielmehr eine Notwendigkeit jeder Erkenntnis, ihre Vorbedingung – vergleichbar mit der Grundlage einer wissenschaftlichen Hypothese – ebenso wie ihr Endprodukt, für Kant, Schelling oder Hegel. Die Antithese von Dichtung und Wahrheit gab es in der Zeit zwischen Aristoteles, der seine *Poetik* durch die Augen seiner *Physik* und *Metaphysik* interpretiert haben wollte, bis zum deutschen Idealismus nicht; sie ergänzten sich als Kreis. Ihre Spaltung wurde erst vom Empirizismus betont, dem gegenüber die Poesie bloß noch als subjektive Gefühlskunst definiert wurde – und durch Rückerts *Weisheit des Brahmanen*, weil sie sich mit dem gängigen Bild der Lyrik nicht deckt. Sie steht insofern als Zwitterwesen da, dem man das »Künstliche« vorwarf, bloße Formvirtuosität ohne »wahre« Inspiration.

Dabei ist Rückerts Haltung charakteristisch für den erkenntnistheoretischen Ansatz eines jeden Gedichts; sie wird auch zu Beginn seines Lehrgedichts offen thematisiert:

Wenn du erkennen kannst, wievielfach ist das Eins,
Fällt mit der Vielheit ein die ganze Welt des Scheins. [...]

Das eine Eins ist hier, das andre Eins ist dort,
Die tauschen unter sich den Namen und den Ort. [...]

Im Spiegel ist dein Bild, du selber aber bist
Nur dessen Spiegelbild, der Aller Urbild ist.

In diesen Reflexionen einer sich immer wieder aufs neue entziehenden Welt ist das Gedicht ein improvisiertes Konstrukt, eine Hypothese des Blicks, abhängig von den Diagonalen der Sprache und des Denkens; seine Philosophie kann stets nur die eines Perspektivismus sein, der durch seinen begrenzten Blickwinkel einen Ausschnitt strukturiert, um über ihn hinaus eine Totalität anzudeuten – aber doch nur innerhalb der Grenzen seiner Fluchtlinien Gültigkeit behaupten kann:

Wer Schranken denkend setzt, die wirklich nicht vorhanden,
Und dann hinweg sie denkt, der hat die Welt verstanden.

Alswie Geometrie in ihren Liniennetzen
Den Raum einfängt, so fängt sich selbst das Denken in Gesetzen.

Was gesetzt wird, ist, im Anspruch auf eine human erschließbare Vollständigkeit der Welt, nur das eigene Ich, gewissermaßen rückbezüglich. In dieser Hinsicht ist Rückerts Sammlung von Fragmenten einer Wirklichkeit zu Recht vollkommen maßlos im Bemühen, alles zu erfassen, in der Vereinnahmung unterschiedlichster Segmente des Denkens und Erlebens für seinen Kreis, um dadurch alles auf den eigenen Mittelpunkt beziehen zu können. Daß er daran scheitert, selbst auch nur das Buch in eine geordnete Form zu bringen, wie er in seinen Briefen bekennt, ist deswegen alles andere als ein Makel – gerade das offen ausgearbeitete Scheitern macht diese Gattung von Gedichten erst aus; ihr Sinn liegt im ausgreifenden Kontrastieren, nicht im Konstatieren letzter Dinge.

IV

Die »Digestion der Brahmanen Weisheit« überließ Rückert deshalb dem befreundeten Professor Kopp, der die Arbeit schwieriger als gedacht fand. *Warum? Weil ihr Herrn Poeten nicht logisch, sondern analogisch denkt. Ein Wort gibt das andere, heißt es bey Euch; ein Gefühl das andere. Ihr singt und dichtet demgemäß, und springt leichten Fußes von einem Gebiet ins andere lustig und wohlgemuth, erhebt und erleuchtet auf diese Weise. Allein der Lehrweg, den wir Didaktiker gehen, läßt keine solche Sprünge aus Natur in Gnade, aus Physik in Ethik pp. zu, sondern will überall nur die gerade Fährte einhalten. Wenn ich hiernach ordnen wollte, etwa unter Gott,*

Religion, Pflanzenleben, Thierleben, Natursymbolik u.s.w., so müßte ich manche Stücke weit auseinander bringen.

Rückert antwortete ihm darauf: *Mir wollte es immer nicht ein, daß sie sich unter so abstrakte Titel sollten rangiren lassen. Halte nur fest den gefundenen Faden des analogischen Denkens, und ordentlich daranach mehr oder minder einzelne gefällige Gruppen, mit Ausscheidung des Störenden und Müßigen; niemand als Du kann eine erfreuliche Welt aus diesem Chaos entfalten.* Der letzte Satz ist bezeichnend: die Dramaturgie einer humanen Sinnsetzung hat andere Kriterien als die einer Explikation, die in der Folgerichtigkeit ins Leere führt. Kopp baute das Lehrgedicht darum in Stufen auf, von der »Einkehr« über »Stimmung« und »Kampf« zu »Schule« und »Leben«, mit »Prüfung« und »Erkenntnis« im Zentrum, zu »Weltseele«, »Dämmerklarheit« und dem »Todtenhügel« bis zu »Im Anschauen Gottes«; die Auswahl endet mit dem »Frieden«, zwölf Bücher, wie schon bei Goethes *West-östlichem Divan.*

Eine moderne Kritik wird noch nicht bei dieser Symbolik einer Apotheose einsetzen und auch nicht bei der Vielzahl von Sinnsprüchen, Maximen und Lebensregeln, die schon das erste griechische Lehrgedicht, Hesiods *Werke und Tage*, prägten. Was einem dagegen quer im Mund liegt, ist die Grundform des Zweizeilers, die ausnahmslos die Gedichte konstituiert. Rückert bietet, in eine orientalische Parabel gekleidet, den Grund für die Wahl dieser Form dar: Ein König zieht aus, seine ganze Bibliothek auf hundertundein Kamel geladen, und weil ihm das zu umständlich wird, läßt er von hundertundeinem Weisen Auszüge machen, und aus diesen wieder den Auszug eines Büchleins, das ihm aber immer noch lästig wird, und er bittet sie, das Ganze auf einen Spruch zu reduzieren, um *seines Reichs zu walten* – ein Spruch, der ihm aber nichts nützt, weil er ihn nicht selbst gezogen hat; die Moral der Geschichte ist, *daß aus dem Bücherwust / Du machen für dein Heil solch einen Auszug mußt.* Legitimiert wird Rückerts weise Spruchsammlung überdies durch die Bedeutung des Wortes *bráhman* in Sanskrit – ›poetische Formel; angemessene Form‹. In ihr war, in den indoeuropäischen Anfängen der Dichtung und ihrem religiösen Kontext, die ganze Macht des Wortes begriffen. In ihrer Eigenart lag die Wahrheit beschlossen; deshalb durfte ihre spezifische Wortfolge nicht manipuliert, mußte sie unverändert weitergegeben werden. Die Formelhaftigkeit der Sprache war Beleg des Magischen und kodierte mit ihrer Einprägsamkeit eine ganze Weltsicht;

sie bot ein Sprachraster dar, das von den Merseburger Zaubersprüchen bis hinauf zu den Stabreimen von ›Haus und Hof‹ und ›Kind und Kegel‹ oder in der Werbung auch heute noch produktiv ist.

Heutigen Kriterien aber wird Rückerts Form dem von ihm gesetzten Anspruch nicht mehr gerecht, weil sie überdeterminiert ist und zugleich dem damaligen Zeitgeschmack zu sehr angepaßt: sie ist auf gnadenlose Art und Weise gereimt. Rhythmus und Assonanz, die den alten Formeln etwas unterschwellig sich Festsetzendes und dadurch letztlich Unauslotbares gaben, wechselt Rückert gegen das Metronom ein und den reinen Reim in all seiner aufdringlichen Plattheit, für den er überdies oft genug auch noch die Eindrücklichkeit der normalen Wortstellung opfert. Er reduziert damit ganz bewußt seine Distichen zu bloßen Sprichwörtern, deren erste Zeile eine Frage aufwirft, auf welche die zweite sofort die gereimte Antwort parat hat, und das ein für allemal – was eher einem inhaltlichen Kurzschluß als einem poetischen Syllogismus gleichkommt. Man könnte dies als Duktus der Zeit abtun, wenn dahinter jedoch nicht auch Rückerts Abzielen auf ein Publikum sichtbar wäre. Am Ende des Buches, das der Poetologie gewidmet ist, kommt er selbst auf den Bruch mit den antiken Versmaßen zu sprechen:

Warum mit Reimen euch, und schweren Reimen quälen?
Wär' es, ihr Dichter, nicht genug die Silben zählen? [. . .]

Der Künstler aber sei gelobt, der fühlt und wägt,
Was seine Zeit von Kunst bedarf und was verträgt;

Der ihr nichts bietet, was sie nicht verträgt, nichts weigert,
Was sie bedarf, und nicht ihr falsch Bedürfnis steigert.

Mit dieser Didaktik schaut er seiner Zeit aufs Maul, in einer offen eingestandenen Zwiespältigkeit von anbiedernder Gefälligkeit und elitärem Außenseitertum:

Du klagst, unmöglich sei fürs Volk zu dichten heut.
Wann aber hat des Volks die Dichtkunst sich erfreut?

Selbst in der schönsten Zeit der Kunst ward dargeboten
Doch ihre Gabe nur Hellenen, nicht Heloten.

Nun sind verschmolzen zwar Heloten und Hellenen,
Doch immer weiht die Kunst nur diesen sich, nicht jenen.

Zu Buche zu schlagen aber ist diese Ausrichtung an den niederen Ständen bei gleichzeitiger Identifikation mit dem Geistesadel nicht nur Rückert allein – obwohl es unter seinen Zeitgenossen weniger kompromißbereite Haltungen gegeben hat –, sondern im selben Maß auch einem Deutschland zwischen zwei Epochen, dem das oben angesprochene ›kosmopolitische Biedermeiertum‹ Rückerts auch symbolisch anzusehen ist.

Über das Fortleben der Poesie

I

Rilke? Lassen Sie mich über einen Dichter einmal nur das schreiben, was ich von ihm weiß, was ich noch auswendig weiß, ohne es nachzuschlagen und nachzubessern: das ist es letztlich, was eigentlich von der Literatur übrigbleibt. Gedichtanfänge fallen mir ein, vor allem aus den *Neuen Gedichten*, zum Herbst und zum Panther natürlich; Zeilen, deren Titel ich vergessen habe, wie jene: »Er wußte nur vom Tod, was alle wissen; daß er uns nimmt und in das Stumme stößt«; eine Vielzahl von Titeln, deren Verse ich nicht mehr zusammenbringe, Schlüsse, wie der vom Siegen: »Überstehn ist alles«; Bruchstücke aber auch aus den *Duineser Elegien*: »das Schöne ist nichts als des Schrecklichen Anfang, das wir bewundern, weil es gelassen verschmäht, uns zu zerstören: alle Engel sind schrecklich«; und dann, und dann ... Insgesamt sind es mehr Fragmente, als ich sonst von einem deutschen Dichter, Artmann ausgenommen, aufzuzählen wüßte, und es wundert mich, nach fast zwanzig Jahren, nur warum: warum so viele noch? Ist es der apodiktische Ton dieser Zitate, die sich einprägen wie Gewißheiten, die zu hinterfragen man nicht gewillt war, oder es gar nicht konnte? Und wenn ja, wiederum: warum? Das Vokabular, die immer etwas gesuchten Sujets waren es nicht; das Preziöse mochte ich nie. Andererseits aber faszinierte wohl sein immer wieder zum Thema des Todes zurückkehrendes Schreiben – man liest Rilke ja in der Jugend (und hat's deshalb später schwer, es einzugestehen); junge Männer reden nun einmal vom Tod, alte Männer von jungen Mädchen.

Nein, Rilkes Gedichte waren eine Schule des Sehens und sobald ich das sage, liegt mir eines der *Sonette an Orpheus* sofort auf der Zunge, sein Anfang und sein Schluß: »Sieh, der Himmel. Heißt kein Sternbild ›Reiter‹? Die Verbindung der Sterne trügt. Doch uns freut es, eine Zeit lang der Figur zu glauben: das genügt«. Das Paradoxe, das unter der Konstellation seiner genau gefügten Zeilen deutlich wurde, war es, das mich anzog, der Widerspruch, den die Worte so einfach zu bewältigen schienen, ohne ihn aufzulösen. In der Erinnerung scheint mir zumindest, als ob alle seine Gedichte mit der Figur des: ›und es ist, als ob‹ begännen, um dann mit einer Negation zu enden. Das Sehen als darstellende Geometrie einer Perspektive, die sich der optischen Täuschung, der sie erliegen muß, bereits bewußt ist. Bei der Wahl dichterischer Kunstgriffe ist mir jedenfalls der skizzierende Vergleich, das Simile, lieber geblieben als die Metapher: er zeigt deutlicher, daß wir, um das Schöne zu bewerkstelligen (das ›Schöne‹ als Klarheit einer Erkenntnis, als ›Gestalt‹), auf Oberflächen beschränkt sind. Das Simile mit seinem herausgestellten ›wie‹ macht bewußt, daß es sich auch um Täuschung handeln kann – die Metapher hingegen vereinnahmt, sie läßt keine Distanz zu der von ihr projizierten Welt zu; sie verschweigt, daß sie Konstrukt ist. ›Und es ist, als ob‹: diese Fügung, denke ich, muß auf das Vaihingersche Als-ob zurückgehen, und der selbstbezogenen Fiktion der Begriffe, mit denen wir glauben, einem Stück Wirklichkeit habhaft zu werden. Sternbilder erschienen mir deshalb immer als Allegorie dessen, was Kunst will und kann: in diesem willkürlichen Haufen von über dem Himmel zerstreuten Lichtpunkten eine Gestalt zu erkennen, sie zu benennen und eine Geschichte dafür zu erfinden, das heißt, gegen eine kosmische Leere und ihrer vollkommenen Indifferenz eine humane Differenz zu behaupten.

Diese Überlegungen aber stellen sich stets erst sekundär ein: jedes Gedicht ist zuerst nur sein erster Eindruck, sein Klang. Und Rilkes Gedichte ließen sich vor allem deswegen leicht merken, weil ihre Sprache das voll ausschöpfte, was das syntaktisch und lautlich so schwerfällige Deutsch an Poesie nur zuläßt. Dichtung wird vom Duktus bestimmt, der Art und Weise, *wie* etwas gesagt wird, dem Anspruch, über Gleichklänge, Wiederholungen, Rhythmus und Reim die Sprache in Musik zu verwandeln. Wer je zu einer Gedichtinterpretation genötigt wurde, weiß, daß – einmal aus ihrer Strophe gehoben – der Sinn der einzelnen Zeilen untereinander immer loser, offener wird; denn was den Zusammenhalt der Eindrücke, Beobachtungen und Fakten erst suggeriert hat, verliert sich dann: die musikalische Formung nämlich. In ihr liegt die Kunst des Gedichts: einen Zusammenhang herzustellen, wo prosaisch keiner auf Anhieb erkennbar ist, sich im wahrsten Sinne des Wortes einen Reim auf die Dinge zu machen.

Der Wohlklang von Rilkes Sprache ist es dann aber auch, der einen in der Erinnerung wieder mißtrauisch macht; seine Ästhetik vermag noch das schneidendste Thema stumpf werden zu lassen, es zu anästhesieren. Noch den dreckigsten Bettler und den armseligsten Veitstänzer macht er zu einem sprachlichen Ereignis, was nicht Formfrage sein kann, sondern eine Frage dichterischer Haltung. Die läßt Rilke oft genug süßlich werden, kitschig, selbstverliebt. Lakonik als Respekt einer Distanz war ihm meist fremd; seine Sentimentalität allein zu neutralisieren imstande war die Schärfe des Blicks. Sein erster Gedichtband, das *Larenopfer*, quoll nur so von diesem Pathos über, was ihn zum meistverkauften Band vor dem Ersten Weltkrieg machte; gleiches gilt für das *Stundenbuch* oder auch die frühe Prosa des *Cornets Christoph Rilke,* die in jedem Tornister steckte. Und es ist auch die aristokratische Selbststilisierung, verbunden mit der üblichen Inszenierung als Dichter, die einem heute lächerlich vorkommt. Daß er sich eine Sprache erarbeitet hatte, die alles, wirklich alles über denselben, allzu schönen Leisten schlagen konnte, das hat Rilke schließlich selbst erkannt und fast zehn Jahre aufgehört, Gedichte zu schreiben: die *Duineser Elegien* und die *Sonette an Orpheus* wurden dann auch härter.

Als poetische Konsequenz ist das erstaunlich – und doch wieder nicht, wenn man kurz auf die Gedichte vergißt und daran denkt, daß sein *Malte Laurids Brigge* einen der radikalsten Romane der deutschsprachigen Moderne neben Kafka darstellt, eigenständiger als Brochs *Vergil*, von der Konzeption her risikoreicher als Musils *Mann ohne Eigenschaften.* Die Collagetechnik der einzelnen Fragmente, das Ineinanderschieben der Beschreibungen von Paris mit Kindheitserinnerungen und historischen Vignetten, als Nachlaß gefaßt, in Briefen und einem Tagebuch, die Vivisektion einer Sensibilität, die zugleich die einer Epoche ist, dieser Roman, der jede Romanform sprengt – doch wozu werten: was man mit einem Buch verbindet, ist immer subjektiv. Entscheidend ist nicht, ob ein Buch gut oder schlecht ist; nur ob etwas davon bleibt. Ob etwas von den Gedichten bleibt.

II

Das größte Rätsel hat mir lange Rilkes Grabspruch aufgegeben, und ich schreibe ihn Ihnen jetzt genauso ab, wie er auf dem Grabstein unter dem Wappen der Rilkes, die nie eines hatten, eingemeißelt ist:

R A I N E R   M A R I A   R I L K E

ROSE, OH REINER WIDERSPRUCH,
LUST,
NIEMANDES SCHLAF ZU SEIN
UNTER SOVIEL
LIDERN

Er läßt eine Vielzahl von Deutungen zu, selbst wenn man ihn eingrenzt durch die Symbolik der Rose in anderen Gedichten Rilkes und den Doppelsinn von Lider/Lieder mit in Betracht zieht; ich habe die publizierten germanistischen Interpretationen einmal gezählt, es waren an die dreißig unterschiedliche, und es ist bei jedem erneuten Lesen, da einem jeder Sinn wieder entgleitet. Meistens verliert man den Faden beim Paradoxon des ›Niemandes‹, das dem ›zu sein‹ gegenübersteht, bei diesem Possessivpronomen, das keiner Person angehört und doch ›ist‹ – Schlaf ist und Lust, ohne zu sein: in einer Anrufung, deren Geste sich nicht auf etwas klar in Bezug setzen läßt.

Verstanden, für mich verstanden, habe ich es erst, als ich in Raron zu diesem kleinen Kirchlein hinaufspazierte. Der Blick geht über das Wallis und die Weinberge, die Marmortafel, auf die die Sonne noch am späten Nachmittag schien, ist direkt an der Kirchwand angebracht, darunter nur Gras und ein Rosenstock. Und mit einem Mal las ich ihn richtig; man mußte ihn nur zusammen mit dem Namen laut aussprechen und das R rollen: *Ráiner María Rílke, Róse Oh-Réiner Wíderspruch* – die Konsonanz und die Intonation seines Namens und des ersten Verses waren dieselben. Sah man dann darunter auf den Rosenbusch, der ihm aus der Mitte des Grabes, aus dem Bauch wuchs, begriff man das Kunststück, das er damit vollbracht hatte: sich nämlich in seinem Grabspruch selbst zu besingen, sich als Toter zu besingen, sich bereits jetzt zu besingen als zukünftige Rose, in die er sich verwandelt haben würde, in der Gewißheit, daß es auch jemanden geben würde, der sie ihm pflanzte und goß. *Errichtet keinen Denkstein. Laßt die Rose nur jedes Jahr zu seinen Gunsten blühn. Denn Orpheus ists. Seine Metamorphose in dem und dem. Wir sollen uns nicht mühn um andere Namen* – hatte er bereits in seinen *Sonetten an Orpheus* geschrieben. Jedenfalls wußte ich damals nicht, was größer war, das Erstaunen über diese Hybris, diese für mich arrogante Vorwegnahme eines Nachruhms und der selbstinszenierte Vergleich mit Orpheus – oder bloß die Lächerlichkeit all dieser Anstrengung, die Armseligkeit bloßer Worte, mit denen wir uns über den Tod hinaus zu helfen versuchen.

Fünfter Teil

SCHALL & RAUCH

Drei Ansichten eines Geheimnisses

Jaco Pastorius (1951–1987)

Mitten unter dem Konzert ging Jaco Pastorius ab und verschwand. Nach zwei Tagen kam er auf einem Motorrad zurück, fuhr die Stufen zum Hotel hinauf, schlitterte durch den Eingang und blieb ohnmächtig liegen. Er trug keine Schuhe mehr, sein Hemd und die aufgerissene Hose waren naß. Als man ihn aufs Zimmer brachte und ihm die Kleider auszog, lag unter dem weißen Hemd ein Tintenfisch auf seiner Haut, der sich an der Brust und der Achsel festgesaugt hatte. Die, die ihn heraufgetragen hatten, wußten nicht recht, wie sie die Frage nach dem Woher oder Warum überhaupt formulieren sollten. Vielleicht war er schwimmen gewesen. Das war eine Seite des Rätsels; keines mehr, ihm selbst vielleicht, daß er noch fünf Jahre zu leben hatte.

Sein Großvater war Deutscher – Pastorius – gewesen, Trommler eines Armeekorps in einer Gegend Pennsylvanias, die man heute noch ›König von Preußen‹ nennt. Von seiner Mutter hatte er die strengen finnischen Backenknochen, die hohe Stirn, die weit auseinanderliegenden Augen, von seinem Vater jedoch, der als Schlagzeuger und Sänger monatelang durch die Bars tingelte, nicht genug. Wenn ich zurückkomme, sagte er, will ich, daß du weißt, wo die einzelnen Noten auf der Gitarre sind; wenn ich ein Cis auf der G-Saite will, dann hoffe ich, daß du's auch findest. Manchmal nahm er den sechs Jahre alten John Francis zu einem Auftritt mit, um mit der Band einen Schlager von Sinatra zu singen. Was er schnell lernte, war, sich nach außen zu kehren, es war eine Rolle, die von dem Trick lebte, die abwartende Spannung der anderen und das eigene Lampenfieber kurzzuschließen, bis sie in ein Lachen ausbrachen, das Anerkennung verhieß. Vor allem seitens seines Vaters, den er immer nur wie vor Publikum erlebte, auch die wenigen Tagen, die er bei der Familie verbrachte. Selbst wenn dieser nicht auf der Bühne stand, unterhielt er weiter, die Leute in der Bar, die ihm ein Bier nach dem anderen zuschoben, die anderen Mitglieder der Band, ihn und seine Brüder. Es war eine Welt, die ein eigenes Vokabular hatte, ›Jazzbos‹, deren Witze alles unterspielten, um im Licht der Schweinwerfer unter der Maske nicht das eigene Gesicht auch noch zeigen zu müssen, ›Swingers‹, deren Sarkasmus der eigenen Fassade die gewollt charismatische Öffentlichkeit verlieh. Das Wort ›cool‹ kam aus diesen späten 50er Jahren, ›hip‹ ebenso, und sein Vater war ›Mr. Personality‹. Was daran Persönlichkeit war, zeigte sich in einem forcierten Über-den-Dingen-Stehen, um sie Abend für Abend für den Zeitraum eines Sets Wirklichkeit werden zu lassen; ›to hang out with the cats‹ war eine der Phrasen dieses Trinkers, Filous und Schwätzers, mit denen er das Pathos seines so offenkundig dargebotenen Lebens unterlief. Die Maske aber war seinem Vater zum Gesicht geworden. Jahrzehnte später, am Sarg seines Sohnes, war er der letzte, der niederkniete, das Gebet sprach und dann mit den Fingern ein kurzes Solo auf das Holz trommelte: Wir müssen jetzt gehen, Jaco; mach das Licht hinter uns aus, okay?

Das Aufbegehren gegen den Vater. Nicht einmal der eigene Name kam dessen Rolle aus, die in der Abwesenheit um so dominanter wurde. Auf ›John Francis III‹ getauft, wurde daraus ein Diminutiv dessen Spitznamens; wurde dieser ›Jack‹ gerufen, nannte sich sein Sohn erst ›Jocko‹ und schließlich ›Jaco‹. Und dann die Träume, oft wie im Fieber, biblische Szenen, überdeutlich in ihren Bildern: Pastorius, der Schäfer; Jakob und Isaak. Wie aber diesen Mythos eines Vaters überwinden, wenn sich dieser nicht stellt; wie aus einem Schlagschatten treten, den man von keiner greifbaren Person vorgeworfen bekommt? Indem man einen anderen Weg geht, um zu beweisen, daß man ihm ebenbürtig ist. Oder ihn auf seinem eigenen Gebiet überflügelt. Zuerst jedoch behauptet man es einfach.

Mit 15 spielte Jaco in der Schulliga, und es gab in ganz Florida keinen ehrgeizigeren Spieler als ihn. Alle denken, daß ich ein Hitzkopf bin, schrieb er in einem Klassenaufsatz, aber ich tue, was ich eben tue, und bin gut dabei; doch mir ist dabei klar, daß es nicht einfach sein wird, ich zu sein. Freunde gewann er dadurch keine. In Fort Lauderdale, wo er aufwuchs, hielt man ihn für ein anstrengendes Nervenbündel, einen Egozentriker, mochte seine Kleider und sein Aussehen nicht, und daß er als einziger Weißer mit Schwarzen spielte, machte die Sache noch schlimmer. Gleich ob auf dem Spielfeld oder in der Band, wo er am Schlagzeug saß, er trug es jedem an, zu beweisen, daß er der Beste war; dabei aber wollte er stets nur der Bessere sein. Bis man ihm bei einem Footballspiel das linke Handgelenk brach, absichtlich. Mit dem ausgeheilten Bruch konnte er nicht mehr länger die Trommeln bedienen; der Knochen schmerzte bei jedem Schlag, als wäre er aus Glas. Als der Bassist seiner Blaskapelle ausfiel, sprang er ein; er kaufte sich in einer Pfandleihe einen elektrischen Baß und übte, während er mit seinem Bruder neben dem Fernseher saß; und die Geläufigkeit kam, als wäre sie nur der Durchbruch von etwas, das anders nicht mehr in sich zu halten war.

Wenn man einen elektrischen Baß in die Hand nimmt, ist man erstaunt, wie schwer er ist; mit dem Gurt liegt sein Gewicht ganz am Nacken oder an die Rippen geklemmt am Schenkel, und die Stahlsaiten sind hart für die Finger. Es ist vor allem der massive Korpus, der irritiert; es gibt keinen Klangraum, die Töne müssen fast aus dem Holz geschlagen werden, wie Späne. Man spielt die Saiten mit einem Plektrum, zupft sie oder reißt sie mit den Fingerkuppen an, wenn sie genug Hornhaut angesetzt haben, bis sie an das Griffbrett schlagen, um das melodische Grundgerüst eines Liedes und die Harmoniewechsel zu markieren; in den ersten elektrischen Bands der 50er Jahre ersetzte er den Kontrabaß. Was Jaco Pastorius diesem einfachen Repertoire hinzufügte, war mehr als das, wofür das Instrument eigentlich gedacht war. Er brachte sich bei, die Saiten mit dem Handballen oder mit dem vor den Daumen gehaltenen Zeigefinger zu dämpfen. Obertöne, die man erhält, wenn man in der Mitte der Saite ihre Schwingung durch ein kurzes Antupfen des Fingers verdoppelt, spielte er nicht nur auf dem 12. oder 15. Bund, wo sie klar und hell klingen, sondern auch ganz unten am Hals, auf dem zweiten und dritten Bund. Seine Fingerfertigkeit nützte er, zu den Rhythmuslinien gleichzeitig auch die Melodie und Akkorde zu spielen, und das mit einer Schnelligkeit, daß man bei den tiefen Lagen die Sechzehntel kaum mehr voneinander unterscheiden konnte. Dann nahm er die Messingstäbe aus dem Griffbrett, um bundlos spielen zu können und die Töne ineinander zu verschleifen; er füllte die Fugen mit Kitt und bestrich den Hals mit einem Bootslack, was einen singenden Klang ergab. Die Mensur verlor damit jedes Maß; mit den ausgerissenen Bünden spielte er etwas an, das mit dem Gehör kaum mehr wahrnehmbar war, so als gäbe es jenseits des Klanges noch etwas, als wäre er nur eine Grenze: die sein Geheimnis blieb.

Das erste große Engagement, das er bekam, war mit den *C. C. Riders*, einer Rhythm-&-Blues-Band. Er konnte keine Noten lesen, spielte aber alles nach dem Gehör nach und hatte genug Stehvermögen, um fünf Sets pro Abend sechsmal in der Woche über Monate durchzuhalten, wenn sie auf Tournee gingen. Er rauchte und trank nicht, übte die Tonleitern im Bus, schlief auf dem Strand, um Geld für seine Frau und das Baby zu sparen, und spielte mit einem langen Kabel hinter der Kulisse, weil er sich weigerte, die Banduniform anzuziehen. Was er akzeptierte, war nur der Wettstreit, das Anspielen gegen die anderen Instrumente, nicht aber die Musiker, mit denen er kein Auslangen fand. Freundschaften lernte er schwer; Rivalität war ihm der Ersatz dafür. Respekt erwies er nur dem Bandleader, der ihm das Notenschreiben beibrachte, das Komponieren und Arrangieren, bis er die musikalische Leitung der Gruppe übernehmen konnte und nach ein paar Wochen gefeuert wurde. Ohne einen Widerpart fehlte ihm der Halt, benahm er sich zunehmend unberechenbarer. Sein Spiel jedoch wurde um so virtuoser, bis zu einem Punkt, wo es sich in sich selbst wieder aufhob: daß er aus einem zum Begleiten angelegten Instrument eins für das Solo machte, entsprach dieser Haltung ebenso, wie das Scheitern daran, daß der Baß mit seinem von vornherein begrenzten Ausdrucksmittel doch immer nur ein Begleitinstrument blieb.

Seine Intonation war makellos, die Handschrift seiner Partituren gestochen, seine Kompositionen ein melancholisches Zirkeln, um so mehr dann, wenn sie in ein frenetisches Tempo ausbrachen. Er spielte gegen seinen eigenen, ehrgeizigen Ruf an und machte sich einen Namen, in wechselnden Gruppierungen, bis durch Zufall 1975 der Schlagzeuger von *Blood, Sweat & Tears* seiner Frau am Strand über den Weg lief und er so zu einem Plattenvertrag kam. Die Stücke auf dem Album, das seinen Namen trägt, reichen von R&B über Jazz und Latin bis zur Zusammenarbeit mit einem Orchester, das Glanzlicht aber war seine Komposition »Continuum«. Mit Harmonien auf B, Fis und Cis auf der E-Saite hielt er einen Major-6/9-Akkord bis hin zur Phrasierung im Solo, Sechzehntelnoten, die er mit Viertelnoten, Triolen und Oktaven aufsplitterte, bevor die Melodie von einem tiefen langen E aufgefangen wurde. Es war ein eigener Stil, den bald jeder zu kopieren begann, aber das reichte nicht aus, um Kompositionen ganz allein nur auf den Baß zu fixieren; das lag weniger am Markt als an einer Hörgewohnheit: Melodien liegen in höheren Tonlagen, was den Baß in der Regel auf den Rang eines Statisten reduziert. Die überwiegende Anzahl der Aufnahmen Jaco Pastorius' sind denn auch auf den Alben verschiedenster Musiker zu finden; den Anfang machte Pat Metheneys Debüt. Die Spannungen darauf sind unüberhörbar; es ist Metheneys Musik, aber Pastorius spreizt sich mit aller Gewandtheit dagegen, um seinen eigenen Radius darin abzustecken. Er spielte, wie er es auch auf der Bühne tat: um sich Raum zu verschaffen, Ellbogenraum. Er bestreute die Planken des Podiums mit Babypuder, um darauf unter dem Konzert auf einem Bein herumrutschen zu können und in die Grätsche zu gehen. Er trat mit einem Satz über die Bühnenabsperrung, den Baß bereits umgeschnallt, und spielte die ersten Noten oder jonglierte zwischen den Sets mit roten Bällen. Das war gefallsüchtig in hohem Grad, zugleich aber auch etwas, das seiner Musik einen Körper verlieh, eine Geste. Und es arbeitete die Musik ab. Er lebte in einem natürlichen Hoch; untertags ging er schwimmen.

Ich bin der beste Bassist der Welt; das ist keine bloße Angeberei, ich kann's beweisen – so oder ähnlich stellte er sich 1976 Joe Zawinul vor, der in all dieser Bravour etwas wiedererkannte, was ihn an seine eigene Jugend erinnerte. Mit *Weather Report*, zu denen er die nächsten sechs Jahre gehörte, gewann er jenen Mittelpunkt, um den es ihm immer zu tun gewesen war; er stand seinen Mann, auch wenn es ein Balanceakt blieb. Pastorius brachte seinen ganzen artistischen Horizont ein, er wurde zur treibenden Kraft, und die Band avancierte damit zur erfolgreichsten Jazzrock-Gruppe der Zeit; zugleich aber wurde der Erfolgsdruck übermächtig. Eine zweite Ehe war ihm eine Weile ein Netz dafür, aber das Seil begann sich bereits ins Leere zu spannen; er lief mit der Brust nur mehr breit gegen die Luft an. Vielleicht war es wieder, daß er in Zawinul eine seiner Vaterfiguren sah. Um mitzuhalten zu können, begann Pastorius erstmals Kokain zu schnupfen und zu trinken; nach dem zweiten Glas hob er an, um sich zu schmeißen, den Kopf gegen den Stuhl zu schlagen. Es waren Posen, um sich einer Aufmerksamkeit zu versichern, die ihm ohnehin nicht genügte. Wenn er sie gar nicht bekam, wie damals, als er nach einem Konzert Freunde mitbrachte, für sie am Tisch aber kein Platz mehr war, ging er einfach; nach dem Essen fanden ihn die anderen draußen im Dunkeln, die Beine angezogen, schlafend auf dem Gehsteig. Aber es gibt auch noch eine, in ihrem abweisenden Trotz zugänglichere Seite seines Verhaltens: er kaufte Zawinul das teuerste Akkordeon, das er finden konnte, zum Geburtstag, schmiß es ihm einfach aufs Bett und meinte nur provokant: schau, ob du auch darauf spielen kannst. Die Herausforderung daran jedoch war nur eine Floskel, die eingestand, daß er einfach nichts eingestehen konnte; es war wie eine seltsame Bitte, von der man annahm, daß sie einem von vornherein ausgeschlagen werden würde.

Die Musik verriet davon kaum etwas; seine Phrasen auf den Stücken der sechs Alben, die er für *Weather Report* produzierte, schöpfen all seinen Einfallsreichtum aus; in »Birdland« etwa, wo der Baß mit schwebenden Tönen einsetzt, einer Abfolge von Flageoletts, hell wie Glocken oder der Klang einer Schnabelflöte, die über die tiefen Klänge des Synthesizers fliegen. Er war immer noch perfekt, aber nicht mehr ganz so frisch, erzählte Zawinul Jahre danach; er verließ sich mehr auf die alten Tricks, was alles eher zum Zirkusakt ausarten ließ. Unprätentiöser dagegen war sein Spiel für Joni Mitchell, die ihm für »Hejira« und »Shadows and Light« genug Atem ließ; sein Baß stellt dort in aller Klarheit Synkopen zu ihrer eigenen spröden Stimme heraus, transponiert sie auf das Unbetonte und unterlegt die Lieder mit Pausen, um sie zu tragen, wie um sich ihr damit selbst anzutragen. In dieser Zeit schrieb er sein wohl schönstes Stück, »Three Views of a Secret«, mit den verschiedenen Modulationen auf die Grundtonart E, den sich ablösenden Wiederholungen, den Taktwechseln von 16 zu 24.

Die Grammatik des Basses. Er setzt die Kommas und Doppelpunkte, er stellt die Figuren und Tropen, um sie von der Melodie ausfüllen zu lassen, er arbeitet den Kontrapunkt heraus. Als Jaco Pastorius mit John McLaughlin an der Gitarre und Tony Williams am Schlagzeug in Havanna auftrat, ging er mittendrin zu seinem Verstärker, drehte ihn auf maximale Lautstärke und spielte mit A-Dur gegen das c-Moll des Stückes an, bis sie das Publikum auspfiff. Lust an der Provokation spielte dabei offensichtlich eine Rolle wie Aggressivität; zugleich aber war es wohl auch der unbewußte Drang, die Musik in einen Raum zu verschieben, den einzig nur mehr er allein hören konnte. Er glitt in die Tiefe eines Instrumentes, von dem er die Bünde entfernt hatte, als läge alles im Ansatz vor dem eigentlichen Ton, bevor ihn der Finger auf das Griffbrett preßt. Und als hätte er mit diesen Bünden auch die eigenen Grenzen herausgerissen. An ihre Stelle trat eine andere Dramaturgie seines Lebens; er begann zu behaupten, daß er nicht älter werden würde als 35, so als könnte ihm diese künstlich übergeordnete Dramatik das Leben auf ein erträgliches Maß zwingen.

1980 fing er mit der Arbeit an seinem zweiten Solo-Album »Word of Mouth« an. Um fünf Uhr morgens stand er auf, arbeitete bis Mittag, ging zum Strand hinunter und arbeitete nach einer Stunde Pause dann bis Mitternacht. Was er den anderen Musikern vorgab, waren seine Baßlinien, die er ihnen im Studio an dem Ort vorspielte, wo sie sich gerade aufhielten, und wenn er dafür mit der Concorde von Miami nach Brüssel flog, oder ein Kammerorchester bestellte, nur um die Aufnahmen dann wieder zu löschen. Der obsessive Perfektionismus seiner Arrangements war seine Art, einer Sache gerecht zu werden, mit der er privat zunehmend weniger zu Rande kam.

Die Grenze, die er noch vor Augen hatte, war sein 30. Geburtstag, zu dem sich die Jazzszene unabgesprochen zu einem Konzert für ihn versammelte. Er holte seinen Vater zum Abschluß auf die Bühne und strahlte vor Stolz, als dieser einen seiner Schlager aus Las Vegas zum besten gab: es war wohl der Augenblick, auf den er ein Leben lang gewartet hatte, ein Kreis, der sich schloß. Wenn man den Mitschnitt dieses Konzerts hört, spürt man aber auch erstmals einen Bruch. Für die Zugabe stellt er die Mitglieder der Band vor und gibt vor, manche Namen zu vergessen; der Ton ist aggressiv, arrogant, als fände er an dem ganzen Abend nichts, was seiner Achtung wert gewesen wäre. Als sei die Vollendung eines Auftritts nur ein Anfang für etwas, dessen Kommen er abwartete.

Was zählte, waren noch die Schlagzeilen. Im Sommer 1982, als er in Japan mit seiner ersten eigenen Band auf Tour war, wurde er zum wiederholten Mal zum ›Besten Bassisten‹ und zum ›Jazzer des Jahres‹ gewählt, das stand ebenso groß in den Berichten, wie daß er seinen Baß vor Hiroshima ins Meer geworfen hatte oder er gerade zum zweiten Mal Vater geworden war. Er strich in jeder Zeitung, die ihm in die Hände kam, das Wort ›Zwillinge‹ an und nannte schließlich auch das Live-Album der Tour danach, »Twins I & II«, als betriebe er eine Kabbala von Titelseiten, als wäre das Leben für ihn nur das, was sich ablesen ließ, wiederfinden wie ein Omen, das Zugehörigkeit verprach, einen Sitz im Leben, Familie. Zwischen den Zeilen aber blieb nichts davon. Geld hatte er nie halten können, sein unberechenbares Verhalten ließ ihn in den nächsten Jahren zur unerwünschten Person bei den Plattenfirmen und Clubs werden, er bekam kaum noch Engagements, seine Freunde und schließlich auch seine Frauen kehrten ihm den Rücken. Sein Körper hielt Alkohol und Drogen nicht mehr aus, er war abgerissen und mager, schlief auf Parkbänken und legte sich im Suff mit jedem an, der ihm über den Weg lief, bis man ihm die Zähne ausschlug. Seine Instrumente versetzte er, oder sie wurden ihm gestohlen, und von seinem Spiel blieb nicht einmal mehr leere Fingerfertigkeit. Aber es gab auch noch überraschende Momente von Klarheit, wo er spielte, als würde er jetzt etwas wiedergeben können, was er zuvor nie besessen hatte.

1986 in New York lieferte man ihn in die Psychiatrie ein. Die Diagnose zählte alle Punkte eines manisch-depressiven Verhaltens auf: Überaktivität, übermäßiger Rededrang, Halluzinationen, Selbstüberschätzung, vermindertes Schlafbedürfnis, verkürzte Aufmerksamkeitsspanne, den Hang zu selbstdestruktiven Handlungen. Die Medikation enthielt Lithium, das ihn in einer apathischen Stille hielt. Als man ihn nach Wochen entließ, bekam er noch eine Zeitlang wieder Boden unter den Füßen; er arbeitete sporadisch an einem neuen Album, »Holiday for Pans«, das niemand weder bezahlen noch haben wollte, und glitt endgültig ab. Man erwischte ihn, wie er einen Stapel eigener Platten aus einem Laden stahl und zum ›Walk of Fame‹ rann, wo man neben Charlie Daniels und Pavarotti auch seinen Handabdruck im Beton verewigt hatte, nur um sie dort fallen zu lassen. Einige Monate später wollte er bei einem Konzert von *Santana* auf die Bühne springen und wurde von den Ordnern zurückgedrängt; danach ging er sich betrinken, bis ihm schließlich der Türsteher einer Bar in der Vorstadt den Eintritt verweigerte; es kam zu einer Prügelei, und der ehemalige Vietnamveteran brach ihm, wie es im Polizeibericht heißt, mit einem harten Gegenstand den Schädel. Nach sechs Tagen im Koma starb er am 21. September 1987 in Fort Lauderdale.

Vielleicht trügt die Zwangsläufigkeit dieses Endes, vielleicht trügt sie genauso wie der Versuch, sein Verhalten als krankhaft abzutun. Was dieses ›Vielleicht‹ im Raum stehen läßt, hat mittelbar mit seiner Musik zu tun, der Art, wie er sie selbst noch auf der Straße hörte, im Gehen oder wenn er irgendwo in einer Ecke kauerte und bettelte, als wäre sie eine Sprache, die sich nicht für andere übersetzen ließ. Als hätte er sie vor Augen, ohne sie mit den Fingerspitzen berühren zu können. Und vielleicht fand er für sich selbst einen anderen Schluß. Kurz vor seiner Einlieferung rief er um 7 Uhr morgens einen der wenigen Journalisten an, der mit ihm noch sporadisch Kontakt hielt, und kündigte ihm ein Konzert gegen Mittag an, nur er und seine Baßgitarre im Washington Square Park. Es war der amerikanische Nationalfeiertag und er solle Leute mitbringen, er würde »America the Beautiful« spielen. Die Paraden verstopften die Straßen, und als Milkowski, sein späterer Biograph, zu spät kam, fand er ihn eingerollt am Boden vor seinem Baß und dem Verstärker. Ein Obdachloser saß neben ihm, der ihm erzählte, daß Pastorius drei Tage durchgemacht habe. Ja, und er hätte auch gespielt, eine ganze Stunde lang. Warum er dann naß wäre? Nach dem Konzert sei er schwimmen gegangen. Schwimmen? Wo? Im Hudson River. Zur Freiheitsstatue sei er hinausgeschwommen, hätte sie berührt und wäre wieder zurückgeschwommen. Das war zumindest, was er behauptete. Und es war die dritte Seite eines Geheimnisses, das nur deshalb eines war, weil er es nicht für sich behielt.

Porträt einer Geigerin

Viviane Hagner

I

Die Musen vor den Lavendelbeeten auf den Rasenflächen, ihre Statuen namenlose Kopien von Kopien, aller Attribute beraubt, ohne Maske und Lyra an ihrem steinernen Stamm lehnend, das rechte Bein leicht angewinkelt, ein Arm am Ellenbogen gekappt, aber die Geste des Zeigens noch überdeutlich – so stehen sie an der Balustrade eines Atlantik, der in der Bucht von Bantry manchmal für Tage zu einem Mittleren Meer wird, kalm und klamm, Seenebel salzig auf den Wangen und im Augenwinkel den Herrensitz, dessen ausladende Front auch weit über Korfu schauen könnte; der Wind ein im Leeren ausklingender Beifall, ein starriges Verbeugen der Baumwipfel entlang der Auffahrt und darüber hinaus. Dann ist das Intervall vorüber und der zweite Teil des Abends beginnt mit Webern und einem jungen schwedischen Quartett, Stimmen, die in jedem Streichkonzert gegeneinanderstehen, spröde.

Eher, als daß ich die Musik höre, habe ich aber stets das Spiel der Augen und Hände beobachtet, wie sich nun die Cellistin jedesmal ihres Einsatzes mit einem kurzen Blick versichert, die Bratsche gleichmütig, fast träge im Hintergrund scheint, dafür jedoch die Violine Linien ziseliert, welche die zweite Geige nachzieht und schraffierend mit Farben ausfüllt, die Brauen einmal staunend erhoben, dann wieder die Lippen aneinandergepreßt. Es ist die Mimik von vier Frauen, die kaum unterschiedlicher sein könnten, und ich schaue schließlich auf sie allein, und wie sich mit jedem weiteren Satz ein Charakter skizziert. Der Cellistin ist erst das Instrument am Stachel verrutscht, bevor sie es breit zwischen die Knie preßt, als gelte es ihren Part zu bewältigen, ein wenig überfordert, aber ohne lockerzulassen, mit der Liebesmühe einer alleinerziehenden Mutter, denke ich, bevor ich den Gedanken wieder verwerfe. Der zweiten Geige dagegen ist alle

Lust noch ins Gesicht geschrieben, die Stirn unter den aufgesteckten blonden Haaren vor Schweiß glänzend, sie schauspielert und kündigt ihre harmonischen Bögen an, bis sich ihr Repertoire erschöpft, während die erste Geige mit protestantischer Genauigkeit hart an der Kontur bleibt wie eine Zeichenlehrerin mit ihrem Graphitstift, daß nur die hellroten Flecken auf ihren blaßweißen Wangen verraten, wie aufgeregt sie ist, aber mein Blick bleibt dann doch an der Violaspielerin hängen, weil ich erst jetzt gemerkt habe, daß sie es ist, die alles mit ihrer Ruhe umrahmt, daß die anderen auf sie zurückfallen können. Sie sind so eng gruppiert, daß sich ihre Beine fast berühren, aber es ist, als säße jede von ihnen für sich in einer Ecke des Saales, nebeneinander, gegeneinander und miteinander erst bei einem Crescendo, um in seinem Pathos zusammenzufinden; dann der Applaus, der sie zweimal auf die Bühne holt, und die zweite Geige ist die einzige, die ihn auf sich bezieht.

Das Licht draußen ist inzwischen nordisch geworden, die Dämmerung wäßrig verlaufen in der Wolkendecke und die Sicht bis Whiddy Island, wo der *Lynkeios,* ein Zerstörer der irischen Marine, nach seiner Patrouille durch die Fischgründe vor Anker liegt, grauer als die Flut, die an den Kai lappt, die Konzertbesucher auf den Parkwegen oben, Eiben und Fuchsienbüsche, halbvolle Weingläser auf den Fenstersimsen und eine Stunde bis zum Spätabend-Konzert noch Zeit, um mit Peter Sch... zu reden, dem ersten Geiger jenes Wiener Quartetts, das den Anfang des Programms bestritt. Bei einem Streichkonzert ist kein Instrument tragend genug, um eine falsche Note zu kaschieren, es ist eine spröde Klarheit, aber bei seinem Quartett war keine Stelle, wo zu sagen gewesen wäre, daß ein Ton endete und überging in den anderen, ein so ungewohnt ebenmäßiger Gleichklang, als würde die Musik mit einem Mal lautlos. Die Schläfe nahe am Korpus hat man jeden Ton, meint er, bevor er voll wird, manchmal beinahe schmerzhaft im Ohr; da ist die Speiche, der Ellenkopf und die Fingerstreckersehne, aber weder das Handgelenk noch der Arm sind noch spürbar, obwohl er mit den Fingerkuppen am Ton bleibt und beim Halten mit dem Bogen nachmodelliert, vollendet, der Klang nachhallend in die Breite der Armbeuge, als ruhe er darin. Als Quartett musizieren sie schon ein halbes Leben zusammen, studieren die Partituren danach, wie nachdrücklich oder flüchtig ein Punkt nach einer Sechzehntel mit dem Bleistift im Manuskript eingetragen wurde, er kann die Notenzeilen im Kopf hören, die Fähnchen einer Sechzehntel, aber zu einem Konzert geht er nicht gerne, es fehlt etwas, es fehlt ihm alles, weil die Musik dann in einer Haltung erstarrt, reglos wie eine der Skulpturen dort; erst beim Spielen kommt ein Gefühl für den Körper hinzu, sagt er, stille Bewegung und stille Schritte, in denen der Tanz nicht mehr vom Tänzer zu unterscheiden ist.

II

Ich gehe zu diesen Kammerkonzerten, wenn mir das Schreiben zuviel wird, ich, weg von meinem Tisch, die Geschichten sehen will, sehen, wie sie sich in der Musik verkörpern, Gestalt erhalten, ein Gesicht. Habe ich in irgendeiner Stadt einen Tag zwischen den Lesungen, kaufe ich mir ein Billett, es ist mir gleichgültig, welches Programm, aber ich will in den vorderen Reihen sitzen, um die Spieler auf dem Podium zu beobachten, ihnen zuhören, wie sie die Musik zum Sprechen bringen, den Ansatz der Finger auf den Saiten sehen, wie er zum Anlaut wird. Kaum je, daß ich mir Namen merke, ich habe Respekt vor ihnen, ich kann ohne Musik nicht leben, aber allein Virtuosität zu bewundern, darum geht es mir nicht, ich suche etwas anderes, habe es aber bisher bloß bei einer jungen deutschen Geigenspielerin gehört, Viviane H... Es war bei ihrem New-York-Debüt vor Jahren, aber ich kann immer noch nicht nennen, was mich so beeindruckt hat, daß ich sofort über sie habe schreiben wollen, ein Porträt, in der Hoffnung, daß sich mir darüber meine sozusagen haltlose Beeindruckung erklärt. So also haben wir gestern telefoniert, am Abend, später, hat sie gesagt, und ich bin ungeduldig, wandere durch das Haus, Gobelins, chinesische Vasen, Ahnenporträts des unübersehbar musisch veranlagten und ebenso französisierenden Landadels der White-Leighs, deren letzter Vertreter auf dem Ölgemälde in der Eingangshalle in die Posaune bläst. Die Konzerte jedoch finden in einer Bibliothek statt, die den Namen kaum verdient, und ich stelle mich in den Treppenflur mit seinen Stichen von Edouard Traviés, Abbildungen von erlegtem Wildgeflügel; ich kenne inzwischen jedes einzeln, handkolorierte Anatomien von Fasanen, Waldschnepfen, Perlhühnern und Auerhähnen, immer nur männliche Exemplare, und deshalb habe ich stets genauer auf die Abendkleider geschaut, die die

Musikerinnen tragen, und mich gefragt, warum sie so schlecht sitzen, diese Rollenkostüme, der Ausschnitt zu groß oder eng um den Hals, die Träger dünn oder üppig breit auf mageren Schlüsselbeinen, zu viel Taft und Brokat, der sie wie verkleidet für ein *tableau vivant* aussehen läßt und ihnen weniger eigene Weiblichkeit zugesteht als den Statuen draußen im Garten.

Es ist das erste Konzert, ein Soloabend; morgen stehen Duette und Trios übermorgen am Programm. Der Saal klatscht, sie kommt aus dem Salon, ihre Schultern sind nackt und rund, sie bilden mit der Silhouette, die ihr das Kleid verleiht, eine klare Linie, und alles daran ist sie; die Gesten, mit der sie sich die unbändig schwarzen Haare aus der Stirn streift, die Geige knapp am Sattel hält, den linken Arm zweimal kurz langstreckt, sich räuspert und den Kopf dann an die Kinnstütze legt, einzig nur Manierismen, um sich von dem unvermeidlich Künstlichen eines Auftritts wieder zu befreien. Es gibt weder Noten noch Pult, sie schließt die Augen, streicht ohne weiter zu zögern mit dem Bogen über die Saite, und mit dem ersten Ton wird sie *une femme de trente ans* – dunkel und dies die Vollendung ihrer Schönheit; sie spielt, als wäre sie erfüllbar jetzt und hier, all diese Schönheit, und jedes Gefühl wahr, bleibend. Ihr Rücken ist gerade, sie steht auf der Bühne, ohne etwas darstellen zu wollen, sie hält ihre Geige nicht wie jemand, der sich selber spielt; niemanden habe ich je zuvor das Instrument so halten sehen, beinahe von sich ab. Nicht nur, wenn sie vor den Flageoletts mit der Fingerkuppe das Kolophonium von den Saiten zupft, ist da ein fühlbarer und dennoch unbenennbarer Abstand, in dem ihre Gefühle nicht der Musik Ausdruck verleihen, sondern die Musik ihr, sich spiegelnd auf ihrem Gesicht, widerspiegelnd; sie geht nicht darin auf, wie ich es sonst von Musikern kenne, sondern tritt vollständig dahinter zurück, um einer Melodie Umrisse im Raum zu geben, die auch in ihrem Ausklang nicht abreißen, nur feiner werden, kaum noch vernehmbar, unsichtbar.

Ich weiß, daß, was ich bei jedem Satz sehe, mehr ist, als nur die Grazie des Geigenspiels einer Frau oder die bloße Geschicklichkeit und Kunstfertigkeit des griechischen *damnon*, sondern die ausgesprochen alterslose Vorstellung dessen, was es heißen könnte, Mensch zu sein und den Gefühlen ein Maß zu geben, Körper und Gestalt, wie aus der längst vergessenen Etymologie der Silbe *daio* heraus, brennend vor Leben und entzweigerissen, aus der Wurzel des Verborgenen und Unbegreiflichen eines *daimon*, das keine feminine Form mehr kennt und keinen Plural, *daimonion*, jene Stimme, die man einzig an sich gerichtet glaubt, und *eudaemon*, das Glück. Es hat etwas Selbstverständliches in jedem Moment, die hohen Fenster gehen auf bewaldete Hügel, eine Treppe aus Ziegeln führt zur Kuppe, der Nebel hängt in den Bäumen, und Viviane öffnet manchmal die Augen, wie um sich zu versichern, daß um sie herum alles frei ist. Und es ist erst, wenn sie den Bogen ab und damit auch ihren Schluß setzt, beim Verbeugen dann, daß ich das kleine dunkelrote Mal an ihrem Hals sehe, das jedem Geigenspieler vom Andruck der Geige bleibt.

Danach warte ich auf sie, entziffere die verblichenen Prägungen auf den Einbänden in den Bücherkästen, auch die Marmorsäulen sind nur bemaltes Holz, der Kronleuchter ist ein scheußliches Ding aus getriebenem Messing, und über den Kaminen an jedem Ende hängen zwei riesige Spiegel, die so blind sind, daß der Saal darin kleiner wird, einer Miniatur gleich. Sie kommt umgekleidet wieder aus der Salontür, ich setze mein am wenigsten furchteinflößendes Lächeln auf und gehe auf sie zu, aber sie sieht mich blank an, vielleicht erstaunt, vielleicht bedrängt; wir geben uns nicht die Hand, ich nehme auf einem Stuhl in der ersten Reihe Platz, sie bleibt vor mir stehen, und im selben Augenblick ahne ich, daß mir derselbe Trugschluß unterlaufen ist, den jeder Zuhörer begeht, indem er glaubt, der Abend wäre einzig nur für ihn bestimmt gewesen. Nähe aber gibt es nur auf der Bühne, sie ist ihre, nicht die meine, und sie weiß jetzt nicht, was mit mir anfangen; also treffen wir uns morgen mittag nach der Probe wieder.

III

Wir sitzen um einen großen Tisch im Tearoom, das Essen ist irisch, pampige Gemüsetarten und Käsetorten, ihre Schwester Nicole neben ihr, die sie am Klavier begleitet. Auf ihrem T-Shirt hat sie einen Klettstreifen mit Stofflettern, die das Wort ›Taschendieb‹ ergeben; genauso, nur mit kleinen limonenfarbigen und roten Dreiecken, haben wir mit fünf die Töne greifen gelernt, sagt sie. Ebenso kombinatorisch spielt sie auch das Klavier, durchsichtig gebaute Läufe, als habe erst Satie Beethoven lesen gelernt; sie klaubt an den Buchstabenquadraten herum, und nach einer Weile steht ›Bite Schande‹ auf ihrer Brust.

Aber wenn ich geglaubt habe, Viviane könnte mir etwas über ihr Spiel erklären, habe ich mich getäuscht; meine Fragen gehen ins Ungefähre, wie als wollte ich von einer Frau wissen, warum sie schön ist. Es ist, als verstünde ich nichts richtig zu formulieren, ich merke, daß ich nichts zu sagen habe, weil ich es erst schreiben werde, und keine Antwort darauf, weil Worte nichts sagen, und komme mir zunehmend hilfloser vor, fehl am Platz, weil hier zwei Mädchen Mitte Zwanzig vor mir sitzen, für die Musik so voraussetzungslos ist, selbstredend, daß sie nicht in Sprache übersetzt werden muß. Sie ißt gerne zwei Bananen vor einem Konzert, sagt Nicole über ihre Schwester. Ob ihre Eltern spielen, will ich wissen; Viviane antwortet mit einem Nein, Nicole mit: Ja, unser Vater tut es, und ich spüre die Zurückhaltung über alles Private und frage nicht weiter, ob sie beide dieselbe japanische Mutter haben. Vor welchem Geiger sie wirklich Respekt hat, versuche ich herauszubekommen; es gibt viele, erwidert sie, aber Nicole lacht und meint Jascha Heifetz, den litauischen Violinisten, und selbst sein Name noch bleibt im Leeren stehen, nein, nicht ganz, denn plötzlich erwähnt Viviane, wie schwer es ist, in Ravinia bei tropischer Hitze Sibelius zu spielen und den arktischen Kreis dabei zu sehen, die Tundra, Seen, das staubige Braun der Laubwälder. Die Geige, die ein weltbekannter Dirigent ihr verschaffte, ist eine Stradivari, die über ein Jahrhundert im Safe eines englischen Adeligen lag, sie hat einen ungewöhnlich dunklen Klang, und sie erzählt mir, wonach ihr Holz anfangs noch roch. Aber all dies ist wenig; womit soll ich denn ihr Porträt gestalten? Sie macht eine Geste mit den Armen und wir verschieben es auf ein andermal. Wenigstens aber ihre Hand möchte ich noch sehen; die linke ist länger als die rechte, die Finger schmal, ihre Kuppen schwarz vom oxidierten Silber der Saiten.

Abends spielt zuerst Quirine V... am Violoncello, und eine andere Pianistin begleitet sie, indem sie mit den Augendeckeln klimpert, das Kinn beseelt emporreckt, die Hände dramatisch über die Tasten erhebt, voll einer breiten Verzückung, die mir ein Grausen ist. Erst der Schnittke setzt dieser Selbstergriffenheit Grenzen; dann findet die Musik wieder zu ihrer alten pythagoreischen Geometrie. Die Finger der Cellistin spreizen sich, als besäßen sie noch ein zusätzliches Glied und wurzelten in der Mittelhand, die Fingerspitzen gerade, um möglichst von oben auf die Saiten zu drücken; es ist ein Dreieck, das die Knie mit dem Cello und das Instrument seinerseits wieder mit der

Brust bilden der Saitenbogen immer rechtwinklig dazu geführt und die letzte Note lange nachhallend, um mit einem Mal weitergetragen zu werden vom gedämpften Echo eines Schwarms von Nebelkrähen, die aus dem dichten grünen Regenwald hinter dem Haus auffliegen.

Pause; die Wolken haben sich gelichtet, der Wind ist wieder abgeflaut. Ich erkenne einen berühmten irischen Violinisten, Gregory E..., der abseits steht, und erzähle ihm, daß ich von Musik nichts verstehe, Mimik und Musik nicht auseinanderhalten kann, um ihn zu fragen, was er an ihrem Spiel aussetzen könnte; er überlegt lange und sagt schließlich: nichts. Es gesellen sich andere zu uns, die gläsernen Türflügel des Saales sind weit offen, im Haus wird der Kronleuchter herabgelassen, die Wachskerzen entzündet. Über Whiddy-Island kommt nun das letzte Rot, man sieht die obere Kante der Stahlreservoirs am Nordufer aufleuchten, wo über einen Pier Öl von Tankschiffen gelöscht wurde, bis die *Beteigeuze* explodierte und alles in Flammen aufging; es war wie im Krieg, sagt die Frau neben mir, erstickende Schwaden überall und die Arbeiter aufs entsetzlichste von den Flammen entstellt, die Gesichter bloß mehr Fleisch, wie im Krieg schien es, ich war Krankenschwester, aber brach dennoch in Tränen aus. Die Schritte knirschen im Kies, wir gehen durch das nasse Gras und zu der Treppe, die zu einer Folly hinter dem Hügel führt.

Vivianes Finger dann liegen fast flach über den Saiten geschlossen, die Knöchel weiß, jeder Ton eine Engführung der Hand. Ich schaue nicht nach, was es für ein Stück ist, ich habe plötzlich zwei Sätze im Kopf, die ich später aufschreiben werde, und was sie in diesem Augenblick spielt, ist eins der Gefühle, die alle griechische Namen haben wie die Ironie, die Melancholie, der Enthusiasmus und das Pathos; nur das Naive und das Sentimentalische sind nicht dabei. Sie nickt leicht mit dem Kopf, gleichsam im Einverständnis mit dieser Notenzeile, lächelt, und es gibt nichts Schöneres, als sie jetzt dort spielen zu hören, ohne daß mein Blick etwas Verlangendes hätte; denn da gibt es keine Anekdote mehr zu erzählen, keine Geschichte auszudeuten oder einen unausweichlichen Schluß zu pointieren, das Überraschende ist das Zeitlose dieser Augenblicke, in denen sich alles stillt, eines sich im anderen reflektierend, die Dämmerung aufgehoben, die hellen Streifen der Strömungen in der Bucht, und die Statuen auf ihrer Terrasse über dem Meer weiterhin in ihrer Geste des Ausgreifens befangen.

Mahlers Hund

Eine allzu einfache Erklärung der Kunst

I

Als Gustav Mahler im August 1901 in seinem Waldhäuschen am Wörthersee auf der Suche nach einem Thema für seine 5. Symphonie war, *fiel ihm eines Nachmittags buchstäblich zwischen Tür und Angel, nämlich in dem Augenblick, da er das Speisezimmer verließ, ein Lied ein; er skizzierte es gleich im dunklen Vorraum und lief damit zur Quelle, seinem Lieblingsplätzchen, das ihm oft tönende Eingebungen brachte; da war es musikalisch in kürzestem fix und fertig. Nun aber sah er: das ist kein Symphonie-Thema, auf das er aus gewesen war, sondern ein Lied! Und es fiel ihm ›Der Tambours-g'sell‹ ein. Er suchte, versuchte die Worte nach dem Gedächtnis: sie schienen wie geschaffen dafür. Und als er oben im Häuschen Gesang und Text verglich, fehlte auch nicht ein Wort, nicht eine Note zur völligen Überstimmung!* Der weiß der Teufel wie lange schon vergessene Text ließ in seinem Kopf *fast wie nach einer prästabilierten Harmonie zwischen Ton und Wort* jene Marschmelodie auftauchen, die zunächst zum letzten der Lieder des ›Wunderhorn-Zyklus‹ führte. Wie ein in einen Gartenteich geworfener Marmelstein und seine von der Mitte ausufernden Wellen entfaltete sich dann aus dem ›Tamboursg'sell‹ aber auch der gesuchte Anfang der Fünften: der Trauermarsch ihres ersten Satzes.

Ich will Ihnen etwas über den sogenannten schöpferischen Akt erzählen, anzudeuten versuchen, wie Kunst entsteht und vielleicht auch wozu. Der klassische Ausgangspunkt dabei wäre natürlich der kühle Born als gewohnt poetischer Aufenthaltsort der Musen, doch uns geht es nun weniger um die Kulisse dieses *locus amoenus* als um das, was er dahinter wohlweislich verbirgt: denn das Heureka aller archimedischen Einsichten wird seit jeher bloß in einem Waschzuber ausgerufen, mit nacktem Hintern im heißen Wasser – im Bad, im Bett oder beim Einsteigen in einen Bus. Sie lachen? Darwin konnte sich noch genau an die Stelle der Straße erinnern, wo er in seiner Kutsche den entscheidenden Einfall zu seiner Evolutionstheorie hatte. Poincaré, der lange ein zunehmend unlösbarer erscheinendes mathematisches Problem im Kopf gewälzt hatte, fuhr schließlich auf eine geologische Exkursion, bestieg in Coutance einen Omnibus und – *in dem Augenblick, als ich meinen Fuß auf die Stufe setzte, überkam mich die Idee, ohne daß irgend etwas in meinen vorherigen Gedanken den Weg dafür bereitet zu haben schien*. Der Chemiker Kekulé sah im Halbschlaf Atome wie Schlangen sich winden, krümmen und schließlich in den Schwanz beißen und kam so auf die Ringform des Benzolmoleküls. Watson und Crick fiel dagegen die Struktur der DNA wie Schuppen von den Augen, als sie eine Wendeltreppe herabrutschten. Alexander Flemings Entdeckung des Penicillins wiederum rührte daher, daß er zufällig am Boden seines Suppentellers sah, daß sich dort kleine Bakterien vermehrt hatten – während Mahler, wie gesagt, den Einfall zu seinem Lied nach einem sicherlich appetitlicheren Mahl hatte, als er vom Tisch aufstand: die meisten Ideen scheinen immer erst in einem Augenblick geistiger Abwesenheit Gestalt zu erhalten, an der Schwelle zu einem dunkleren Raum.

Doch dieser Moment der Einsicht ist nur der vorletzte Schritt zum Entstehen von etwas Neuem, das – gleich ob in der Sinnlichkeit von Kunst oder dem Sinn von Wissenschaft – meist nichts anderes ist als eine bis dahin ungeahnte Konstellation von Erfahrungswerten. Jedem kreativen Akt geht zunächst einmal monate-, jahrelange Arbeit voraus, das Einarbeiten in ein Thema, ein Wissensgebiet, ein Problem, dessen einzelne Elemente man dabei identifiziert, konturiert und sie aus ihrem ursprünglichen Kontext hebt, um sie in eine neue Konfiguration zu bringen. Ergibt sich dadurch jedoch die gewünschte Lösung nicht, sinken diese Elemente wieder ab in den Bewußtseinsstrom und vermengen sich darin. Wie die Neurologie annimmt, funktioniert das Gehirn, indem es Stimuli aus den unterschiedlichsten Bereichen vernetzt und kaleidoskopartig miteinander verknüpft: sowohl rational wie emotional. Der kreative Prozeß ist demnach sozusagen mit einem neuronalen Zufallsgenerator verbunden, der spontan Bilder und Eindrücke, Gedanken- und Satzfragmente, Stimmungen und Erinnerungen miteinander assoziiert: ein aus logischer Sicht relativ blinder Evolutionsvorgang, der immer neue Variationen einzelner Elemente hervorbringt und sie immer wieder anders konfiguriert – so instabil und fluktuierend wie unser meist halbbewußtes Denken eben ist. Es liegt einem auf der Zunge, ohne daß man es noch zu sagen wüßte.

Mahlers gleichaltriger Zeitgenosse, der Mathematiker und Wissenschaftsphilosoph Poincaré, verglich diese Bewußtseinspartikel mit Atomen: *Die Aufgabe all unserer vorbereitenden bewußten Arbeit war es, sie aus ihrem alten Gefüge zu brechen und sie in Bewegung zu versetzen. Wir denken dabei, daß uns nichts gelingt, weil wir diese Elemente bereits auf tausend verschiedene Weisen verschoben haben, um sie in ein Ganzes zu bringen, und immer noch keinen befriedigenden Aggregatszustand gefunden haben. Und so könnte es unendlich weiter gehen, ohne daß sie zueinander passen und sich eine sinnvolle Kombination ergibt. Während dieser Periode scheinbar äußerer Ruhe und nur unbewußter Arbeit schwirren sie bloß in allen Richtungen durch den Raum wie ein Schwarm Fliegen ...* oder die Mücken an diesem Augustnachmittag an der Quelle nahe von Mahlers Komponierhäuschen, wo er nur die Hunde vom Nachbarsbauern bellen hörte.

Das Wort, das einem auf der Zunge lag, fällt einem immer dann ein, sobald man nicht mehr daran denkt und sich mit anderen Dingen beschäftigt. Irgendein vager Nachhall aus dem Echoraum der Gedanken, eine zufällig Figur gewinnende Assoziation wird dann zum Auslöser; sie liefern den noch fehlenden Mosaikstein, der dem Bild plötzlich ein Gesicht gibt, eine Gestalt darin erkennbar werden läßt. Oft ergibt sich diese plötzliche Einsicht durch ein Stichwort aus einem völlig unerwarteten Bereich. *Die meisten brauchbaren Permutationen,* schrieb Poincaré weiter, *sind jene, die uns eine unvorhergesehene Ähnlichkeit zwischen anderen Fakten enthüllen, die zwar längst bekannt waren, von denen wir aber glaubten, daß sie miteinander nichts zu tun hätten. Damit meine ich nicht, daß es für eine Entdeckung genügt, die disparatesten Dinge miteinander in Verbindung zu bringen; die meisten solchen Kombinationen blieben vollkommen steril. Doch ein paar darunter, wenn auch äußerst selten, stellen sich dann als die fruchtbarsten von allen heraus.*

Was es nun war, das Mahler plötzlich auf dem Weg vom Speisezimmer zum Vorraum an das Volkslied vom Trommlerjungen erinnerte, der gehängt werden soll – *Gute Nacht, ihr Marmelstein, ihr Berg und Hügelein* –, ist natürlich nicht mehr zu sagen: aber die Stimmung der Verse mochte jener Mahlers entsprochen haben, dem bei jeder neuen Kompositionsarbeit die Angst vor dem Scheitern überkam, Zweifel am eigenen Talent; jeder neuen Symphonie sah er sich wie einem unbesteigbaren Berg gegenüber – und ging deshalb, sobald er nur konnte, lieber wandern als arbeiten. Indem er so aber die eigene Unsicherheit thematisiert gefunden hatte, waren ihm die Umrisse einer Idee gestalthaft in den Vordergrund gerückt; und der sehr, sehr einfache Text führte zu den ersten symphonischen Skizzen, mit denen die eigentliche kompositorische Arbeit begann.

II

Doch woher rührte jene gleichsam *prästabilierte Harmonie zwischen Ton und Wort*? Oder anders formuliert: wie können Textzeilen zu Musik führen? Um diese Frage ansatzweise zu beantworten, müssen wir ein ganzes Stück Weg zurücklegen – zumindest auf den Höhenlinien einer neuronalen Karte. Denn Kunst ist ebenso wie unsere primäre Sinneswahrnehmung bereits einem Abstraktionsprozeß unterworfen; das Auge gibt uns die Welt nicht eins zu eins wieder. Um den Buchstaben A auf einer Seite zu sehen, muß zunächst einmal eine Unmenge unwesentlicher Information aus unserem Sehfeld ausgeblendet werden – und dieses Fokussieren ist der erste Schritt zu jenen Poincaréschen Puzzleteilchen, die unser Denken zu einem Ganzen zusammensetzt. Dann wird dieses Bild eines A, das unser Auge spiegelverkehrt wahrnimmt, durch die Zäpfchen und Stäbchen in der Netzhaut aufgelöst: Dabei gehen nicht nur die Nervenbahnen des rechten und des linken Auges getrennte Wege, auch die Information über die Orientierung von Linien und Kanten wird von einem anderen Zentrum verarbeitet als jene über das Erkennen von Farbe. Das statische Bild dieses A wird dadurch umgewandelt in dynamische Nervenimpulse: in Zeit und Rhythmen. Über eine Art Zwischenmodul wird das Bild dieses einfachen A schließlich im primären visuellen Kortex im Hinterkopf wieder zusammengesetzt, so wie bei jedem Hund auch.

Von dort aber wird bei uns die Information weitergeleitet zu den unterschiedlichsten Gehirnregionen, um dann im Verbund wiederum im präfrontalen Kortex irgendwo hinter der Stirn in unser Denken überzugehen. Da haben wir dann das A auf der Seite als Großbuchstaben (und nicht als schematische Darstellung eines Pfeils oder eines Schottenrockes mit zwei Beinen) identifiziert, es in Zusammenhang mit weiteren Zeichen rechts und links davon gesehen, das Wort MAHLER gelesen, an den seinen Taktstock hebenden Dirigenten und Komponisten gedacht und nicht bloß an einen pinselschwingenden Anstreicher, uns aus der Erinnerung an ein Photo sein Gesicht vor Augen gerückt, das Blatt, auf dem das Wort steht, als Programmheft erkannt und innerlich bereits zum dritten Mal geflucht, weil das nun heißt, zwei Stunden auf diesen unbequemen Sesseln sitzen zu müssen, während sich schon ein unangenehmer Druck auf die Blase bemerkbar macht ... kurz: über diese kompliziert zu schildernden Wahrnehmungsstufen ist die Welt zu unserer eigenen, unmittelbar fühlbaren Wirklichkeit geworden. Und das ist keine Kunst, meinen Sie?

Ja, wirklich – worin besteht die Kunst? Ähnlich komplex nämlich wie der Vorgang des Sehens ist nämlich auch unser allgemeiner Erkenntnisweg, der vom rein körperlichen Empfinden ausgehend stufenweise abstrakter wird. Er beginnt bei der Kontrolle über vegetative Funktionen, dem Zurückhalten des Drangs zu urinieren beispielsweise, während der Blutdruck trotzdem steigt; dann wird die Wahrnehmung weiter transformiert durch den Instinkt: ob uns der Konzertsaal oder Sitznachbar angenehm, das Licht gerade zu hell oder zu dunkel ist. Der Instinkt wiederum wird umfaßt von unserem Gedächtnis, der Erinnerung und ihrer erlernten Fähigkeiten: sich trotz allem zivilisiert zu verhalten, einen passenden Gesichtsausdruck aufzusetzen und dem Wissen, daß auch dieser Abend bald einmal vorbei sein wird ... dann kommt die Sprache ins Spiel, ein formulierendes Denken, das nach einer Logik sucht, warum man nun wirklich hier sitzt und was man vom Orchester eigentlich halten soll. Erst danach wird so etwas wie Intelligenz wichtig, die auf der obersten Stufe in Kreativität umschlägt: ob und wie man sich nämlich jetzt noch leise zum Saal hinausschleichen kann.

Das Erstaunliche an der Musik nun aber ist, daß sie uns das meiste daran wieder vergessen machen kann, daß sie uns zurückholt auf eine Stufe vor der Sprache, wo wir die vergehende Zeit nur mehr vegetativ und instinktiv erleben, angefüllt mit Impressionen und Assoziationen, die keiner Worte mehr bedürfen, wachgerufenen Gefühlen, im schnelleren Herzschlag beim Fortissimo und dem zum Takt wippenden rechten Bein: in ihren besten Momenten verschafft uns die Musik eine Ahnung dessen, was es heißt, ganz in der Welt zu sein, in ihr aufgehoben.

Damit jedoch ist die Frage danach, was die Kunst dabei ausmacht, erst halb beantwortet. Lassen Sie mich dafür noch einmal beim A einsetzen – doch diesmal beim Kammerton A. Es gibt nur wenige unter uns, die ein absolutes Gehör besitzen und die Frequenz des A sogleich im Ohr haben. Ja, unser Vermögen geht nicht einmal so weit, uns einen beliebigen Ton in Erinnerung zu rufen, wie er klingt, wenn er von den verschiedenen Instrumenten dieses Orchesters gespielt wird. Der Hörsinn eines Hundes ist bei weitem feiner als unserer – aber dagegen sind unser Sehvermögen und die damit verbundenen logischen Fähigkeiten, die uns erlaubten, auf Anhieb den Buchstaben A zu erkennen, ungleich stärker ausgeprägt.

Doch daran ist zugleich etwas Unbefriedigendes: diese Fähigkeit basiert auf abstrahierten Eindrücken, die auf die Oberfläche unseres Bewußtseins projiziert werden – Schemen und Schemata der Wirklichkeit, denen es an Sinnlichkeit mangelt, an Erlebnistiefe. Liefe dagegen ein Hund jetzt bei der Tür herein, den Mittelgang hinab in Richtung Podium, er nähme die zu ihm gewandten Gesichter mit einer uns fremden Körperlichkeit wahr, er wäre ganz in seinem Lauf, seinem Hecheln, seinem blanken Blick, der diesen Saal als eine Abfolge von Formen und Gestalten wahrnimmt, einem Rhythmus: er wäre da, ganz da, in aller Unmittelbarkeit des Seins, ganz da in seiner Zeit, die keine Reflexion kennt, welche uns beständig an ihren schattenhaften Rand rückt. Zumindest jedenfalls geraten wir beim Versuch, uns diesen Hund und seine Wahrnehmung vorzustellen, in eine seltsame Art von vor-sprachlichem Gefühl, demselben, das wir dann auch auf die eine oder andere Weise beim Hören von Musik erleben.

Wie das Wesen des Hundes ganz in der Abfolge seiner Bewegungen liegt, ist Musik letztlich auch nichts anderes als in Sequenzen erlebte Zeit: Tempi, Rhythmuswechsel, Intervalle von Tönen. Was eine Konsonanz als harmonisch empfinden läßt, eine Dissonanz dagegen als unangenehm, bestimmt ja auch nichts anderes als bloß der zeitliche Abstand zwischen zwei Tönen – ist eine Pause lang genug, kann auf jeden Ton ein beliebig anderer folgen. Harmonie hingegen ist nichts als das Gefühl, in einen koordinierten zeitlichen Ablauf eingebunden zu sein, der reibungslos ist, in sich rund.

Doch was vermag uns in diesen Zustand zu versetzen? Was mag unser beständig assoziierendes Gehirn und seine labilen Gedankengänge in diesen Zustand konzentrierter Geschlossenheit bringen? Die vergleichsweise Begrenztheit dessen, was wir hören. Denn eine Melodie ist bloß auf diesen wenigen Tonschritten zwischen A und G aufgebaut, sie basiert auf einem sich selbst ähnlichen System, den Tonarten wie Moll und Dur mit ihren gleichsam nach mathematischen Prinzipien geordneten Quinten und Quarten. Musik, so verstanden, ist nichts als Kontrolle und Koordination von Zeit nach statischen Prinzipien, ein In-sich-Beruhen in der Zeit.

Was jedoch verleiht unserer derart in eine Form gebrachten Wahrnehmung dann Körperlichkeit? Die Erinnerung. Denn was zwischen dem Schauen und Horchen und dem Sehen und Hören liegt, zwischen dem Wahrnehmen und dem Begreifen, zwischen Hinterkopf und Stirn, sind jene Gehirnregionen, wo sich die registrierten Bilder und Töne mit den unterschiedlichsten Gedächtnisbereichen verbinden. Diese assoziativen Verknüpfungen lösen ihrerseits dann emotionale Verhaltensweisen aus – und Gefühle sind nichts als im Gehirn gespeicherte körperliche Erinnerungen. Ohne sie, nur auf unser logisches Denken angewiesen, wüßten wir nicht, ob wir diesen Hund, der sich so unerwartet unter die Zuhörer geschlichen hat, jetzt durch irgend etwas locken sollen oder uns nur tiefer in den Sessel drücken: wir würden einfach nicht fertig mit dem Überlegen. Wie jede vorherige Begegnung mit einem Hund in uns einmal Angst- oder Lustgefühle erweckt hat, eine ganz spezifische körperliche Empfindung, so ist die Erinnerung umgekehrt auch in der Lage, diese Gefühlszustände wieder wachzurufen; sie fingiert sozusagen diese Erfahrung noch einmal. Von dieser Fiktion nun lebt die Kunst – von der vom Gehirn kontrollierten Simulation körperlicher Reaktionen.

Diesen ausgelösten Widerhall physisch zu erleben fällt uns beim Hören von Musik leichter als beim Sehen. Der visuelle Wahrnehmungsprozeß ist zwar komplexer, dafür aber um so vermittelter und abstrakter; die Verarbeitung von Gehörtem dagegen evolutionsbedingt archaischer, den vegetativen Körperfunktionen und dem Instinkt weitaus näher – und dadurch scheinbar unmittelbarer. Einen Stummfilm zu sehen ist eine weitaus distanziertere Erfahrung, als die Aufführung einer Symphonie zu erleben, die ebenso sprachlose Bilder in uns hervorruft, doch auf einer tiefer und eindrücklicher empfundenen Ebene.

Im Vergleich dazu ist die Sprache – in unserem Stufenmodell der Erkenntnis – ein weit komplexeres Gebilde. Wenn dem aber so ist, wie konnte dann der bloße Text eines naiven Volksliedchens Gustav Mahler zu einem symphonischen Thema inspirieren? Evolutionsgeschichtlich betrachtet, bildete sich das Sprachvermögen in einer Region des Gehirns heraus, die zuvor dazu diente, körperliche Bewegungsabläufe zeitlich zu koordinieren: in Sequenzen, die ebenfalls ihre bestimmten Tempi und Rhythmen besitzen. In unserer Alltagssprache ist davon nur wenig zu spüren; die Dichtung jedoch, als Kunstform der Sprache, ordnet die Worte nach harmonischen Prinzipien an, sie wiederholt Vokale und Konsonanten, bildet Stab-, Binnen- und Endreime, basiert auf Versfüßen und Rhythmen; sie benützt Buchstaben nach den gleichen selbstähnlichen Mustern von A bis Z wie die Musik ihre Töne von A bis G. Und darauf bezieht sich nun jene *fast wie prästabilierte Harmonie zwischen Ton und Wort*, mit der sich eine in den Strophen von Brentanos ›Des Knaben Wunderhorn‹ im Kern vorhandene musikalische Struktur schließlich zu einem Tonsatz ausarbeiten ließ.

III

Zufall und Einfall. Und all das ausgeklügelte Können dann, um in einem Kunst-Werk wieder jene ursprüngliche Nähe zur Welt zu suggerieren, zu stimulieren und zu simulieren. Wieder ist Mahler in Maiernigg am Wörthersee und hat wie jedes Jahr Angst davor, daß die Quelle seiner Inspiration vertrocknet ist. Und erneut ist es in diesem Sommer 1906 der Vers eines Gedichts, der ihm beim Eintritt in das altgewohnte Arbeitszimmer plötzlich in den Kopf schießt und ihm diesmal in etwas mehr als acht Wochen den Anfang der 8. Symphonie erschließt: *Als er die Türe öffnete, fiel ihm der Hymnus ›Veni Creator Spiritus‹ von Hrabanus Maurus ein. Er kannte nur den Anfang auswendig, war aber so ungeduldig, daß er sofort zu komponieren begann und den ganzen Hymnus fertig hatte, bevor der vollständige Text – den er sich aus Wien hatte telegrafieren lassen – angelangt war.* Dieses Mal jedoch macht das symphonische Oratorium der Achten die Problematik aller Kreation und Kreativität selbst zum Thema: ›Komm, Schöpfer Geist, besuche die Seelen der Deinen‹. Der *locus amoenus* des idyllischen Tannenwalds rund um das Komponierhäuschen und der ihm bei seinen Spaziergängen zugelaufene Hund im dunklen Vorraum rücken darauf erneut in den Hintergrund; denn die nächsten Eingebungen erfährt Gustav Mahler am Lokus, mit Blick auf die Türfüllung: die ersten Takte für den ›Chorus mysticus‹ der Symphonie finden sich auf Klopapier skizziert.

Doch so nahtlos, wie es diese Anekdoten vermitteln, greifen Unterbewußtsein und Kreation nicht ineinander. Nachdem der Text aus Wien angekommen war – samt Übersetzung und skandiertem Latein –, merkte Mahler, daß die Musik dieses ersten kreativen Schubs nicht bruchlos zu den Worten paßte; sie überlappte den Text vielfach. Was dann begann, war deshalb die eigentliche Kompositionsarbeit, der eigentlich kreative Akt, in dem die Poesiezeilen umarrangiert wurden, manches ausgelassen, anderes wiederum eingefügt wurde, um sie in eine Form zu passen. Das Prosaische daran ist, daß das Schöpferische eben nur wenig mit genialischer Originalität zu tun hat, sondern vielmehr immer von alten und bekannten Mustern und Rastern ausgeht, die übernommen und angepaßt werden. Kreativität hat stets etwas mit Aneignung zu tun, mit der alte Themen einem neuen Kontext angeglichen werden: das eigentliche Neue ist meist die Form, in der man sie adaptiert und kombiniert. Das gilt auch musikalisch: die ungewöhnliche zweiteilige Form der 8. Symphonie ergab sich aus der Art und Weise, wie Mahler darin alte Formen wie die Sonate in Grundmuster zerlegt hatte, um sie anders wieder zusammenzusetzen – so einheitlich die Gestalt dieses neuen Tonsatzes ist, so bleiben darin trotzdem immer noch die Konturen von Arien, Chören und Trios erkennbar, Figuren der Motette, des Theaters und der Kantate: *Es ist das Größte, was ich bis jetzt gemacht. Und so eigenartig in Inhalt und Form, daß sich darüber gar nicht schreiben läßt – Denken Sie sich, daß das Universum zu tönen und zu klingen beginnt.*

Und zum wiederholten Mal ergab sich die Eigenart dieses Neuen dadurch, daß sich in ihm eine unvorhergesehene Ähnlichkeit zwischen zwei Elementen enthüllt, die zwar längst bekannt waren, von denen man aber glaubte, daß sie miteinander nichts zu tun hätten. Denn was hätte Hrabanus Maurus' Gotteshymnus mit Goethes eselsohrigem *Faust* zu tun, den Mahler lange Zeit überall mit sich trug? Beide könnten sowohl theologisch wie poetologisch nicht weiter von einander entfernt sein. Ein *tertium comparationis* dafür scheint jedoch bereits in den ersten Entwürfen der 8. Symphonie auf, wo Mahler ein ›Caritas‹ betiteltes Adagio und einen Satz ›die Geburt des Eros/ Schöpfung durch Eros‹ geplant hatte.

Was die christliche Hymne und *Faust II* zusammengespannt hatte, war Mahlers Blicks auf sie, der sie durch einen dritten Text las: Platos *Symposion. Im Plato* – wie Mahler an seine Frau Alma schreibt – *bist Du nun auf den springenden Punkt geraten. In den Reden des Sokrates spricht Plato seine eigene Weltanschauung aus, die als mißverstandene ›platonische Liebe‹ sich durch die Jahrhunderte bis zu den untersten Intellekten geschwungen hat. – Das Wesentliche daran ist eben die Goethische Ansschauung, daß alles Lieben ein Zeugen, Schaffen ist; daß es eben ein physisches und ein geistiges Zeugen gibt, das eben der Ausfluß dieses ›Eros‹ ist. Was muß Sokrates für ein Mensch gewesen sein. Der Vergleich zwischen ihm und Christus liegt sehr nahe, und ist zu allen Zeiten unwillkürlich gezogen worden. Eros ist in beiden Fällen der Schöpfer der Welt.*

Auf der Basis dieser Texte entwickelte Mahler für diese Symphonie eine Theorie, wonach christliche Caritas und schöpferischer Eros Ausformungen ein und desselben Prinzips sind, die stufenweise *das Wachstum der Seele und das Emporstreben der Persönlichkeit* befördern; *ein Akt des Selbstbewußtseins*, hin zu einem sittlich höheren Wesen. Alles Schaffen steht demzufolge auf einer unendlichen Stufenleiter, einer Pyramide, *welche uns eine Welt in Gestalten, Situationen, Entwicklungen vorführt, über die mannigfaltigen Entelechien niederer und höherer Ordnung, immer bewußter und reiner dargestellt und ausgesprochen, bis zur Mater gloriosa – dies ist die Personifikation des Ewig Weiblichen.* Oder in den Schlußworten des ›Faust‹ gesagt: *Alles Vergängliche ist nur ein Gleichnis; das Unzulängliche, hier wird's Ereignis; das Unbeschreibliche, hier ist's getan; das Ewig-Weibliche zieht uns hinan.*

Was immer wir von dieser durch Kreativität bedingten notwendigen Evolution des Menschen zum Hohen und Heiligen hin heute denken mögen, so steht doch der Eros – nicht nur im Freudschen Wien – seit jeher für das Verlangen nach unmittelbarer Nähe zur Welt. Diese Unmittelbarkeit zu vermitteln scheint die Kunst; das ist die Triebfeder aller Kreation, ihr ebenso fruchtbares wie letztlich auch furchtbares Paradoxon: daß es eine Symphonie der Tausend braucht, um uns ein Hier und Jetzt zugänglich zu machen – was Mahlers Hund jedoch, den uns wohlbekannten Pudel, nicht mehr bekümmert, weil er inzwischen längst aus der Komponierstube hinausgefunden hat, zum Schwarz der Bäume am Rand des Gartens, in die fast unmerklich nach Schwefel riechende Nacht.

Sechster Teil

WOLKENKUCKUCKSHEIME

Der wölfische Hunger

Vom Alter der Jugend

Liebe Abiturienten,

viel halte ich von Euch nicht. Und beneide Euch auch nicht. Wenn ich nach einem Schlagwort suchen müßte, um Eure Generation auf einen Nenner zu bringen, würde ich Euch Konformisten schimpfen. Ein paar Jahre älter, und ich sehe Euch schon vollkommen eingegliedert in diese neue Gesellschaftsschicht, die einem überall in den deutschen Fußgängerzonen begegnet: Gel im Haar, Sonnenbrillen auch im Winter, ledrig-braun vom wöchentlichen Solarium, Silikonsäcke in der Brust der Frauen, die Männer hart am Waschbrettbauch arbeitend, aber allesamt geistige Bügelbretter. Metrosexuelle in der Nachfolge von in die Jahre gekommenen Yuppies und Singles, androgyn zwischen Anämie und Bulimie, nur den Job im Kopf, den nächsten All-inclusive-Urlaub, Amerika als Traumziel, kulturell zwischen Hollywood und *Viva*, Schamrasur und Pay-TV als Kick, Naturschutz als Konfessionsbekenntnis und die politische Haltung reiner Konsumenten. Eine Generation Golf im Faserland.

Abschätzigkeit der Jugend gegenüber gehört zu den immer wiederkehrenden Reaktionen des Alters, schon seit Sokrates. Nicht als Privileg – das Alter hat kein Anrecht darauf –, sondern als Stereotyp; warum das so ist, darauf komme ich noch zu sprechen. Dennoch, wenn ich ehrlich bin, ist das das Bild, das ich von Euch habe. Wobei ich mir natürlich überlege, ob das an meinem Blickwinkel liegt, der Überheblichkeit, mit der sich nur die Selbstgerechtigkeit von jemandem ausdrückt, der doppelt so alt ist wie Ihr. Nichts gibt mir das Recht, Euch jetzt so pauschal abzukanzeln. Nein, wenn ich es mir jetzt herausnehme, dann weil ich mich – so seltsam dies klingen mag – jünger fühle als Ihr. Und weil ich dazu den Schriftsteller ganz beiseite schieben und mir kein Blatt vor den Mund nehmen werde, um zu sehen, wohin uns das Aufzählen all dieser Vorurteile bringt.

Euch mit Altersweisheiten in den Ohren zu liegen, dazu bin ich der Falsche; für Lebensleitfäden sind die Berufsberater zuständig, und Moral predigt jede beliebige Seifenoper. Aber auch weil ich nun ein Kollektiv anzusprechen habe, will und kann ich nur beim Stereotyp bleiben, um zu versuchen, etwas zur Sprache zu bringen, was sich dahinter verbergen mag: nämlich Identität und Individualität. Deren Fehlen ich Euch gerade vorgeworfen habe. Um zunächst ebenso Klischeehaftes zu Eurer Entschuldigung vorzubringen.

Ihr könnt nichts dafür, daß Ihr in einer Ersten Welt aufwachst, die parasitär vom Rest des Globus profitiert, in einem Europa, das von einem so Nahen Osten nicht nur durch ein Mittelmeer getrennt ist, einem Deutschland als Bundesland der USA. Die eigentliche Welt aber beginnt zwei Flugstunden von Frankfurt mit ihren Milliarden von Menschen, die unter Umständen leben, die Ihr sicherlich zur Genüge in den von Euren aufgeklärten Deutschlehrern gestellten Problemaufsätzen abgehandelt habt. Was Euch jedoch noch nicht ganz bewußt sein kann, ist, daß sich unsere Zivilisation erst von dort aus betrachtet als Artifizium entpuppt. Von einer Reise zurück sieht ganz Europa aus wie ein Vorort von Las Vegas; im Hotel dann, vor laufendem Fernseher, *Amica* und *Max* auf dem Glastisch im Zimmer durchblätternd, erfaßt mich jedesmal ein fast ekelerregendes Gefühl ob der absurden Lächerlichkeit dieser in Hochglanz präsentierten Wirklichkeiten. Die als Normalität propagieren, was eine Anomalie ist, und als Fortschritt, was ein Sonderfall der Geschichte bleiben wird. Diktatur und Armut, Bürgerkrieg und Terrorismus, Seuchen und Religionen, Dürren und Überschwemmungen – all das kennt Ihr als Schlagworte von Themen aus dem Unterricht. Doch ob verbunden mit einer Kritik der freien Marktwirtschaft, Sozialkunde und allen Geographiestunden – sie werden immer so präsentiert, als wären sie bloß ›Probleme‹. Ein Mangel an Aufklärung, Kultur und Zivilisation. Etwas, das noch nicht dem eigentlichen Stand der Dinge entspricht. Abwege und Irrwege einer Entwicklung, die sich irgendwann einmal zum Guten wenden wird.

Dagegen spricht jedoch die ganze Menschheitsgeschichte. Von den Hominiden bis zum Homo sapiens ist sie eine der Gewalt: die der Natur und der eigenen. Trotz aller Globalisierung, die McDonald's, Pauschaltourismus, Internet, Mobilnetze und Satellitentelefone glauben machen, hat sich die Welt nicht verändert, und wird es in absehbaren Jahrhunderten auch nicht. Heute quer durch Asien zu reisen, von Kairo nach Kapstadt oder von Alaska über Mittelamerika nach Feuerland ist mit ebensogroßen Gefahren, Unwäg- und Unwegbarkeiten verbunden wie zur Zeit Magellans oder Marco Polos. Gleich ob durch hausgemachte Klimaerwärmungen oder naturgegebene Eiszeiten, Kriege oder Erdbeben: Existenznot ist der Regelfall. Und der Mensch schon von der Evolution so angelegt, jeder Bedrohung zu trotzen. Auch dann noch, wenn sie einem in der eigenen Spezies begegnet: *homo homini lupus*.

Dieses Wölfische ist es, das uns ausmacht. Und sein Hungern in uns – nach allem, Realem und Symbolischem, einem Paradies auf Erden ebenso wie nach Gott im Himmel. Es ist die Ursache aller Aggression, aber auch allen Glücks. Doch weil diesem Glück, unseren Bedürfnissen, Sehnsüchten und Wünschen so viel entgegensteht, sind wir so gebaut, daß wir erst unter widrigen Umständen zu funktionieren beginnen; im Aufbegehren mobilisieren wir all unsere Fähigkeiten, realisieren wir unser ganzes instinktives Potential. Den Erfindungsreichtum, den wir dabei zeigen, nennen wir Kultur: dieses Fell, mit dem wir das Rote an Zähnen und Klauen überdecken und das Wölfische im Bann halten. Es ist eine dünne Haut, ja, wie die Geschichte lehrt, verletzlich und voller Narben, aber auch immer wieder nachwachsend. Doch was, wenn dieses Bindegewebe zu dick wird, die Epidermis unförmig, ledrig-hart wird, sich zur Elefantiasis auswächst? Dann sitzen wir als die Dickhäuter, Primaten und Raubtiere, die wir sind, im Zoo, fett und faul hinter Glaswänden, ein Schatten unserer selbst.

Wir leben in einer Zivilisation, in der die Kultur überhandgenommen hat und uns mehr, als uns guttut, vereinnahmt. Die die Natur darunter verdrängt, im Glauben, sie anästhesieren und immunisieren zu können. Sie fabriziert uns jedwede Wirklichkeit industriell vor, normiert und austauschbar wie die Sendeleisten der diversen Fernsehstationen, flächig wie Werbetafeln, virtuell und computergeneriert. Bilder, Bilder, Bilder, in immer schnellerem Schnitt, ersetzen uns die Welt, bloße Reizmuster, in unaufhörlicher Abwechslung, die uns Länge mal Breite die Sicht verstellen, Kulissen, bei denen wir vergessen, daß sich hinter ihnen immer nur ein Abgrund öffnet. Diese

Art der visuellen Intelligenz hat uns längst zu Analphabeten der eigentlichen Realität werden lassen. Verstädtert ja; aber sonst sind wir zu fußmaroden Halbschuhtouristen geworden. Jedes zweite Auto hat zwar heute Allrad und GPS, um am Trottoir zu parken. Zu überleben aber haben wir verlernt. Auf uns gestellt, am Berg, auf dem Meer, in den Wüsten und Dschungeln, die diese Erde zum Großteil ausmachen, sind wir so hilflos wie in die Wildnis ausgesetzte, rückgezüchtete Tiere.

Kulturen noch im Joghurt, haben wir alles derart sterilisiert, daß wir mit Allergien auf die Welt außerhalb unserer klimatisierten Räume reagieren. Schmerz ist kein Warnsignal mehr und keine natürliche Gegebenheit, sondern Anlaß zum Aspirin. Alt etwas, das man nicht werden will; und gestorben wird auf der Intensivstation. So sehr hat sich das Verhältnis von Kultur und Natur verkehrt, daß heute das Unzivilisierte als Luxus gilt – doch selbst das ist so gefährdet, daß es in Reservaten und Naturparks eingegrenzt werden muß. Wir brauchen dabei gar nicht einmal an die Steinzeitmenschen Neuguineas zu denken – auch sie sind längst zu Tode missioniert –, harmlosere Beispiele dieses Unzivilisierten genügen. Stille etwa ist ein höheres Gut geworden als jeder Breitwandfernseher. Dunkelheit ebenso. Noch auf den höchsten Alpengipfeln hört man die Autobahn; und nachts sind vor lauter Lichtverschmutzung kaum mehr Sterne zu sehen. Wozu auch, werdet Ihr vielleicht insgeheim denken; was bringt's? Ein Raumgefühl. Das Bewußtsein, daß hinter allen Pixeln und Symbolleisten etwas steckt, was unauslotbar, unsagbar und unzeigbar ist. Unkontrollierbar. Unheimlich. Angsteinjagend, sobald man zweimal hinsieht. Weil da etwas über uns hinausgeht. In eine Leere, in der man sich bloß verlieren kann, um zu einer eigenen Identität zu finden. Mit dem man zu Rande kommen muß, ganz für sich, um Individualität zu erlangen.

Benennen kann man diese Leere mit verschiedenen Begriffen: das Heilige, Ewigkeit und Unendlichkeit, Tod, Gewalt und Natur, Pathos, Liebe. Mann, oh Mann! hör ich Euch schon sagen. Und weiß, daß ich nur die Worte austauschen brauche: statt dem Heiligen *Madonna* sagen; statt Ewigkeit und Unendlichkeit *Ecstasy und 200 auf der Autobahn*, statt Gewalt *Arnold Schwarzenegger*, statt Pathos *Ironie*, statt Liebe *Sex* – und schon habe ich wieder Eure Aufmerksamkeit. Im Zweidimensionalen. Im Plakativen. Dem, was sofortige gedankenlose Befriedigung verspricht. Unmittelbaren Lustgewinn. Nichts Schlimmeres für Euch als Langeweile. Und nichts Tabuisierteres als das, was in die Tiefe geht: Tod; Gewalt; Gefühle, sobald sie pathetisch werden; sogar Humor, sofern er abgründig ist. Statt dessen habt Ihr einen untrüglichen Sinn für das entwickelt, was zeitgeistig ist. Welche Themen diskutierbar sind, welche Vokabeln zulässig und welche nicht. Und damit Eure freiwillige Unmündigkeit erklärt.

Wenn ich Euch reden höre, ist das, worüber Ihr Euch definiert, Kleidung und Musik. Bei meiner Generation war es ebenso, nur mit dem Unterschied, daß wir uns noch nicht über Industriemarken mit einem Rollenbild identifizierten. Und die Musik wenigstens noch den Anstrich von Verbotenem und Subversivem besaß, mit Texten, die sich am Kritischen und Poetischen maßen. Musik und Kleidung boten Identifikationsmöglichkeiten für etwas, das erst im Entstehen begriffen war, mit dem man sich erst auseinandersetzen mußte, sie waren Träger einer Aufbruchsstimmung, die in den 60ern begann und in den 80ern scheiterte. Statt Woodstock habt Ihr jetzt eine *Love Parade* als *registered trademark* für das Abtanzen ins Nirwana; statt Punk Pink. Auf die eigene Fahne schreiben will und kann ich dies nicht, um so weniger, als diese Epoche jetzt nur mehr als nostalgische Randerscheinung eines noch nie so dagewesenen Industrialisierungsschubes aufleuchtet. Und Ihr könnt nichts dafür, daß alles, was danach kam, nur mehr vermarktet wurde. Sich selbst ähnlich und sich selbst nach vorgegebenen Formeln reproduzierend, hört und sieht es sich nun überall gleich an, in Japan, Amerika oder hier: das Konzept der Globalisierung mißt sich ja daran, daß Coca-Cola und ein Hamburger überall gleich schmecken, in drei identifizierbaren Sorten. Kein Wunder, daß auch Ihr ausseht wie geklont.

Man begreift sich meist erst über die anderen. In diesem Rollenspiel, das die Jugend ist, diesem Ausprobieren von Posen und Possen, erkennt man sich bloß im Spiegel der anderen. Umgeben von Masken aber, die wie Latex sitzen, mit denselben am Video einstudierten Gesten und identischen Floskeln, entzieht sich Euch die eigene Person im gleichen Maß, wie sich Euch unter diesen Gummigesichtern das Individuelle der anderen verborgen bleiben muß. Was sich als wahres Ich darunter zeigt, nimmt man da natürlich zuerst – auch das der wölfische Spott – als Blöße wahr. Die dann in einem perfekt inszenierten Gesellschaftsspiel, das sich über Konsumentenschicht und

Quote klar definiert, wieder weiter vermarktet wird. Woher rührt sonst diese Faszination von *Realityshows* für jedes Lebensalter? Von der *Lindenstraße* für die älteren Semester bis zu *Big Brother* bieten sie ja nur eine Überwachungskamera auf das banal Alltägliche; um so etwas interessant zu finden, muß man schon eine Topfpflanze sein – oder eben völlig im ungewissen über die menschliche Natur. Dann ist es der Charakter des soziologischen Experiments daran mit seinen gruppendynamischen Versuchsanordnungen, die interessieren, weil sie Einblick schenken in das, was andere tun, denken, sagen, sobald sie ihre Masken ablegen.

Woher sonst mag Eure Begeisterung für solch erbärmliche Spektakel wie *Deutschland sucht den Superstar* liegen? Im Wunsch wahrscheinlich, im Mittelpunkt aller Aufmerksamkeit zu stehen und beklatscht zu werden. Nicht aus Narzißmus, sondern eher aus einem, am Virtuellen und Gleichmacherischen aller Realitäten verzweifelnden Exhibitionismus: um endlich allen zu zeigen, schaut her, das bin ich, so bin ich, Ich. Und dabei die Bühne mit der Realität zu verwechseln – weil der Unterschied immer schwerer auszumachen ist. Um doch nur wieder das Sterotyp zu finden: kulturelle Flächenwirkung statt Selbstverwirklichung.

Daß man die Talente, die man hat, herausbilden will, ist wesentlicher Teil jeder Jugend. Doch diesen Spielraum läßt man Euch nicht. Keinen Platz für Unfertiges, Kantiges, für das Kreative, das von sich aus erst nach eigenen Formen sucht. Man serviert Euch Glattes und Vorgefertigtes aus der Retorte, an das Ihr Euch anpaßt. Statt Euch eine Bühne zu geben, um Eure eigenen Lieder vorzutragen, läßt man Euch vom Band irgendwelche Industriehits nachsingen: als billiges Karaoke. Aus dem Kapital, das jeder Starkult eigentlich in sich trägt – nämlich das Originelle einer Kunst, die sich in der breiten Masse durchgesetzt hat –, versucht man bloß inflationär Profit zu schlagen: Gibt es etwas Abwertenderes, als Anfänger schon Superstars zu nennen? Und sie mit aller medialen Maschinerie dahinter zu *suchen*, sprich zu produzieren, statt sie sich selbst entwickeln zu lassen und irgendwann einmal zu *finden*? Das Angebot, das man Euch damit macht, befriedigt nur eine kommerzielle Nachfrage.

Das Triste an diesem Schauspiel ist, dabei zuzusehen, wie Ihr benützt werdet. Daß man Euch dabei im Grunde nicht einmal mehr mit Respekt und Höflichkeit begegnet – mit der Toleranz, die man

Anfängern sonst erweist, und der Achtung, die jedem zusteht, der sich in der Kunst übt: denn noch das einfachste Lied zu singen ist Applaus wert, manchmal mehr, manchmal weniger, nie aber den verächtlich nach unten gedrehten Daumen. Etwas Schönes machen zu wollen ist schließlich eines der wenigen guten wölfischen Züge am Menschen. Statt dessen setzt man Euch eine blasierte Jury vor die Nase, Pappkameraden der eine wie der andere, und läßt ein ganzes Publikum sich daran weiden, wie man Euch zuerst auf einen Sockel stellt, nur um Euch dann um so tiefer fallen zu lassen: denn das macht das eigentliche Interesse an dieser Show aus – *panem et circenses.* Ein Ringkampf, bei dem man Individuen selektioniert, sie ums gesellschaftliche Überleben kämpfen läßt und die Verlierer aus reiner Lust diskriminiert. Purer Sozialdarwinismus. Großaufnahme aufs Gesicht, damit man sieht, wie Ihr schluckt und doch weiter gute Miene dazu macht: wie Ihr bei jedem vernichtenden Kommentar automatisch danke sagt und trotz verhaltener Tränen noch nett zu lächeln versucht. Ihr schluckt und schluckt es hinunter – statt all diesen Bohlens vors Schienbein zu treten.

Das Wölfische ist nicht loszuwerden, gewiß – auch wenn es sich unter diesem Kunstpelz aus Polyester und bühnengerecht rotgefärbten Haaren um so harmloser gibt. Schlimm ist nur, daß Euch jede offene Konfrontation damit fehlt. Aufgewachsen in ideologiefreien Zonen, wo rechts und links kaum noch etwas bedeutet, fehlt Euch jede Orientierung; antiautoritär erzogen, kennt Ihr keine Autoritäten mehr, denen sich zu widersetzen oft genug erst zur Selbstbestimmung führt. Statt dessen erzieht man Euch zu angepaßten Strebern. Hält Euch unmündig und abhängig durch das, was Ihr Euch nicht von allein, sondern nur durch Papas Alimentierung leisten könnt – und für ein Funktionieren in dieser Gesellschaft braucht: Computer, Auto, eigene Wohnung und Reisen. Kindern einer Zeit, die keine Ahnung hat, wodurch sich Religion ersetzen läßt, ist jeder metaphysische Halt fraglich. An ihrer Stelle trichtert man Euch dieses deutsche Gutmenschentum ein: den Geist des Kapitalismus und diese so protestantische Ethik, die einen die Schuld stets in sich selbst suchen läßt. Euch die generationsübergreifende Schuld eines Genozids auf die Schulter lädt, als wären nur die Deutschen für das Grauen zuständig.

Aus den ehemaligen Buchhaltern des Bösen sind jetzt die Bilanzierer des Braven geworden, ja. Doch aus Richtern und Henkern deswegen noch lange keine Dichter und Denker – bloß ›politisch korrekte‹ und ›sozial gerecht‹ handelnde Bürger: Womit jener Opportunismus des Unverbindlichen gemeint ist, der den totalitären Regimes Deutschlands immer schon dienlich war. Und der jetzt, in dieser sich ausbreitenden Endzeitstimmung, um so mehr gefördert wird: Wo Arbeitslosigkeit droht, der Sozialstaat unfinanzierbar wird, die Dienstleistung nach Indien, die Produktion nach China auswandert und der Terrorismus von allen Seiten einzubrechen scheint, bleibt einem wohl nichts übrig, als sich noch stärker anzupassen.

Ja, ich beneide Euch nicht. Und wenn ich wenig von Euch halte, dann, weil Ihr keinen Gebrauch macht vom Vorrecht der Jugend, alles in Frage zu stellen. Es zu müssen, weil man in diesem Erwachsenwerden zwangsläufig alles hinterfragen muß, bevor man es sich zu eigen macht, man erst in der Konfrontation mit den Dingen zu sich findet. Denn jede Generation erfindet sich ihre Welt von neuem.

Wo aber ist Euer Sturm und Drang? Wo das Bilderstürmende und Denkmalstürzende? Wo das Anarchische und Idealistische der Pubertät? Feige Konformisten seid Ihr. Langweiler. Nein, es geht nicht darum, Revolutionen anzuzetteln, obwohl das eine gute Übung wär'. Sondern um das, was die Franzosen *état d'esprit* nennen. Bei Euch müßte man ihn umdrehen: Ihr habt nichts als einen *esprit d'état*. Staatsbürgerlich verbeamtete Gesinnungen statt einer individuellen Geisteshaltung. Seltsam altklug seid Ihr, statt klugscheißerisch. Satt, indem Ihr alles habt – noch. Einen Sinn aber vermag dies keinem Leben zu geben. Nur das, was unerreichbar scheint, hat ihm seit jeher Wert verliehen – der wölfische Hunger danach. Während Ihr friedlich die Weide abgrast und bäht. Bah!

Das Alter schimpft auf die Jugend, seit es das Alter gibt – und es hat noch nie recht damit gehabt. Das ist der einzige Satz, mit dem ich Euch Mut machen kann. Denn der Grund für die selbstgerechte Arroganz solcher Tiraden wie der meinen liegt im Neid auf die Jugend. Das Alter verteidigt damit, was es erreicht hat: indem es dieses oft genug auch hart Errungene als zwangsläufig und notwendig darstellt, als den einzig einzuschlagenden Weg postuliert. Andernfalls müßte es ja sein ganzes gelebtes Leben in Frage stellen und damit auch jeden

Sinn darin. Das zu durchschauen ist die einzige Lektion, die es sich letztlich zu lernen lohnt. Daß es nicht darum gehen kann, was man *hat*, sondern was man *ist*. Um dieses Offene, alles möglich Machende; diese magische Macht der Jugend, deren man im Alter glaubt verlustig zu gehen.

Bei meinem zwanzigjährigen Maturatreffen habe ich das an den anderen gesehen. Wir waren eine Klasse gewesen, die miteinander nur leidlich auskam, weil wir alle zu verschieden waren, als daß sich wirkliche Kameradschaft herausgebildet hätte: Die Schulzeit war für mich etwas gewesen, daß man durchstehen mußte, mit den Lehrern im beständigen Clinch und untereinander in beständigem Zwist – denn jeder von uns besaß etwas, um das er von den anderen beneidet wurde. Zwanzig Jahre später war davon nichts mehr geblieben: Eine Versammlung von vorzeitig alt Gewordenen traf sich da, die stehengeblieben waren; als hätten sie, sobald sie einen Beruf gefunden hatten, damit auch den Geist aufgegeben, alle Neugier. Ein saturierter Haufen, der kaum noch etwas zu erzählen wußte. Und ich wünschte mir an dem Abend nur, es hätte mir damals jemand glaubhaft voraussagen können, daß sich die Vorbilder und Rivalen derart in Luft auflösen würden – dann hätte ich es vielleicht leichter gehabt, herauszufinden, wer ich eigentlich war, eine klarere Linie vor Augen: Nein, das ist falsch, zu bequem gedacht. Das Wesen der Jugend liegt im ungewissen; man kann sich nichts daran aussuchen – man muß es erst selbst entdecken. Ohne daß man wüßte, wo; oder wie.

Ich wuchs in einem Kaff mit 7000 Einwohnern auf, wo jedes der fünf Stadtviertel auf das andere herabschaute und einer aus dem nächsten Dorf noch nach Jahrzehnten ein ›Zugereister‹ blieb. Das war ich in jedem Fall: mit zehn Jahren von Tunis zu kommen, um in Landeck eingeschult zu werden, unterschied mich nur wenig von einem arabischen Gastarbeiterkind. Heute weiß ich, daß ich für all das Kleingeistige dieser Heimat, die mir nie eine wurde, für all die konservativen Grenzen und Widerstände dankbar sein kann. Sie zwangen mich dazu, in mir etwas wachsen zu lassen, auf das Wölfische innen zu horchen und nicht mit dem Rudel zu laufen; schon der Name, den man mir verpaßt hatte, forderte, daß man ihn auch nach außen irgendwie vertrat. Und für das Erwachsenwerden gab es ein klar markiertes Datum: den 18. Geburtstag, wo man gesetzlich volljährig wurde, und das Abitur – das bei uns Matura heißt: Reifeprüfung und nicht bloß nur Schulabgang. Es war ein Ernst dabei spürbar: durch die anderen, die bereits als Lehrlinge arbeiteten und ihr eigenes Leben verdienten; durch die Wehrdiener, die bei uns am Haus vorbei abends besoffen zur Kaserne wankten; die Prüfung selbst, bei der man durchaus durchfallen konnte; und daß man sich entscheiden mußte, was zu studieren. Ich wollte Schriftsteller werden – wie das aber ging, was man dafür zu lernen hatte und ob ich überhaupt Talent besaß, davon hatte ich nicht die geringste Ahnung; genausogut hätte ich beschließen können, König von Patagonien zu werden, so sehr war das alles ins Blaue gedacht. Unabsehbar für mich.

Ich will mich nicht als Beispiel vorführen; keine Lebensgeschichte ist mit einer anderen zu vergleichen. Deshalb läuft das, was ich Euch sagen kann, auf keine Moral hinaus: denn alles, was man tut, ist in letzter Konsequenz zum Scheitern verurteilt. Das ist die Lektion, die ich mit fünfzehn gelernt habe: nachdem ich ein wunderhübsches und viele Jahre älteres Mädchen mir gegenüber im Zug ein Buch lesen sah, so vertieft darin, daß sie mir nicht die geringste Achtung schenkte. Der Autor klang vertraut, weil mein Vater eine Cognacflasche gleichen Namens im Schrank stehen hatte: Camus. Der *Mythos von Sisyphos* war der Titel, aber von ihm wußte ich bloß, daß er jeden Tag einen riesigen Stein auf den Hügel rollte, um ihn oben auf der Kuppe loszulassen und wieder von vorn zu beginnen. Ein Emblem des Existentialismus war das, wie ich beim Lesen herausfand; das Leben absurd, bestand aller Stolz darin, sich dagegen aufzulehnen. Um alles Glück in diesem Stein zu finden. Zu scheitern, wieder zu scheitern und besser zu scheitern, wie Samuel Beckett gesagt hat. Für mich brachte ich das damals auf einen gar simplen Nenner: Es bedeutet für mich, so zu leben, daß, wenn mir ein Dachziegel auf den Kopf fiele, ich bis zu diesem Augenblick in aller Fülle gelebt hätte. Was bedeutete, nichts unversucht gelassen zu haben. Keine Reue über Versäumtes zu verspüren – und an jedem Geburtstag Rückschau zu halten und dabei insgeheim zu bilanzieren, wie viele Steine ich bereits den Hang hinaufgerollt hatte.

Wenn ich mich jetzt von mir zu Euch zurückdenke, weiß ich, daß mir diese Haltung eine eigenartige Rastlosigkeit verlieh, die mich oft ungenießbar machte, weil ich alles sofort haben wollte und vieles dabei schlichtweg überging, übersah, verächtlich abtat. Gleichzeitig aber, wenn ich mich jetzt frage, wie ich es eigentlich geschafft habe, irgendwie weiterzukommen, lautet die Antwort: meine Blauäugigkeit. Ein unerschütterliches Selbstvertrauen. Die Lust auch, mit dem Rücken zur Wand zu stehen. Das Kämpferische – und der wölfische Hunger in mir. Eine innere Haltung, die mich jeder meiner Illusionen auch nachjagen ließ. Einem Gefühl, nichts zu verlieren zu haben.

Mit dieser Haltung bestritt ich wie Ihr auch meine Superstarshows – die bei uns damals noch schlicht Bandwettbewerb hießen. Ich konnte nicht einmal meine Gitarre richtig selber stimmen, hatte noch nie durch ein Mikrophon gesungen und vor Publikum schon gar nicht, aber stand auf der Bühne dieses Pavillons vor dem Landecker Altersheim – wo sonst die Blasmusik auftrat – mit zitternden Knien, sang Pink Floyd nach, wußte nach zehn Sekunden, daß ich eine Katastrophe war, aber stand es doch bis zum Ende durch. War froh darüber, nur Vorletzter geworden zu sein – und ging im nächsten Jahr wieder hin, wo mich alle nur auslachten: Was will denn der schon wieder hier? Ich hatte zwei selbstkomponierte Lieder dabei, aber es war sicherlich nicht mein Gesangstalent, sondern höchstens mein blauäugiges Selbstvertrauen, das mich dieses Mal den zweiten Platz machen ließ. Ähnlich ging ich dann auch alles andere an. Man verliert nur, was man unversucht läßt; scheitert man, bleibt einem wenigstens die Genugtuung, es probiert zu haben. Das ist Sieg genug.

Daß daran etwas Nachahmenswertes ist, will ich gar nicht behaupten: Öffentliche Anerkennung erringen zu wollen zeigt letztlich nur ein seelisches Defizit an. Man sollte einen Teufel darauf geben, was andere von einem denken. Nein, wenn ich mir überlege, was der Kern meiner Haltung war, dann fällt mir etwas anderes ein. Es muß im selben Jahr gewesen sein, mit fünfzehn. Ich war hoffnungslos verliebt wie immer, Sommer war's, der für mich jetzt den Geruch der Aknecreme von damals hatte, und ich trug mein fast neues, weißes Peugeot-Rennrad auf der Schulter eine Stiege in der Stadt hoch.

Daß man glücklich ist, merkt man ja meist erst im nachhinein, aber in diesem Moment wußte ich es wie zum ersten Mal, daß mein wölfischer Hunger sich gestillt hatte. Es war, als hielte sich in diesem Augenblick alles in der Waage: der Geruch des Pflasters, die Hitze des Nachmittags, alle Sehnsucht – ich spürte eine Offenheit des Blicks, etwas Unverstelltes, Neugieriges und Gelassenes zugleich. Eine Art

Enthusiasmus; eine Freude auf alles, was noch kommen würde – und bereits eine Ahnung, daß es nie besser sein würde als jetzt und hier. Als stünde ich auf dieser obersten Treppenstufe in der Mitte der Welt.

Seitdem habe ich mich immer wieder daran erinnert, mit aller Deutlichkeit an diese eine Minute, die ich für den Rest meines Lebens im Gedächtnis zu behalten beschloß, um dieses Gefühl nie mehr zu verlieren. Ich habe es bis heute nicht. Und daraus eigentlich einen Beruf gemacht – als Dichter lebt man von dieser vielleicht naiven, aber weder kindlichen noch erwachsenen Neugier, die einen die Dinge immer wieder mit unverstelltem Blick vor Augen führt: blauäugig. Und hinter allen Kulissen und Klischees nach etwas suchen läßt, in dem man sich wiederfinden kann. Jede Eitelkeit dabei und jede Altersweisheit käme da nur einem grauen Star gleich. Es ist deshalb, daß ich mich jünger als Ihr fühle: fünfzehn. Und froh bin, diesen Burschen in mir bewahrt zu haben. Das ist es, was ich auch Euch nun wünsche, aus ganzem Herzen: das Talent, alt zu werden, ohne dabei erwachsen zu werden. Oder, wie die Franzosen sagen: *il faut avoir du talent pour vieillir sans devenir adult.*

Siebter Teil

DIE LEERE DES HIMMELS

Die Namen Gottes

I

Die 114 Suren des Koran beginnen, bis auf eine Ausnahme, stets mit dem Satz *Bismillah al-Rahman al-Rahim*: »Im Namen Gottes, des Gnädigen, des Barmherzigen«. Der arabische Schriftzug dieser Formel besteht aus 19 Buchstaben; die darin enthaltenen Substantive kommen im Koran in exakten Vielfachen dieser Primzahl vor, und auch die Anzahl der Suren läßt sich durch sie restlos dividieren. In der 19. Sure heißt es über die Zweifler an der Wahrheit von Mohammeds Offenbarung: *Habt Geduld mit ihnen: wir zählen für sie nur eine Zahl.* An anderer Stelle wird der Skeptizismus offen thematisiert: *Siehe (wenn unsere Botschaft jemand erfährt, der an der Wahrheit zweifelt), denkt er nach und überlegt (wie er sie widerlegen könnte) ... Dann runzelt er die Stirn, blickt finster und wendet sich schließlich ab, vor Arroganz glänzend, und sagt: Das sind nur Zaubergeschichten, das ist nur Menschenwort!* Worauf diesem Zweifler von Gott geantwortet wird, daß *darüber 19 sind.* 19 Engel, die der Hölle vorstehen? Der Hinweis auf einen im Text vorhandenen Zahlenraster, der nachträglich hinzugefügte Zeilen als solche erkennbar machen sollte? Oder aber die 19 als Beleg einer Art Zahlenmagie, wie man sie in der mittelalterlichen Gematrie und der Kabbala kennt? Vielleicht läßt sich durch einen Exkurs über den Koran, Sprachmagie und Poesie andeuten, was es für eine Bewandtnis mit der seltsamen Arithmetik dieser Formel auf sich hat, die wir im Deutschen nur als ironische Verballhornung der zitierten Anrufung Allahs kennen: nämlich als *Simsalabim.*

II

Was ist Religion und wie wird sie gestiftet? Vom Ideal eines illusorischen Anfangs aus, sind ihre Sprache, Poesie und Lautmalerei untrennbar miteinander verbunden. Im Anfang war das Wort, in der Bibel wie im Koran – als Schöpfungsakt des *logos* in seiner doppelten Bedeutung von ›Wort‹ und ›Tat‹. Eine gerade kursierende Theorie geht davon aus, daß sich die Sprache als Begleiterscheinung von Gebärden und Gesten herausbildete, eine andere wiederum sieht den Beginn ihrer Evolution in Warnsignalen, Brunftschreien und anderen Interjektionen. Was die Anthropologie von den primitiven Gesellschaften jedenfalls gelernt hat, ist, daß Name und Ding, Mensch und Umwelt für sie oft nicht unterschieden werden müssen, verbunden durch etwas gemeinsam Numinoses. Gegenstände oder Handlungen Namen zu geben verleiht ihnen erst Existenz; sie zu artikulieren bringt diese verbindende Macht zum Ausdruck – dadurch läßt sie sich bannen und gefügig machen. Das vedische *brahman* etwa bezeichnet eine Sprachformel ebenso wie den Gott, dem sie in den Mund gelegt wird – vielleicht waren die Götter wirklich einmal so nah und gegenwärtig, daß Worte genügten.

Daß man sich dennoch hütete, sie in den Mund zu nehmen, zeigen die 99 Gottesbegriffe des Islam ebenso wie die Namen der griechischen Götter, die ursprünglich Decknamen waren, mit denen man insgeheim über sie sprechen konnte, ohne sie damit gleich herbeizurufen: Demeter war die ›Mutter Da‹, Poseidon, der ›potei-dan‹, der ›Gatte der Da‹ – Dada also, Lautmalereien und Lallnamen, ein Zungenreden in Ekstase und Trance, wie man es aus schamanistischen Praktiken, von Derwischen ebenso wie von den antiken Mysterien kennt. In ihrer von Dionyos eingegebenen *theia mania* brachen etwa die Mänaden in ihr *anololyksa* aus, das hohe Schrillen, wenn die Zunge schnell an den Gaumen schlägt – darauf weist auch der Name ›Allah‹ hin, der auf dieselbe Wurzel wie unser Hallelujah zurückgeht, und mehr ein Aus- als ein Anruf ist. Selbst noch die biblische Genesis mit ihrer Menschwerdung aus Lehm beruht nur auf dem Schall und Rauch sprachspielerischer Wortklänge: Gott nimmt die Erde, den ›Staub vom Boden‹ (hebräisch *'adamah*) und schafft daraus den Menschen (*'adam*).

Hesiod und Homer wurden ihre Gesänge von den Musen, Mohammed der Koran vom Erzengel Gabriel eingegeben; die Sumerer glaubten, daß alles durch das Wort des Gottes Enki, die Ägypter, durch den Gott Ptah erschaffen wurde. Die Religion als Poesie, die sich ihrer zu Formeln gefügten, durch Wiederholung, Rhythmus oder Reim gestalteten Sprache bedient, ist eine anthropologische

Konstante: *die Poesie ist die Muttersprache des menschlichen Geschlechts, älter als der Acker*, wie schon Hamann meinte. Sprache erschafft Welt; ihre Klang- und Denkfiguren strukturieren sie und geben ihr dadurch Sinn – und derjenige, der ihn verkörpert und vermittelt, ist der Dichter, der arabische *sha'ir*, der ›Wissende‹. In der präislamischen wie bei allen anderen archaischen Formen der Poesie ist der Dichter eine Mischung aus Staatspräsident, Priester, Popstar, General, Demagoge, Künstler, Nationalspieler und Pressesprecher, und die Gedichte können je nach Anlaß Tageszeitung, Insignie, Zeitvertreib, Landesverteidigung und spirituelle Erbauung sein.

Die zentrale Rolle des Poeten in der Gesellschaft ist es, über die moderne Religion möglich wurde; dadurch erhielt sie erst ihre Autorität, ließen sich die Mythen einer Welt voller Götter in der Hierarchie eines Gottes und seines Katechismus einen. Daß ihre Ideologie Verbreitung fand, war jedoch zusätzlich abhängig von der *arabiya*, der Kunstsprache der Poesie, die – trotz der Fehden der zahlreichen Stämme untereinander – vom Jemen bis nach Syrien, vom Irak bis nach Ägypten den Raum zu einer kollektiven Kultur und zur politischen Plattform zusammenführte. Wer dieses Idiom nicht beherrschte, galt als *agami*, als Nicht-Araber und Barbar; auch Tiere wurden so bezeichnet. Ausschließlichkeit und sprachlich sich abgrenzende Identität gehört mit zu jeder, auch europäischen Ideologie – unser Begriff des ›Barbaren‹ verrät dies, wenn seine griechische Etymologie lautmalerisch allem Fremden eine Sprache auf höherem Niveau als dem der Tiere aberkennt und sie abschätzig nur eines nennt: nämlich *Blabla*.

III

Rhetorische Gewandtheit und poetische Diktion waren die erste Legitimation des Islam; umgekehrt gehörte die Holprigkeit des Vortrags zu den ersten Verstößen, die man sogenannten Ketzern bei uns vorwarf. Die Sprache Gottes konnte keine andere sein als die dichterisch bekannte; man glaubte nur einem Gott, der zu dichten verstand – gleiches galt auch schon für die Orakel der Griechen, deren Wahrheitsbeweis des Göttlichen der sprachliche Ausdruck war. Für den arabischen Kulturkreis ist die von der Alltagssprache abgehobene poetische Diktion heute noch, nach 1400 Jahren, politisch dominant: als übernationale Hochsprache ist ihre Grammatik und ihr Wortschatz allein vom Koran abgeleitet und hat sich trotz der großen Kluft zu der Vielzahl von lokalen Dialekten nicht weiterentwickelt; Bildung drückt sich nach wie vor großteils in der Kenntnis des Koran aus, im Beweis, daß man überall auf ihn anspielen, ihn zitieren kann.

Doch um eine Weltreligion zu etablieren gehört mehr, als nur überkommene Konventionen zu bündeln und weiterzuführen. Die Suren Mohammeds stellten einen programmatischen Bruch mit der literarischen Tradition dar, deren Formen variiert, korrigiert oder mißachtet wurden. Ganz im Sinn der Moderne evozierte der Koran einen durch Stilregeln geprägten Erwartungshorizont, um ihn dann schrittweise zu destruieren; der ungewohnte freie Umgang mit Strophe und Metrum, die radikalen Zeilenbrüche seiner Reime *führten zu einer einzigartigen Redeweise, die sich von allem Gewohnten unterschied und gleichzeitig einen Grad der Schönheit erreichte, mit dem der Koran alle anderen Weisen und sogar die Verskunst, die doch die schönste aller Reden ist, übertraf*, wie es ein früher arabischer Dichter definierte.

Die Regelbrüche wurden so wieder in den Rang absoluter Norm erhoben, die kompositorischen Strukturen des Koran noch von der Musik, der bildenden Kunst und der Kalligraphie übernommen. Damit sie sich jedoch über Jahrhunderte durchsetzen konnten, bedurfte es eines weiteren entscheidenden Evolutionsschritts. Zu Mohammeds Zeit begann sich die Schrift gerade erst als tragfähiges Medium zu etablieren; ohne sie, die mündlich tradierte Formen ein für allemal fixierte, ohne das Buch gäbe es keine Weltreligion. Das Christentum hat von einer ähnlichen Entwicklung profitiert: die Handschriften seines Kodex wurden zum Buch der Bücher, dem *biblos*, und die Gleichzeitigkeit von Luthers Übersetzungsarbeit und der Entstehung des Buchdrucks ließ schließlich auch bei uns eine poetische Diktion zur verbindlichen Hochsprache werden. Mehr noch: unsere weltweit einzigartige Groß- und Kleinschreibung geht höchstwahrscheinlich auf den im Spätmittelalter verbreiteten Einfluß der jüdischen Mystik mit ihren kabbalistischen Elementen zurück. Der Begriff ›Religion‹ jedenfalls rechtfertigt sich allein durch die Schrift; ihre Etymologie baut auf dem Text auf, der ›wieder und wieder gelesen‹ wird (*relegere*), um uns über die Sprache mit der Welt zu ›verbinden‹ (*re-ligare*).

IV

Gott jedoch schreibt nicht. Er offenbart sich auch nur in den seltensten Fällen mündlich; seine durch Engel übermittelte Botschaft wird nur durch Menschenhand aufgezeichnet. Mohammed erschienen sie, um ihm die Suren einzugeben, mehrmals, in all ihrer Gewalt. Dann begann er zu zittern, obwohl es glutheiß war, klapperte mit den Zähnen und wurde fahl im Gesicht, bisweilen stand ihm, den Berichten der Tradition nach, Schaum vorm Mund, er fiel in Trance oder stürzte wie vom Blitz getroffen zu Boden. Er selbst sagte, daß er oft Geräusche wie von summenden Bienen hörte oder das Klingeln einer Schelle: *dies ist für mich am schwersten zu ertragen.* Die Überzeugung, Mohammed sei geistesgestört oder leide an Epilepsie, zieht sich bis in die christliche Literatur des Mittelalters und die frühe Orientalistik hinein. Doch Traumgesichte, Visionen oder Halluzinationen gehören mit in das Paradigma poetischer Inspiration, wenn sie als Enthusiasmus, als Voll-des-Gottes-Sein aufgefaßt wurde; auch Noah und Moses galten als ›besessen‹. Mohammed selbst hielt sein erstes Offenbarungserlebnis zuerst für eine Dichterinitiation; erst nachträglich wurde ihm bewußt, daß es nicht poetische, sondern prophetische Entrückung war. Poesie als im modernen Sinn subjektive Aussage wurde deshalb immer wieder in den religiösen Kanon eingereiht und umgedeutet: von Klaus Reicherts Jahrhundertübersetzung des *Hohelieds Salomos* gewinnt man mehr als nur einen Eindruck davon.

Was Poesie und Religion voneinander unterscheidet, ist in diesem Zusammenhang einzig die Berufung auf eine Inspirationsquelle, die als göttlich ausgegeben wird. So wehrt sich der Koran mehrmals gegen die Unterstellung, Mohammed sei nur ein *sha'ir* (Dichter), *sahir* (Zauberer), *kanin* (Wahrsager) oder *majnun*, ein von einem Djinn besessener Verrückter. Den übernatürlichen Ursprung der Worte stritten weder Dichtung noch Islam ab; letzterer war lediglich aus religionspolitischen Gründen bemüht, die gegen ihn verstoßenden Dichter als Sprachrohre des Satans und seiner Dämonen abzuwerten. Der Dominanz der Religion war die Poesie in allen Literaturgeschichten ausgesetzt: die hebräische Dichtung war über Jahrhunderte auf sie fixiert, bis sie erste weltliche Formen annahm, bei den Trobadors führte der Einfluß der Katharer mit zum Konzept der Minne als Gegenentwurf zur Marienverehrung; Dante, Milton oder Angelus Silesius wären andere Beispiele. In der islamischen Zivilisation bestand die Dichtung, wenn auch oft prekär, im Gegenüber mit dem Koran und blieb, vergleichbar nur mit der Architektur, die höchste Kunstform, obwohl sie sich immer wieder dem Vorwurf der Blasphemie aussetzen mußte. Die Auffassung vom dichterischen Akt, wie George Steiner schreibt, als einem mit Gott rivalisierenden und daher potentiell frevlerischen Verhalten wurde zum Grundthema der arabischen Literatur – und stellt das Grundmerkmal jeder Unterscheidung von Dichtung und religiöser Wahrheit dar: die Poesie definiert sich letztlich gerade durch ihre unideologische Haltung, ihre Idiosynkrasie gegenüber eindeutig teleologischen Heilsentwürfen einerseits und ihrem Synkretismus von aus metaphysischen Bereichen übernommenen Motiven andererseits.

V

Ein religiöser Text ist ein kanonisch gewordenes Sprachkunstwerk, und kein Buch zeigt dies so deutlich wie der Koran. Daß man die Bibel, trotz der Genesis, der Psalmen oder der Johannes-Apokalypse, kaum je so verstand, hat eben mit der Sprache zu tun. Verfaßt wurde das Neue Testament nicht in der Muttersprache seiner Autoren, sondern in einer *lingua franca*, der griechischen Koine. Von vornherein als Übersetzung angelegt, von mehreren Verfassern redigiert, stand immer der Inhalt im Vordergrund. Luther ging es um die Klarheit und Eindeutigkeit von Textstellen – *wenn es soll Reimens gelten, so werden wir keinen Artikel im Glauben behalten*; und für Calvin war die sprachliche Form zweitrangig, weil wir *viel mehr durch die Würde der* Sache *als durch die* Worte *zur Bewunderung hingerissen werden.*

Im Sog des Pietismus und seiner Ablehnung jeder Schwärmerei über die Schönheit der Schrift schließlich wurde jedes ästhetische Prinzip als der Botschaft abträglich gewertet: *Wenn was göttliches soll in einem liede seyn, so muß das menschlich schöne heraus*, meinte Ludwig von Zinzendorf; die biblischen Wahrheiten *sind uns wahr, sie sind* à la lettre *so, es ist keine verblümte rede mehr, es ist kein figürlicher oder hyperbolischer ausdruck mehr, sondern es ist die simple, einfältige, trokkene wahrheit.* Die Exegese der Schrift als *textus receptus* war darum immer auf vereinheitlichende Deutung eines vermeintlichen Urtextes ausgerichtet.

Im Islam dagegen bietet sich ein spiegelverkehrtes Bild. Selbst den Koran in ein modernes Arabisch zu übertragen gilt nach wie vor als potentielles Sakrileg, und Interlinearübersetzungen für nichtarabische Länder gibt es erst seit kurzer Zeit: als Studienbehelf, nicht als Katechismus. Im Gegensatz zur Bibel steht beim Koran die Poetizität im Vordergrund, der Begriff der Idee, der sich vor allem über die Form realisiert – es ist leichter, Arabisch zu lernen, als ihn zu übersetzen. Dazu geht es bei der Lektüre des Koran nicht um eindeutige Auslegung, sondern um gleichberechtigte *variae lectiones*, vergleichbar mit den Lesarten, welche die Juden in der Thora finden: Gelehrter darf sich nicht nennen, wer ihn nur auf eine Bedeutung festlegt, sondern wer für jeden Vers mindestens sechzig verschiedene Bedeutungen auszulegen imstande ist: *Wenn ich wollte*, läßt al-Gazali einen Imam zu Wort kommen, *könnte ich 70 Kamele allein mit den Deutungen der* fatiha *beladen – und könnte doch niemals die ganze Schönheit, Zierde und die Einzigartigkeit seiner Komposition erfassen.*

Um dies nachvollziehen zu können, muß man seinen kantilenenartig vortragenden Gesang einmal gehört haben. Seine Klangfiguren – Rhythmik, Assonanz und Konsonanz, Paronomasie und Euphonie, Alliteration und Onomatopoeia, die phonetischen Parallelismen –, der elliptische Stil mit seinen lexikalischen und syntaktischen Ambiguitäten, den unabgeschlossenen Sätzen und Sprüngen in der Erzählebene, seine hermetische Metaphorik und manchmal fast surreale Bildlichkeit zusammen mit seinem hohen Grad an Selbstreferentialität machen den Koran einzigartig. Um diesen Text einer zeitlosen arabischen Moderne einzuordnen, muß man lange nach Analogien suchen – die manche mit der Ästhetik von *Finnegans Wake* bereits zu finden geglaubt haben.

Der Grund für diesen extremen Vergleich liegt wohl darin, daß wir – von den kaum gelesenen mittelalterlichen Mystikern und Alchemisten abgesehen – keinen religiösen Text kennen, der ähnlich sprachlich radikal wäre. Um uns den Koran, als in sich geschlossener und damit für alles und alle offener poetischer Text, begreiflich machen zu können, sind wir auf profane Interpretationsformen wie etwa Roland Barthes' *Typologie der Lektürelust* angewiesen: *Dem Fetischisten würde der zerschnittene Text, die Zerstückelung der Zitate, der Formeln, der Prägung, die Lust am Wort zusagen. Der Zwangsneurotiker genösse den Buchstaben, die sekundären Sprachen, die Metasprachen (diese Klasse umfaßte sämtliche Logophilen, Linguisten, Semiotiker, Philologen: alle, für die die Sprache* wiederkommt*). Der Paranoiker würde verzwickte Texte, wie Argumentationsreihen entwickelte Geschichten, nach Spielregeln, geheimen Zwängen aufgebaute Konstruktionen konsumieren oder hervorbringen. Was den Hysteriker angeht (der ja das Gegenteil des Zwangsneurotikers ist), so wäre er sicher derjenige, der den Text für* bare Münze *nimmt, der in der Komödie der Sprache ohne Hintergrund und Wahrheit eintritt, der nicht mehr das Subjekt irgendeines kritischen Blickes ist und sich in den Text hineinwirft (was etwas ganz anderes ist, als sich in ihn zu projizieren).*

Die Wertvorstellungen einer Religion sind immer auch tautologisches Produkt der Sprache, in der sie vermittelt wird. Mit Barthes' Sarkasmus gesehen wäre der deutsche Protestantismus bereits in unserer Sprache angelegt, ihren rückbezüglichen syntaktischen Redundanzen, ihrer lautlichen Schwerfälligkeit und grammatikalischen Kasuistik, ihren vorne dominierenden Substantiven und den weitab gesetzten Verben. Das Arabische hingegen mit seiner Konsonantenschrift, der das Vokalische fast frei zugefügt wird, den Stämmen von Morphemen, die ganze zusammenhängende Wortfelder erzeugen, der Leichtigkeit, mit der ihr der Reim fällt, ihrer semantischen Konkretheit erschiene im Gegenteil dazu gerade prädisponiert für das offene Kunstwerk.

Ein Beispiel: *Qul huwa llahu ahad / allahu s-samad / lam yalid wa-lam yulad / wa-lam yakun lahu kufuwan ahad* (»Sprich: Gott ist Einer, / Ein ewig Reiner, / Hat nicht gezeugt und ihn gezeugt hat keiner / Und nicht ihm gleich ist einer«, wie Rückert es nachgedichtet hat). Lassen wir die Übersetzung beiseite und betrachten sie nur als Partitur, wird offensichtlich, wie sehr der Text sich stufenweise semantisch entwickelt, als schriebe er sich aus sich selbst heraus. Er strukturiert seine Aussage, wie eine musikalische Progression auf einem Akkord von wenigen Noten aufbaut, oder wie eine Gleichung mit einigen wenigen Unbekannten auskommt (statt x, y und z wäre *ahad, lahu* und *wa-lam* einzusetzen).

Ein zweites, hierarchisch komplexeres Beispiel: *al-qari'a / ma l-qari'a / wa-ma adraka ma l-qari'a* (»Die Pochende. / Was ist ›die Pochende‹? / Was macht dich wissen, was ›die Pochende‹ ist?«). Eine von vornherein lexikalische Unbestimmtheit (das Wort läßt sich nur ungefähr über die Wurzel erschließen, die ›schlagen‹, ›schockieren‹ oder

›brechen‹ bedeuten kann), die als Exklamation funktions- und beziehungslos im Satz dasteht, wird mit aller Mehrdeutigkeit im zweiten Vers auf eine metasprachliche Ebene gehoben, im dritten dann in eine rhetorische Frage transponiert, deren Beantwortung dem Hörer überlassen wird. Das Sprechen thematisiert und reflektiert sich selbst, ohne sich mehr als nur rudimentär an etwas Objektivem festmachen zu können. So ist das letztlich Unsagbare, das lautmalerisch Angedeutete in einen Diskurs eingebunden, um es zu umgrenzen; die konzentrischen Kreise der Verse sind um einen Mittelpunkt angelegt, deren Logarithmen nur dazu dienen, zurück ins Numinose und über es hinaus auf Gott zu deuten.

Ein drittes, das berühmteste Beispiel unter den mehrdeutigen Versen des Koran zeigt, wie über das Lautliche hinaus die Bildlichkeit der Suren ineinander übergeht: *Das Gleichnis Seines Lichtes ist das einer Nische, / In der eine Lampe brennt, / Eine Lampe in einem Glas, / Und das Glas funkelt wie ein Stern, / Entfacht von einem geweihten Baum, / Einem Ölbaum, der weder im Osten noch im Westen steht, / Doch dessen Öl beinah zu leuchten beginnt, / Trotzdem es von keinem Feuer entzündet wird – / Licht über Licht.* Diese metonymisch verschobenen Vergleichsketten, die Kausalität vortäuschen, wo logisch keine besteht, diese Kettenschlüsse, deren Folgerichtigkeit nur rein sprachlicher Natur ist, sind, einem arabischen Gelehrten nach, *wie eine Eisenkette, die sich nicht auflösen läßt.*

VI

Was aber haben diese Beispiele nun mit der anfangs vorgestellten Zahlenmagie zu tun? Sprache, ähnlich wie Mathematik, kann nur auf sich selbst zurückverweisen. $E = mc^2$ mag sich als Verhältnis von Energie, Masse und Geschwindigkeit auflösen lassen; die Begriffe selbst aber bleiben nur Behelfe und Vorstellungsversuche. Alles was sie ausdrücken, sind Beziehungen unter den Dingen, die sie auf ihre Weise wiederzugeben versucht, bestenfalls abstrahierte Analogien von real existierenden, komplexen Strukturen. Wie jede mathematische Formel, obwohl sie umgesetzt praktische Ergebnisse erzielt, nur auf Symbolen beruht, sind auch Sprachformeln nichts als Buchstabenabfolgen, die sich artikulieren lassen. Was sich an Realem lautmalerisch nachahmen läßt, ist gering und greift nur unbewußt. Gerade die Umsetzung von Wirklichem in menschliche Sprache ist es aber, die im Kern Poesie und Religion thematisiert.

Durch das Feuer wurde geweissagt, durch das Wasser, die Erde, aus der Luft, aber in Dodona. Der Wind jedoch läßt sich nicht hören: sein Geräusch erhält er erst durch unsere Ohren. An den Blättern der Eiche dort wurde er zu einem Rascheln – und über die Tonröllchen (den Vorläufern der Äolsharfen), die an die Zweige gehängt waren, wurde er zu einem Klang, der einem durch die Zunge artikulierten Laut bereits nahekam und sich in ein Paradigma von Vokalen überführen ließ. In dieser metonymischen Abfolge, die sich leicht mit Kausalität verwechseln läßt, liegt die ursprüngliche Legitimation poetisch-religiöser Diktion. Zieht man darüber hinaus in Betracht, daß jedem der vier Elemente Namen von Göttern gegeben wurden, so liegt nahe, daß die einzelnen Laute dieser Namen wiederum zur Matrix der Aussage über sie wurden: als Anagramm, das den Gebetsformeln Wirkung und Rechtfertigung verlieh, als Wiederholung des Einen, Gleichen, das allem anderen Gestalt schenkte, als latent vorhandene Tiefenstruktur einer *materia prima*, die die Rede aus sich heraus entfaltet.

Man möchte geneigt sein, diese literarische Tradition zunächst für Hokuspokus zu halten, wenn sie sich nicht über Jahrhunderte hinweg nachweisen ließe. Ferdinand de Saussure hat fast fünfzig Hefte über die Anagramme bei Homer, Vergil, Lukrez, Seneca, Horaz und Ovid niedergeschrieben; eine umfassende Theorie darüber ist er jedoch ebenso schuldig geblieben wie die wenigen, die sich in der Nachfolge mit diesem enigmatischen Thema beschäftigt haben. Zwei Beispiele mögen vor Augen führen, wovon hier die Rede ist.

Hesiods *Werke und Tage* beginnen wie üblich mit der Anrufung der Musen Pieriens (*Mousai Pierieden aoideisi kleiousai* ...); die einleitenden Zeilen des Poems enden dann mit einem an Hesiods vorgeblichen Bruder Perses gerichteten Satz: *Ich würde wahre Dinge sagen* (*etetuma muthesaimen*). Die intendierte Botschaft dieser Zeilen ist die *poetische Wahrheit*, die von den Musen garantiert wird, die Wahrheit, die in die Zukunft und in die Vergangenheit sehen kann. Und diese Botschaft ist folglich als sich spiegelndes Palindrom von ›wahr‹ und ›sprechen‹ als Raster dem Text unterlegt: etETUMA MUTHEsaimen.

Nicht genug damit: die Musen, die Urgrund, Ausgangspunkt und Legitimation dieses Proems sind, eröffnen die Rede, um sie als Hypogramm wieder zu beschließen: MOUSAI – MUtheSAImen.

Bei einem der wenigen vollständig erhaltenen Lieder der Sappho dagegen, einer Hymne an Aphrodite als Allegorie sehnsüchtiger Liebe, gerichtet an ihre Göttin, beginnt die erste Strophe mit *poikilothron* (der glänzend verzierte Thron, auf dem sie sitzt) und endet mit den letzten zwei Worten des Satzes *brich nicht meine Seele, Göttin*: *potnia thumon*. Versteckt darunter ist wiederum der eigentliche Sinn, die *raison d'être* des Gedichts: POikiloTHrON – POtnia THumON; phonetisch verbirgt sich also POTHON darunter, das Wort für ›Verlangen‹ in seinem Akkusativ, dem klassischen Fall für ein Objekt der Begierde.

Der Name eines Gottes war wohl ursprünglich das einzig greifbare thematische Wort, über das der göttliche Makrokosmos auf den menschlichen Mikrokosmos abgebildet wurde. Nach und nach kamen menschliche Eigennamen (wie etwa bei Pindar, der in seiner Hymne an Theon von Akragas damit spielt), Epitheta, Ortsnamen und sogar Gattungsnamen hinzu. Daß man den Zahlenwert der einzelnen Buchstaben des Alphabets schließlich als Matrix zugrunde legte, um daraus die Legitimation des Textes zu beziehen, hat wohl mit der Dominanz der Astrologie und der damals exakten Wissenschaft ihrer Berechnungen zu tun; sie ist jedenfalls bis ins späte Mittelalter als ›Gematrie‹ verfolgbar – man denke nur an Ramon Llulls Werke.

Denn schon das Rätselgedicht des ersten Trobadors Guihelm IX. (1071–1127), mit dem die moderne europäische Literatur beginnt und unverkennbar arabische Einflüsse zeigt, sein *Lied aus reinem Nichts*, basiert – wie die Suren Mohammeds mit ihrer Zahl 19 – auf einer Matrix von Primzahlen. Bei Guihelm von Aquitanien sind es die 7 (der Zahlenwert der Initiale seines Vornamens) und die 29, die zu seinem Geburtsjahr 71 dazugezählt die vollkommene Zahl 100 ergibt, von ihm subtrahiert die 42 Zeilen des Gedichts. Unter den Buchstaben versteckt – für den, der es ihm, wie Mohammed zuvor, nicht glauben mag – liegt zudem das Akrostichon einer Strophe, die den Satz *guillem ac ben condat* ergibt: *Guihelm hat gut gerechnet*. Zurückzuführen ist diese poetische Arithmetik auf sein von arabischen Sterndeutern an Guihelms Hof erstelltes Horoskop: Guihelm war am 29. Tag des 7. Tierkreiszeichens geboren.

Vom Orakel zur Astrologie ist es bereits ein qualitativer Schritt, der bereits den Keim der Abspaltung der Poesie von den Wissenschaften in sich trägt; untergegangen ist die ästhetische Formung von Erkenntnis deswegen aber noch lange nicht: die konkrete Poesie geht, wenn auch unbewußt, von ähnlichen Grundlagen aus. Als gemeinsamer Nenner läßt sich so zumindest das Verlangen behaupten, das eigene Leben in einem transzendentalen Rahmen begreifen zu wollen.

Die Leere des Himmels

in memoriam W. G. Sebald

In einem von den Tiden freigelegten Watt bei Holme-next-the-sea, einem Mäander von Prielen vor der Nordküste Norfolks, die von der abströmenden Ebbe untergraben, abgetragen und von der Flut stets von neuem angelagert wird, kam Ende des letzten Jahrhunderts ein Ring von mannsdicken Pfählen rund um eine Eiche zutage. Ihr Wurzelstock, schwarz glänzend und fast schon versteinert, stand aus einem Tümpel brackigen Wassers, den die Gezeiten zurückgelassen hatten; er griff aus in den Nebel, in den Himmel über dieser Welt, den die ringsum in den Schlamm getriebenen Pflöcke verankerten, während der Stamm weiterwuchs in den Schlick, nach innen, irgendwo in eine Mitte, wo seine Krone wieder zu Erde wurde. An den Jahresringen ließ sich abzählen, daß die Eiche für dieses Woodhenge am Rande eines Meeres, an dessen Kimm die Gestirne auf- und wieder untergingen, ein Kalendarium der Wintersonnen und der Sommermonde, im Frühling des Jahres 2050 v. Chr. gefällt worden war. Doch in diesem von den Wellen bloßgelegten Holzkreis war die Zeit nicht in Jahren abzulesen, sondern nur in längst verschobenen Peilungen zu umlaufenden Gestirnen, war sie nichts als eine Bake einmal beobachteter Konjunktionen von Trabanten und Planeten, dunkle Anhaltspunkte zunehmender Nächte; die Zeit hatte nicht nur ein Maß, sie nahm nicht nur einen Lauf: es waren Läufte, die sich am Himmel überlagerten, zu immer tiefer werdenden Zeiten.

Der erneute Wechsel der Gezeiten fiel nur zufällig mit der hereinbrechenden Dämmerung zusammen. Ich stapfte zurück, oft genug bis zu den Knien im nassen Sand, um wieder beim Ufer zu sein, bevor die Flut einsetzte, die an diesem Küstenstrich so unaufhaltsam war wie die Drehung der Erde durch die Nacht und die Anziehungskraft des Mondes, durch die sie bewirkt wurde. Nach ihnen bestimmte man den Tag und den Monat, gleich wie durch die Sonne das Jahr;

doch im Unterschied zu den Tiden bleibt die nach ihnen gerechnete Zeit immer mehr oder weniger willkürlich. Die Zyklen, die Erde, Mond und Sonne durchlaufen, sind verschoben, sie schneiden sich nur manchmal, ohne sich je übereinstimmen zu lassen. In seinen labyrinthischen Bewegungen am Horizont, den Knoten, in denen sich seine Umläufe verschlingen, wird der Mond von heute abend an gerechnet erst in 29 Jahren wieder zu ein und demselben Aufgangspunkt hinter der Kirchturmuhr von Holme-next-the-sea zurückfinden. Seine Monate dagegen sind zu kurz für das Sonnenjahr; es braucht 99 Monde, damit annähernd genau 8 Kalenderjahre daraus werden und sich ihre Bahnen kreuzen. Zum Behelf fügte man deshalb Segmente ein, Schaltmonate in der unabgezirkelten Leere dazwischen, den durch eine ungleiche Zeit wandernden 13. Mond und jene Tage zwischen Weihnacht und Silvester, die man auch in Norfolk ›zwischen den Jahren‹ nennt.

Die Zeit kommt etymologisch zwar von der Idee des Teilens, aber ihre einzelnen Abschnitte sind nicht eichbar, weder an der Bewegung der Erde noch den Kreisen des Mondes oder der Sonne. Für unsere Augen ist der Himmel kein Uhrwerk, das über eine Ankerwelle nur einen einzigen Zeiger bewegen würde; auch das Dutzend Stunden für den Tag und das Dutzend für die Nacht sind in keinem einzigen Maßstab auf ihn übertragbar. Es gibt keine Zentralprojektion, von der aus ihre Ringe konzentrisch eine unveränderliche Mitte bestimmen würden, nicht für das Bild, das wir uns von ihnen machen; selbst unsere Stunden sind nur Allegorien für die einzelnen Monate, in deren Reihe die Sonne nach und nach in einem anderen Tierkreis aufgeht. Die Babylonier, die Nacht für Nacht von der Spitze der Zikkurats die Sterne beobachteten, notierten, aus welcher Ecke des Himmels der Wind kam, wie viele Ellen der Mond über einem Sternzeichen seine Höhe erreichte; und nach diesem Zodiakon legten sie ihren Tag symbolisch mit zwölf Doppelstunden fest und unterteilten die Kuppel der Sterne ebenso nach Vielfachen der Zahl 6; die Griechen ihrerseits machten daraus die von uns gewohnten 24 Stunden und leiteten davon die 360° jenes Kreises ab, den die Sonne Jahr und Tag durchmißt.

Während ich diese Zahlen memoriere, um einen Ausdruck dafür zu finden, wie willkürlich jede Maßeinheit bleiben muß, weil nichts ihr eine zwingende Größenordnung vorschreibt, daß aber trotzdem keine Willkür an den Himmeln ist, nur Läufte, die nicht übereingehen, nicht mit uns übereingehen, steht vom Fenster aus genau über der Spitze des gotischen Kirchturms der Polarstern. Und wieder: auch er bewegt sich, so langsam wie die Unendlichkeit, und jeder Fixstern mit ihm, solange die Erde sich um ihre schiefe Achse wie ein Kreisel dreht, allein dadurch, weil sie am Äquator ganze 43 Kilometer breiter ist und Sonne und Mond an ihr ziehen, um diesen Kreisel wieder ins Gleichgewicht zu bringen, ohne daß er sich je aufrichten würde. Diese Achse beschreibt den Kreis, in dem die Fixsterne mit jeder Generation von Menschen um einen Bogengrad weiter wandern; 26000 Jahre dauert es, bis dieser Zirkel wieder zu seinem Anfang zurückfindet: mit der Präzession der Gestirne wird der eigentliche Himmelspol erst im Jahre 2017 in unmittelbarer Nähe Polaris' liegen, in weiteren Äonen aber sich in der Nähe der Wega finden.

Nichts als wechselnde Ordnungen einer Wirklichkeit, ja, Zahlenspiele einer sphärischen Geometrie, deren Präzision letztlich nur am eigenen Ermessen ausgerichtet sind; doch woher rührt dann die Vorstellung, daß die Zeit irgendwann enden und die Welt untergehen könnte, als wäre ihr das Gewicht des Firmaments zu schwer geworden? Als würde sie wie die Eichenpflöcke rings um diesen aus dem Himmel gewachsenen Baum im Schlick versacken, in dem von den Gezeiten abgetragenen und wieder angeschwemmten Silt, während der Wurzelstock noch aufragt, in dessen ausgehöhlter Mitte sich das vor Algen rote Regenwasser sammelt: eine offene Hand mit abgehauenen Fingern, in der man das Scheitelbein des Alls einmal aufliegen gesehen haben mochte.

Der Mythos von Weltaltern beruht auf einem Paradoxon, das aus unterschiedlichen Ideen von Zeit gebildet wird, der einer zyklischen Zeit, einer ewigen Wiederkunft des Gleichen, wie es sich an den Gestirnen manifestiert, und der eines linearen Ablaufes, einer Heilsgeschichte, die sich in einer Apokalypse erfüllt, in der alle Zeit aufgehoben wird. Beide Begriffe sind aus unserer Vorstellung von Zeit nicht wegzudenken, einer Zeit, die wir am Himmel in Umläufen befangen sehen, und einer Zeit, die für uns selbst bloß als geradlinige Abfolge von Ereignissen nachvollziehbar ist, Endlichkeiten, die wir dem Unendlichen einzuschreiben bestrebt sind: in einer Vorzukunft.

Es ist ein Paradoxon, so einfach und zugleich unlösbar wie die Füllfeder, die mir auf dem schiefen, schmalen Schreibtisch des Hotels hier in Holme-next-the-sea dauernd von der Kante übers Briefpapier rollt und dabei eine blau verwischte Spur hinterläßt, als wäre es nicht sie, sondern das Blatt, das unten durchrutscht. Und in einem ebenso übertragenen Sinn mag es mit der Schrift zu tun haben, mit allen heiligen Schriften, die den einen Gott in den Mittelpunkt stellen und mit diesem simplifizierenden Prinzip alles davon abweichende durch den ewigen Gegensatz von Gut und Böse erklären müssen, einem Dualismus einander widerstrebender Kräfte.

Religionsgeschichtlich ist dieser Widerstreit weder in Mesopotamien noch in Ägypten oder in Griechenland in dieser Zwangsläufigkeit vorhanden; bei ihnen bewegen sich die Götter in ebensoviel unterschiedlichen und komplexen Bahnen wie die Planeten, die man nach ihnen benannt hat, in Zyklen und Epizyklen, Schleifen und rückläufigen Kurven, Gestirne, die nur manchmal in einer Linie mit der Erde am Himmel stehen oder sich gegenseitig am Himmel verfinstern: Bewegungen, die auf keine symbolische Gleichförmigkeit rückführbar waren. Die Venus zum Beispiel ist alle 584 Tage rückläufig, der Mars alle 780 Tage, Jupiter alle 399 und Saturn alle 378 Tage; ihre verschiedenen Perioden ließen sich nicht in einen kosmischen Gleichlauf um einen einzigen Pol zwingen, die Phänomene nicht in Platons Sinne retten.

Ihren Anfang nahm die Vorstellung einer einem Ende entgegenschreitenden Zeit, die dem paradoxalen Dualismus von Äonen unterworfen ist, in einem indoeuropäischen Mythos. In diesem Prototyp einer Menschheitsgeschichte existierte vor der Genesis eine Zeit, wo es keine Gegensätze gab, kein Alter und keinen Tod, weder heiß noch kalt, noch hell und dunkel. Verkörpert wurde dieser Zustand durch ein Gebrüderpaar, deren Namen ›Mensch‹ (*Manu* auf Persisch) und ›Zwilling‹ (*Yama*) war. Als sich jedoch die Lüge in Yamas Worte einschlich, gerieten sie miteinander in einen Kampf, und Manu tötete Yama dafür. Aus seinem zerstückelten Leib erschuf er dann die Welt. In seinen Schädel legte er den Himmel, formte aus seinem Fleisch die Erde, aus dem die zerbrochenen Knochen und Rippen als Gebirge hervorstachen, und das Blut rann in Strömen und wurde zum Meer.

Der iranische Religionsgründer Zoroaster, der irgendwann zwischen 1200 und 600 v. Chr. gelebt haben soll, erhob diese Kosmologie zur Grundlage seiner Visionen, die erstmals in der Geschichte auf eine Endzeit ausgerichtet waren. In den Schriften der *Avesta* wird der Kult der Vielgötterei verworfen und Ahura Mazda, der ›weise Herr‹, zum alleinigen Herrscher proklamiert. Alles Übel auf der Welt kam jedoch mit der Geburt seiner Zwillingssöhne auf, die miteinander zu rivalisieren begannen; der eine, der im Licht wohnte, wählte das Gute, Wahrheit, Gerechtigkeit und Leben, der andere, im Abgrund der Nacht, das Böse, Falschheit, Ungerechtigkeit und Tod. Damit endete die Unendliche Zeit Ahura Mazdas und wich einer Abfolge von vier Weltaltern, von denen jedes weniger und weniger am Göttlichen teilhatte. Nach dem ersten Äon von dreitausend Jahren kam Ahriman aus dem Dunkel, überschritt die Kluft, die ihn von seinem Zwillingsbruder Ormazd trennte, und griff ihn an. Noch unterlag er und wurde für den nächsten Äon zurück in die Finsternis gebannt, während Ormazd die Welt erschuf und den Menschen. Am Ende dieser zweiten Periode von wiederum dreimal tausend Jahren, angestachelt von der ersten Frau, der Hure, brach das Dunkel aus den Himmeln und legte seinen Schatten über alles, was vom Licht geschaffen worden war. Im dritten Äon dann triumphierte der Geist des Bösen in der materiellen Welt, brachte das Übel über die Welt, die Erdbeben und Vulkane, und das Übel über den Menschen, das in seinem freien Willen begründet liegt. Dadurch jedoch wurde Ahriman unfähig, sich von den Dingen wieder loszusagen und von seinem Zwillingsbruder dazu verdammt, sich selber zu zerstören. Mit der Geburt Zoroasters und dem Beginn der Religion brach schließlich der vierte Äon an; das Ende jedes seiner Millennien würde jeweils von einem neuen Heiland verkündet werden. Der letzte von ihnen, Saoshyant, steht dann dem Letzten Gericht der wiederauferstandenen Toten vor, die zur Reinigung durch eine See von rotflüssigem Metall schreiten müssen, bevor sie aus dem Becher der Unsterblichkeit trinken dürfen. Im Feuer wird die Welt dann untergehen und von dem einen Gott wieder in ihren ursprünglich paradiesischen Zustand versetzt; die Berge werden wieder abgetragen, die Täler geebnet, die Meere ergießen sich wie Blut in die Adern der Erde, die wieder zu einem Körper wird, in dem die Seelen aller Menschen vereint mit Ihm leben. So würde die Endliche Zeit, nach einem Intervall von 12000 Jahren, erneut in der Unendlichen Zeit aufgehen: eine Eschatologie, die uns, dieser astronomischen Mathematik zufolge, unmittelbar bevorsteht.

In Mesopotamien feierte man zu Beginn jeden neuen Jahres eine Heilige Hochzeit, die die Fruchtbarkeit des Zweistromlandes sichern sollte, in Ägypten zelebrierte man alljährlich das Anstechen des Dammes, um das Hochwasser des Nil die Felder überfluten zu lassen; beides war in einen kosmischen Zusammenhang gestellt. Doch die Lehre von der Entwicklung irdischen Geschehens im Sinne eines notwendig von einem gegebenen Anfang zu einem vorbestimmen Ende verlaufenden Prozesses, die Idee von Zyklen, denen etwas Lineares und Kausales eingezeichnet war, gewann erst in der zoroastrischen Religion ihre Konturen. Vom Iran aus breitete sie sich über den Vorderen Orient bis in den Mittelmeerraum aus.

In Hesiods *Kosmogonie* entartet das goldene Geschlecht der Götter zu einem silbernen und schließlich dem eisernen der Menschen, ohne daß dahinter bereits die Andeutung einer zu einem Ziel hinführenden Entwicklung offensichtlich werden würde. Bei Empedokles werden die zoroastrischen Begriffe bereits deutlicher, wenn er eine bewegungslose und deshalb zeitlose, einheitliche Wirklichkeit aufbricht in vier vereinzelte Elemente, die abwechselnd von einer Macht namens ›Liebe‹ geeint und von einer ›Kampf‹ genannten Kraft wieder uneins gemacht werden. Platon übertrug diese Elementarpsychologie auf den Kosmos, den die Götter sich selbst überlassen, so lange, bis seine Sphären vor der Zerstörung stehen und die Götter in der 11. Stunde wieder eingreifen, zwei Phasen, die endlos miteinander alternieren. Doch bei keinem von ihnen sind diese Vorstellungen mit einer Ethik verbunden, mit den Gedanken an Schuld, Sünde und Sühne.

Prägend wurde das Postulat einer in Äonen übersehbaren Weltgeschichte mit den Millennien eines Endes, auf das sich alle Erlösungshoffnungen richten, erst für die Religion der jüdischen Stämme, in der Zeit nach der Zerstörung des Tempels und ihrer Babylonischen Gefangenschaft unter jenen Achaemeniden, die Zoroasters Lehren zur Staatsreligion erhoben hatten. In der vielleicht ältesten apokalyptischen Schrift der Bibel, dem *Buch Ezechiel*, wird nach dem Trauma des Exils das Urparadies eines Gelobten Landes versprochen; ein Messias und ein Jüngstes Gericht werden verheißen, ein letzter Kampf wird verkündet gegen Gog im Land Magog, in dem unschwer die Figur des iranischen Ahriman zu erkennen ist. Diese Prophezeiungen bilden einen Kern des *Alten Testaments*, zusammen mit dem *Buch Daniel* und dem *Buch Jesaja*, wo sich alle wesentlichen Motive und Bilder jeder späteren Endzeitreligion bereits ausgemalt finden: der Ausgleich von Licht und Finsternis, das friedliche Nebeneinander aller Gegensätze, die Beseitigung allen Zwists, der Sieg des einen Glaubens über alle Feinde und als dessen Folge der allgemeine Weltfriede und eine Erde, wo alles im Überfluß wächst, Eisen wieder zu Gold, die Berge und Hügel zur Talsohle werden und das Land von der Erkenntnis Jahves erfüllt ist wie von Wassern, die das Meer bedecken ...

Um diese Zeit zu bestimmen, nennt das *Buch Daniel* Ziffern als mächtigste Symbole: einmal, zweimal und dreieinhalbmal, die 1290 Tage und die 70 Wochen, bis Jerusalem von allen Sünden gereinigt und der Tempel neu erbaut ist. In den nächtlichen Visionen, in denen sich ihm diese Zahlen offenbaren, werden Jahves stille Meere von den Winden aufgewühlt, und aus ihnen steigen die vier großen Tiere auf, ein Löwe mit Adlerflügeln, ein Bär mit drei Rippen im Maul, ein Panther mit vier Köpfen und vier Flügeln und das furchtbarste Tier von allen, mit Zähnen aus Eisen und Klauen aus Bronze. Ein andermal sieht er einen Widder mit seinen Hörnern nach Süden und Norden stoßen und mit einem riesigen Ziegenbock sich verkeilen, dem ein Horn bis zum Sternenheer am Himmel wächst.

Und es ist, als käme mit ihnen die ganze babylonische Nacht herab, die Konstellationen in all ihren vieldeutigen Gestalten, ein Tierkreiszeichen um das andere in voller Größe und mit ihnen eine aus den Fugen geratene Zeit, als würden neue Himmelskörper entstehen und in der Drehung um willkürliche Achsen zu brennen beginnen, als wären mit all diesen Zahlen Trajektorien und Kreisbahnen benannt, ihre ins Dunkel gebannten Zeiten, die sich nun daraus lösen und auf die Erde hereinbrechen.

In der christlichen Auslegung des *Neuen Testaments* findet die Prophezeiung eines Tausendjährigen Reiches als Belohnung der wiedererstandenen oder dann auf Erden wandelnden Frommen für ihre irdische Mühsal ihren zentralen Platz. Als Jesus auf dem Ölberg saß und seine Jünger ihn nach den Zeichen seiner Wiederkunft und dem Jüngsten Gericht fragten, antwortete er ihnen in seiner endzeitlichen Rede, daß seine Rückkehr durch die Verfinsterung von Sonne, Mond und Sternen und anderen Erscheinungen am Himmel angekündigt werden würde, jäh, einem Blitz gleich, der Erd- und Meeresbeben auslöst; der Zeitpunkt jedoch sei weder ihm noch einem Engel oder irgendeinem Menschen, sondern allein dem Vater bekannt. Als einziger Hinweis findet sich, daß sich die Gemeinde unter allen gegenwärtigen Leiden in Geduld fassen solle und das Evangelium bis an die Enden der Erde gepredigt werden müsse. Damit nahm eine Lehre von den letzten Dingen ihren Anfang, die auf nichts als doppelten Deutungen beruhte und sich in der Not wieder ihrer ältesten Zahlen entsann. Da Gott die Erde in sieben Tagen schuf, mußte – den alttestamentarischen Psalmen zufolge, die hier Zoroasters Millennium aufgriffen – jeder Tag 1000 Jahre gedauert haben, eine Woche, deren siebenter Tag folglich mit der Parusie Christi anbräche.

In der *Apokalypsis*, der Offenbarung Jesu Christi an Johannes – nicht dem von Patmos, sondern wahrscheinlicher einem Propheten aus Kleinasien –, werden diese verhüllten Geheimnisse dann gelüftet. Die Zahl 7 spielt darin eine große Rolle: an 7 Kirchen ist der Brief gerichtet, in dem von 7 Engeln, 7 Posaunen, 7 Siegeln und 7 Plagen und einem siebenköpfigen Ungeheuer die Rede ist. Sie ist die Summe aus 3, der Ziffer, die für den Himmel steht, und 4, die für die Erde eingesetzt ist; ihre Hälfte wiederum, 3 ½, symbolisiert den Antichrist und seine dreieinhalbjährige Herrschaft über die Erde, bevor er gefesselt in den Abgrund gestoßen wird und das Tausendjährige Reich Christi beginnt. Es endet mit dem endgültigen Sieg über Satan, der in einen See aus brennendem Schwefel geworfen wird; dann werden die Toten wiederauferstehen und ein neuer Himmel und eine neue Welt beginnen.

Dahinter jedoch verbirgt sich die alte babylonische Recheneinheit, die heidnische 6, die mit der vollkommenen Zahl 7 ebensowenig übereingeht wie der Mondkalender mit dem Sonnenjahr. Die apokalyptischen Monstren, die wie Tierkreiszeichen nach und nach am Horizont aufsteigen, aus dem Meer und der Erde, sind durch die Zahl 666 gekennzeichnet, und die verkündeten 1260 Tage von Satans Herrschaft entsprechen genau 3 ½ Jahren im Mondzyklus. Und wieder ist all dies vor allem eine Allegorie für das Entsetzen vor den Himmeln und das Ungeheuerliche ihrer Zeiten, ihre ungeordnete und sinnwidrige Natur, die jeder Idee einer göttlichen Schöpfung entgegensteht.

Die Geschichte der zahllosen millennaristischen Sekten beginnt mit der Johannes-Apokalypse, aber die einzelnen Akzente, die sie setzen, skizzieren dasselbe Gedankengut immer wieder neu. So tritt nach 150, einer Zeit des Hungers und der Erdbeben, in Kleinasien ein gewisser Montanus als Prophet auf, der wie ein Derwisch in Zungen redete und dabei das Weltende in 200 Jahren kommen sah, mit Kometen, Sonnenfinsternissen und einem blutenden Mond, der jedoch über einer neuen, vor Milch, Honig und Wein triefenden Erde hell wie die Sonne aufgehen wird. Bis dahin aber ist Selbstkasteiung für alle diese Kulte typisch, die ihren Anhängern das Zölibat vorschreiben, Fasten, Alkoholverbot und eine eigene Diät, die bei den Montanisten aus Kohl und Rettichen bestand. Montanus soll sich selbst kastriert haben; extreme Lust- und Körperfeindlichkeit gehören mit zu dieser Haltung, die wie schon in der zoroastrischen Lehre in der Frau eine Wurzel allen Übels sieht: die Hure von Babylon.

Die Manichäer im 3. Jahrhundert betonten dagegen wie viele christliche Gnostiker als Grundzug ihrer Eschatologie den radikalen Dualismus zwischen Göttlichem und Menschlichem, Spirituellem und Materiellem, Ewigem und Vergänglichem, Vollkommenem und Entartetem. Die Welt ist ihnen die Kreation des Prinzips des Dunklen; der Mensch trägt nur einen winzigen Funken göttlichen Feuers in sich, der sich vom Martyrium des Körpers befreien will: auch dies zählt zu den morbiden Charakteristiken der millennaristischen Fanatiker, die im Tod eine willkommene Erlösung sehen. Erst wenn dadurch alles Licht zu Gott zurückgekehrt ist, entfacht sich ein Weltenbrand, der 1468 Jahre dauern, das ganze materielle Universum zerstören und die Herrschaft des Lichts einsetzen wird.

Hippolytus von Rom wiederum war der erste Vertreter des pedantischen Mathematikers, der Gewißheit über die Verortung der vorbestimmten Geschichte haben mußte. Er rechnete im Jahre 204 den Beginn der Welt anhand der biblischen Generationen auf 5500 Jahre vor Christi Geburt zurück, womit ihm bis zum Untergang noch 300 Jahre blieben. Das war eine Zahl, die andere nach ihm immer wieder weiter präzisierten, bis dabei im 6. Jahrhundert die christliche Zeitrechnung Anno Domini etabliert wurde. Erst der anglikanische Erzbischof von Irland, James Ussher, kam im Jahre 1650 schließlich auf das genaue Datum der Schöpfung: die Welt wurde am 23. Oktober 4004 v. Chr., an einem Sonntagabend, von Gott erschaffen. Das Millennium hätte demnach am 23. Oktober 1996 begonnen, an einem Tag, wo die Deutsche Welle von dem Scheitern der Verhandlungen mit der Metallindustrie, neuen Erkenntnissen über die BSE-Übertragung und gleichbleibenden Gebühren für die Abfallentsorgung berichtete; Deutschland selbst lag am Rande eines Hochs über der Ostsee, mancherorts gab es Frühnebel, im Süden regnete es vereinzelt.

Im 12. Jahrhundert trat mit Joachim de Fiores Vision von drei Weltaltern ein weiterer Aspekt der Eschatologie in den Vordergrund: die Utopie. Er sah in den Äonen der Geschichte einen sowohl materiellen wie auch spirituellen Fortschritt sich abzeichnen, vom Reich des Sohnes, in dem er lebte, über das Reich des Heiligen Geistes, in dem die Mönche dominieren würden, deren Leben wie Regen das Gesicht der Erde benetzen wird, in aller Vollkommenheit und brüderlichen Liebe, bis zum dritten Reich innerlich geläuterter und gewandelter Menschen, die in kommunistischer Gemeinschaft leben würden.

Jede Utopie aber ist totalitär, ihr Ziel heiligt alle Mittel, und darin zeigt sich ein letzter wesentlicher Zug jeden Endzeitkultes: die eigene Unterwerfung unter einen verheißenen Erlöser oder charismatischen Prediger, der die Unterwerfung der Ungläubigen, ihre Bekehrung und Ausrottung rechtfertigt. Was anfangs noch von der institutionellen Kirche als Ketzerei gebrandmarkt wird, bedarf nur einer Reformation, um Macht zu gewinnen; aus jedem sakralen Endzeitglauben läßt sich eine profane Politik der Gewalt ableiten.

Wenige Jahre bevor Thomas Morus seine *Utopia* schrieb, vollendete ein bis heute nicht entlarvter Politikus und Prophet aus den Vogesen sein Lebenswerk. Für diesen ›Oberrheinischen Revolutionär‹ steht fest, daß alle großen Männer von Adam an Deutsche gewesen sind, das Deutsche die Ursprache war, daß es in Afrika und Asien deutschsprechende Völker gebe, die Amazonen von den Sachsen herstammen und die zukünftige Herrschaft über die Welt der Beruf der Deutschen wäre. In der ekstatischen Sprache aller Apokalyptiker verheißt er das kommende Glücks- und Gottesreich eines Kaiser Friedrich aus dem Schwarzwald, der kommen wird in einem Kleid, weiß wie Schnee, seinem Volk alle Himmel öffnen und tausend Jahre regieren.

Mit Luthers Thesen und den sich anbahnenden Bauernkriegen gewannen die Prediger eines Millenniums schließlich ihr Fußvolk und brachten es auf das Glacis vor den Stadtmauern. Ulrich von Hutten war dabei, als Trier angegriffen wurde; Thomas Müntzer, der Jesu Wiederkunft nicht abwarten wollte, brachte Daniels Prophezeiungen unter die aufständischen Bauern; und die Wiedertäufer unter dem Schneider Jan Bokelson nahmen Münster ein und errichteten dort ihr sechzehn Monate dauerndes Reich der Heiligen. Die Liste ist lang, sie läßt sich auch durch die englischen Revolutionsbewegungen im 17. Jahrhundert erweitern, Cromwell, die Levellers und Diggers, die Fifth Monarchy Men, oder die amerikanischen Sekten im 19. Jahrhundert, die Mormonen, Adventisten, bis hinauf zu den Davidianern von Waco, Texas, und den Massenselbstmorden der letzten Jahre. Ihren Höhepunkt fanden jedoch die apokalyptischen Visionen der Millennarier in der Ideologie des Dritten, Tausendjährigen Reichs, deren Idiosynkrasien hier wohl nicht weiter geschildert werden müssen. Weniger bekannt mag nur sein, daß sie sich auch auf die Kosmologie erstreckten; offizielle Doktrin der Nazis war Hörbingers Welteislehre, derzufolge das Universum nach und nach im Eis erstarren würde, die Bewegungen der Planeten zum Stillstand kommen und die Zeit aufhören.

Jeder Mythos einer Zeitenwende leitet sich letztlich von der Crux des freien Willens ab, inwieweit man das eigene Leben entweder als entscheidungsfrei oder als vorbestimmt begreift. In allen Sprachen gibt es deshalb Worte für die Selbstbestimmung eines Lebens, und inwiefern sein Lauf unvorhersehbar und dem Zufall unterworfen ist; es ist eine semantische Universalie, die im Deutschen nur eher schwach mit *Los* zu umschreiben ist, in den romanischen Sprachen mit *Sorte, Sort* oder *Fortune* deutlicher wird, der römischen Fortuna. Dem entgegen steht das im Lateinischen anfangs noch ungleich weniger ausgeprägte *Fatum*, die Macht, die über ein Leben ungeachtet allen menschlichen Willens zu entscheiden beginnt und zur Vorsehung eines *Destinos, Destin, Kismet* oder *Karma* wird, dem *Schicksal*, dem man ausgeliefert ist. Doch im Gegensatz zu ersterem handelt es sich dabei um keine Universalie – so haben beispielsweise weder die australischen Aborigines noch das alte Hebräisch einen Namen dafür –, sondern um eine kulturelle, von den Eigenheiten bestimmter Religionsentwürfe geprägte Vorstellungswelt, die in den apokalyptischen Lehren ihre extremsten Konturen erhält.

Je mehr die Religion den Mikrokosmos an den Makrokosmos bindet, je umfassender sie das Universum theologisiert und damit auch anthropomorphisiert, im Bestreben, ihm das individuelle Leben zu unterstellen, desto größer werden die Brüche, die sich dabei auftun. Der Gleichgültigkeit der Zeit ein Gesicht zu verleihen, sie in Ellen oder Fuß rechen zu wollen, ihr ein an den Fingern der Hand oder nach Schrittlängen abgezähltes Maß verleihen zu wollen ist ein ebenso uraltes wie unerfüllbares menschliches Bedürfnis; bei den Millennariern mit ihrem Beharren auf eine Endlichkeit von eingrenzbaren Zyklen wird es jedoch übersteigert in uneingestandene Allmachtsphantasien, deren Kehrseite nur krankhafte Angst ist. Morbide Untergangsszenarien, Todessehnsüchte, die sich auf ein totalitäres Jenseits richten, der zwanghafte Haß auf alles Weibliche, hinter dem sich die Phobie vor allem Kreatürlichen verbirgt, der kompensiert werden soll durch eine steril geordnete Welt reiner Ideen, all dies zeichnet das Profil einer Neurose, deren Wurzel die Unfähigkeit ist, ein auf diesen Planeten nur geworfenes Leben zu akzeptieren. Als Doktrin wird sie zum Zeugnis eines Antihumanismus, dem die Gegenwart als Chimäre und das materiell Prozeßhafte allen Lebens als Bedrohung erscheint; sie zu dämonisieren heißt dabei wiederum, sie zu sublimieren, um sie nicht als das Eigene begreifen zu müssen, sondern sie einer übergeordneten Macht zuschreiben zu können.

Nichts könnte dies deutlicher vor Augen führen als eine Passage aus den *Fünf Büchern Geschichte* Raoul Glabers, jenes Cluniazensermönches, der von seinem Abt den Auftrag erhielt, die Zeichen zu sammeln, die um das Jahr 1000 das Anbrechen der Endzeit angekündigt haben sollten, dabei jedoch nur das Zerrbild seiner selbst vor Augen bekam: *Eines Nachts erblickte ich am Fußende meines Bettes ein kleines, menschlich aussehendes finsteres Ungeheuer. Soweit ich es erkennen konnte, hatte es einen schlanken Hals, ein hageres Gesicht, pechschwarze Augen, eine schmale und runzlige Stirn, eine platte Nase, einen hervortretenden Mund, einen Ziegenbart, gerade und spitze Ohren, straffe und unordentliche Haare, die Zähne eines Hundes, ein spitzknochiges Hinterhaupt, eine hervorspringende Brust, einen buckligen Rücken; in schmutzige Kleider gehüllt, schien sein ganzer Körper zu zittern vor Anstrengung, als es sich vorlehnte, mein Bett packte und fürchterlich rüttelte. Ich erwachte schreckerfüllt, und wie es geschieht, wenn wir plötzlich erwachen, war die Erscheinung, wie ich sie beschrieb, noch immer vor mir, knirschte mit den Zähnen und sagte ein ums andere Mal: Du wirst nicht lange an diesem Ort auf Erden verweilen.*

Wer an meinem Bett im Landgasthaus rüttelte, nachdem ich die halbe Nacht durchgeschrieben hatte, war das Zimmermädchen, das mir die beim Gehen durchs Watt am Vortag schmutzig gewordenen Hosen gewaschen und gebügelt ins Zimmer brachte. Daß ich halbnackt im Bett lag, hielt sie nicht davon ab, mir ihre Theorien über das Woodhenge draußen im Meer zu erzählen, das von den Druiden benutzt worden wäre; sie hätte da eine genaue Vorstellung davon, was man dort getrieben habe. Es war eine der interessantesten Geschichten, die ich seit langem gehört hatte; und sie nahm ihren Lauf, indem sie Formen deutete, daß sie mit Händen greifbar wurden, das nasse, dunkle Holz, das Salz auf ihm, die Kehlung im Wurzelstock, die einen Körper in sich bergen konnte.

Und dann fiel mir später unvermittelt Lüdenscheid ein, und ich mußte über die mittelhochdeutsche Deutlichkeit dieses Ortsnamens lachen: Aber die Geschichte, an die ich mich erinnerte, als ich vor dem englischen Frühstück saß, zog die Kreise des Monuments von Holme-next-the-sea weiter bis nach Deutschland. In Lüdenscheid war ich einem Ingenieur begegnet, der mir von seinen vorzeitlichen Forschungen erzählt hatte. Kirchen, führte er aus, wurden immer auf ursprünglich heidnischen Kultplätzen errichtet, und er hatte sich die Mühe gemacht, in Westfalen auf einer Generalstabskarte die ältesten Kirchen und Kapellen einzuzeichnen. Dabei war ihm aufgefallen, daß sie sich ursprünglich meist weit weg von Siedlungen oder in siedlungsarmen Gebieten, stets jedoch auf irgendeinem Hügel oder in einer Lichtung befanden; es waren ingesamt jedenfalls zu viele für die Bevölkerungsdichte von damals. Und schließlich war ihm ein Muster aufgefallen, eine klare erkennbare und deshalb um so verblüffendere Gestalt, die sich ergab, wenn er die einzelnen Punkte mit dem Lineal verband. Westfalen, sagte er, vor allem das Sauerland, liegt auf demselben Breitenkreis wie Stonehenge mit seinen nach astronomischen Orientierungspunkten ausgerichteten Steinreihen. Und was er glaubte, entdeckt zu haben, hatte damit zu tun: die Orte ergaben ein Abbild der Sternbilder am Nordhimmel. Diese auf die Erde übertragene Himmelskarte hatte er nun von Astronomen begutachten lassen und mit astronomischen Computerprogrammen abgeglichen; die Verschiebung der Konstellationen durch die Präzession hätte dabei ein Datum ergeben, das mit der Entstehung von Stonehenge zusammenpaßte, und wohl auch mit der Zeit, indem man das Woodhenge hier errichtet hatte.

Von seinem Vortrag ist mir ein Bild im Gedächtnis geblieben, von im Sommer auf all diesen Hügeln und im Wald entzündeten Feuern, die von hoch oben, so hoch wie niemand kommen konnte, den nächtlichen Sternenhimmel wiedergaben, seine willkürlichen, im Dunkel verstreuten Lichtpunkte. Es war für mich ein Bild, nichts weiter, ein Bild, das jeder Deutung gegenüber so offen blieb, wie es die Konstellationen immer schon gewesen waren, ein Bild wie diese verkohlt schwarze, verkehrt im Schlamm steckende Eiche vor der Küste hier, der Mittelpunkt einer gedachten Kugel, durch die sich unendlich viele Achsen legen ließen, Kreise und Schleifen, während das Universum sich weiter ausdehnte, ohne daß uns je ein Stillstand ersichtlich werden wird.

Achter Teil

JOURNAL

Zur afghanischen Grenze

1. Teheran – Shiraz

Nach einer Woche im Iran blieben eher fast unübersehbar viele Gedankensplitter, kaum Eindrücke, die einem nahegingen, eingingen. Man hat einen anderen Blick, wenn man die ganze Zeit untereinander Positionen verhandelt und damit beschäftigt ist, alle vorgefaßten Meinungen wieder zu vergessen und dieses Andere zu begreifen; das Fremde bleibt fremd, seltsam uneigentlich, es hielt einen in der Rolle des Beobachters, nicht des Betrachters. Wir waren als Intellektuelle gefragt, weniger als Schriftsteller, wurden von einer Diskussion zur anderen geführt und redeten, redeten bis in die Nacht mit einem stündlich wechselnden Gegenüber, wandernde Akteure auf einer politisierten Bühne, ebensooft aber auch Publikum; wir antworteten auf Stichworte und suchten hinter den Kulissen nach einem Plot, einer Einheit der Handlung und der Zeit. Oder selbst noch nach der eines Ortes.

Nein, Teheran war weder Damaskus noch Bagdad; es erinnerte weit mehr an Athen, ebenso zersiedelt, der Verkehr chaotisch und Dreck in der Luft, die Straßen jedoch ungleich sauberer und die Schilder überall wie selbstverständlich zweisprachig, Englisch unter den arabischen Schriftzeichen. Sie ließen einen leicht übersehen, daß das Persische der Zoroaster selbst eine uralte indoeuropäische Sprache war und das Arabische historisch ebenso aufgezwungen war wie auch der Islam. Den Iran mit ihnen gleichzusetzen hieß, ihn mißzuverstehen und der typisch westlichen Legasthenie zu verfallen, die zwischen Iran und Irak keinen Unterschied herauslas; dagegen wehrte man sich hier um so berechtigter, als die Vergleiche mit Europa weit näher lagen. Die Atmosphäre in der Stadt glich vielmehr der eines Griechenlands Anfang der 70er Jahre, das sich noch abzufinden hatte mit der Diktatur, doch im Bewußtsein, daß das Ende bereits irgendwie absehbar sein mußte.

Die Menschen begegneten uns mit einer zuvorkommenden Zurückhaltung und waren uns gegenüber dennoch offen; das war ein erstes Paradoxon. Das zweite aber, daß jeder humorlose Konformismus und vorauseilende Gehorsam, wie sie sich in totalitären Regimes ausbreiten, völlig fehlte; dazu waren sie zu abgeklärt und zugleich doch aufgeklärt. Noch die Frauen suchten diesen Individualismus unter ihrem Russari zu bewahren, und sie zeigten ihn mit jedem einzelnen Zentimeter, mit dem sie das schwarze Kopftuch zurückrückten über den dunklen Haaren. Sich die Nase von einem Schönheitschirurgen klassisch gerade richten zu lassen war gerade in Mode; wer sich das nicht leisten konnte, klebte eben ein Pflaster drauf, als ob. Es mochte eine allgemein spürbare Faszination für alles Westliche verraten, andererseits aber blieb ihnen auch nur etwas Make-up und sorgfältig manikürte Finger, um sich einer Öffentlichkeit zu zeigen, in der Musik und Tanzdarbietungen offiziell verboten sind und es unstatthaft ist, einer Frau offen in die Augen zu sehen oder ihr gar die Hand zu reichen.

Der Rückzug in die Illegalität des Privaten war offensichtlich. Armenier und Türken, denen er zum Eigengebrauch erlaubt war, lieferten selbstgebrauten Wein frei Haus; in großem Kreis wurden Partys gefeiert; der Schwarzmarkt führte von unzensierten Videos bis zu Medikamenten alles, und im Untergrund gab es billiges Opium, Prostituiertenviertel und Schwulenparks. Das Regime reagiert darauf, indem es Exempel statuiert, drakonisch, einzeln und willkürlich. Sich auf offene Konfrontationen einzulassen, dazu schien sein Rückhalt in der Bevölkerung längst zu gering; ein gewonnenes oder verlorenes Fußballspiel bot Anlaß genug, um diesen Anschein einer Ordnung für ein paar Stunden auf der Straße außer Kraft zu setzen. Wenn darin ein offenes Aufbegehren lag, dann nur aus einem Bedürfnis nach Normalität; von Revolutionen hatte man genug. Worin aber diese Normalität bestehen könnte, blieb fraglich.

Man versteht ein Land entweder in sieben Tagen oder in sieben Jahren; dennoch aber blieben die Bilder des Iran, die wir bekamen, so unterschiedlich wie widersprüchlich, und es gab so viele davon, wie es in einer Gasse des Teheraner Bazars Spiegel gab. Der Westen kannte nur zwei davon. Persien, das war der alte Orient der Touristen, die Teppiche, Wasserpfeifen, Rosen, Nachtigallen und Lustgärten; der Iran jedoch Turban und Tschador, Fanatiker und Terroristen: moderne mediale Illustrationen für jene *hic dracones, ibi sirenes*, die man immer schon an den Rand der uns bekannten Welt gesetzt hatte und die nur Stereotype der Ignoranz darstellten. Auch was wir von ihnen wußten, war wenig; sie von uns aber genug, um dies zu begreifen. Dafür aber hatte Kultur, abseits von den üblichen Stehempfängen und irgendwelchen Schriftstellerkolloquien, hier für einmal auch eine unzweifelhafte Funktion, nämlich die Klischees auf beiden Seiten offenzulegen, bloßzustellen und auszuräumen, um die Grundlagen eines Dialogs zu schaffen, den die Politik dann vielleicht aufzugreifen imstande wäre.

Das war Adolf Muschgs Idee zu verdanken und den Initiativen des Schweizer Botschafters Tim Guldimann und seiner Frau, die uns seit langem verschlossene Türen öffneten zu Ministern, Mitgliedern des Zensurbüros, Rechtsgelehrten des Islamischen Instituts, Übersetzern und Schriftstellern. Das Interesse, auf das wir stießen, lag im Bemühen, uns ihre Denkweisen nahezubringen; das unsere darin, sie in ihrer Differenziertheit zu begreifen. Ein Blatt vor den Mund zu nehmen war dabei unnötig, als es keinen Anlaß zur Provokation gab; und das wenige, was unausgesprochen blieb, lag dadurch nur um so deutlicher auf dem Tisch. Aber gleich ob wir über Hafiz und Goethe sprachen, mit scholastischem Vokabular über Religion und Sprache disputierten oder über die Rolle der Literatur in der Gesellschaft debattierten, die Gespräche kreisten stets um den Konflikt zwischen Tradition und Modernismus – womit sie den westlichen Wertepluralismus, seine inflationäre Globalisierung und Medien meinten. Was diese Schlagworte herausstellten, war aber letztlich wieder nur die Frage nach einer Einheit der Zeit; ihrer Zeitrechnung nach befanden sie sich im 14. Jahrhundert nach der Hedschra.

Tradition bedeutet für sie, in der Welt verortet zu sein, die existentielle Sicherheit von Glaubensgrundsätzen, die Demut des Koran. Nichts versinnbildlichte dies besser als die Gebetsnische in der Moschee; in ihr lag der Prediger nicht nur seinem Gott zu Füßen, sondern auch den Betenden ringsum. Wenn ihnen der Koran aber Gott erklärte, so lehrte Firdausis Epos *Shah-nameh* sie dagegen den Nationalstolz auf ihre Geschichte und Hafiz' *Diwan* die Selbstbehauptung des Menschen gegen jede Obrigkeit. Und mit derselben Verehrung knieten sie auch an seinem Grab in Shiraz und sprachen abends unter den Zypressen seine Verse im Chor mit; kaum einer, der nicht ein abgegriffenes Exemplar besaß, ihn als Orakel gebrauchte und bei jeder Gelegenheit eine der vieldeutigen Maximen dieses Freigeistes einflocht. Daß sich noch Khamenei auf ihn berief, verriet bloß die merkwürdig widersprüchliche Geschlossenheit dieser Kultur. Doch gemessen an unseren Maßstäben war das so, als hätten das Nibelungenlied und Oswald von Wolkenstein heute noch tagespolitische Aussagekraft und als kulturelle Münze ihre Gültigkeit bewahrt. Wie sie aber nun an einen modernen Tauschwert anpassen, ohne sie zu entwerten? Für unsere Augen lag darin ein unüberwindlich scheinender Bruch: und zugleich war doch auch der Anspruch, überlieferte Wertvorstellungen ungebrochen weiter bestehen lassen zu wollen, verständlich.

Dort in Shiraz machte der schnauzbärtige Romancier Mahmoud Doulatabadi aus seinem Pathos keinen Hehl, und der Schriftsteller Shariar Mandanipour erzählte offen, wie er in seinem Idealismus freiwillig in den Irak-Krieg gezogen war: es waren nackte Geschichten, grobe, blutige. Und einen Moment lang wurde einem auch die Anmaßung bewußt, mit der wir ihnen gegenübersaßen, belehrend und ohne das Bewußtsein verleugnen zu können, daß die Weltliteratur immer die unsere gewesen war. Dabei beneideten wir sie insgeheim um das Ansehen, die ihre Dichter genossen, die epische Fülle der Stoffe, die Bedeutung ihrer Rolle, die ein minutenlang stehender Applaus quittierte, wenn sie auf die Bühne schritten, während es umgekehrt ihnen schwer begreiflich zu machen war, welch gesellschaftlich marginalen Rang die Literatur heute bei uns spielte und daß sie sich gegenwärtig hauptsächlich mit einer Generation Golf im Faserland beschäftigte.

Wir waren angekommen, als die ersten Angriffe auf Afghanistan geflogen wurden, und waren doch weiter weg von aller Kriegshysterie als in Europa, wo man bestenfalls kopfschüttelnd auf diese Reise reagiert hatte. Niemand zeigte mit Fingern auf uns. Spürbar aber war die Betroffenheit, über den 11. September und die Bombardements. Wenn wir nach dem Plenum dann in der Residenz des Schweizer Botschafters, der die amerikanischen Interessen vertrat, noch mit Journalisten, Dissidenten und Intellektuellen zusammensaßen, war es aber jedesmal unmöglich, die Ambivalenzen der gegenwärtigen Situation auch nur ansatzweise schlüssig werden zu lassen. Wir suchten nach Konzepten und Modellen: Adolf Muschg mit seinem moralischen Gewissen und einem Glauben an das Gute, im Wissen darum, daß es letztlich vergeblich war; seine Frau Atsuko mit ihrer beherrschten Wut, die ihre Gerechtigkeit einforderte; Hans Magnus Enzensberger, dessen sokratischer Intelligenz es um reale Proportionen ging und der an jeder Ideologie nur deren utilitaristischen Gebrauchswert zu akzeptieren bereit war; und ich, der ich wahrscheinlich die Poesie behauptete, aus einem eher anthropologischen Interesse daran, was die Menschen unabhängig von Zeiten und Orten antrieb. Und wurden jedesmal konfrontiert mit Argumenten, die alles erneut ins Gegenteil verkehrten. Es war, als gäbe es keine Einheit der Handlung, nur beschränkte Handlungsfreiheiten.

Doch das, was wir als instabilen und kritischen Zustand sahen, schien hier gerade die Dinge im Gleichgewicht zu halten. So wie sie seit jeher jeder Okkupation zu widerstehen vermocht hatten, wußten sie längst, daß man wenn, dann nur auf dem rein Vorläufigen aufbauen konnte. Allen religiösen und politischen Scharaden dabei setzten sie ihr eigenes Maskenspiel entgegen; und die Figur, dessen Schirmherrschaft man dafür reklamierte, war die des orientalischen Till Eulenspiegels, Nasredin Hodscha. Er hielt zumindest uns seine Spiegel vor; ob wir dabei wirklich ihre Gesichter sahen oder sie sich darin überhaupt selbst je erkannten, war nicht zu sagen. Aber es gab für das, was sich unter der Maske verbarg, einen Namen: das Wort *rend*, das in seinen 365 eingebürgerten Auslegungen das Paradoxale ihrer unheilvollen Heiligen ebenso zu umfassen verstand wie das von heiligen Narren und schelmischen Weisen. Sie verkörperten eine Tragikomik, die die Perser nur allzugut verstanden. Und wenn man nicht mehr weiterwußte und nach einer Regieanweisung suchte, schlug man eben wieder bei Hafiz nach und ließ sich von ihm soufflieren, daß es genügte, Wein zu bringen, *denn an diesem Hof göttlicher Gleichgültigkeit sind sich König und Sklave, Säufer und Nüchterner gleich. Wenn es Zeit wird, von dieser unseren Bühne mit ihren zwei Türen abzugehen, ist es dann noch von Bedeutung, ob es eine Pforte oder eine Säulenhalle ist und der Applaus groß oder klein?*

2. Isfahan – Mashad
16.–21. 10. 01

Isfahan. Was Kalligraphie war, ließ sich von den Arabesken der stilisierten Ranken und der Geometrie der filigranen Ornamente nicht unterscheiden. Sie liefen ineinander über und verschlangen sich an den Ecken der Sheikh-Lotfollah-Moschee, daß sie sich zu runden schienen, eine optische Täuschung, die dem Blick nirgendwo Ruhe gönnte; sich ein Bild zu machen hätte jedes Gebet wieder nichtig gemacht. Nur durch das züngelnde Maßwerk des Steingitters im Spitzbogen oben in der Kuppel fiel Licht und zeichnete einen Pfau in das Gewölbe, den heiligen Vogel Persiens, weil sein Fleisch unverweslich ist und sein Gefieder voller Augen.

Ging man wieder zum Platz hinaus und hinüber zur großen Imam-Moschee auf der anderen Seite des Platzes, war der Dom ein Kopf, darunter Hals und Rumpf, die Minarette wie erhobene Hände. Innen lagen die Mönchszellen der Koranschule mit ihren farbigen Fenstern, rot und gelb, die die Mücken im Freien unter den Maulbeeren und Feigen hielt, den Paradiesbäumen. Sah man unter der Arkade des östlichen Iwans auf zu der verwinkelten Architektur von Mauern und Türmen, ließen sich die Worte ›Allah‹ und ›Mohammed‹ in kufischen Schriftzügen lesen. Der Hof selbst mit seinem Brunnen hallte vor unseren Schritten wider; wir setzten uns in eine Ecke, saßen nur da, Christiane die Beine verschränkt, als hielte sie ein Buch auf den Knien, und schauten zur Sonne auf dem Email der Fliesen, azul und türkis, die hoch zu den Lehmziegeln hinter der Fassade des Eingangsportals wanderte.

Auf der Terrasse des Chehel-Sotun-Palastes spiegelten sich zwanzig Säulen im Wasserbecken des Gartens. Die Wände waren voller Fresken, die Schlachten und das Hofleben darstellten, Musiker, Wein in gläsernen Karaffen, barbusige Frauen. Die afghanischen Invasoren im 18. Jahrhundert hatten die Gesichter zerstört und die Malereien weiß übertüncht, aber man sah jetzt noch, wo die Schönheit eines Porträts den Axthieb hatte innehalten lassen und den Schlag abgedrängt hatte. Das Bild eines Mannes, der den Fuß einer halbnackten Tänzerin küßte, und eine Hofdame, die ihre Hand unter das Kleid auf die Schenkel einer anderen gleiten ließ, hatten selbst noch die Islamische Revolution überstanden, dank eines Wächters, der sich davorstellte.

Im Teehaus dann lagen wir draußen auf dem Teppich und aßen safrangelbes Eis, Hans Magnus Enzensberger im Schneidersitz, seinen Borsalino am Kopf. Es war der erste stille Tag und wir redeten über die Episodik des Reisens, die Vor- und Nachteile von bezahlten Führern, Zwangsgemeinschaften und Zufallsbekanntschaften, Liebesgeschichten und Abschiede. Als das Taxi kam, um sie zum Flughafen zu bringen, begann da wie immer diese eine Stunde, wo man sich nur fragte, was man hier überhaupt wollte, eine von allem und allen abgeschnittene, leere Einsamkeit. Ich ging zurück, rund um das Becken und warf einen Stein ins stehende Wasser.

Auf dem Weg zum Hotel wurde ich in drei Reisebüros vorstellig, um einen Flug nach Mashad an der afghanischen Grenze zu buchen. Es war alles bis weit über das Wochenende voll, aber ich ließ mich in jeder Agentur auf die Warteliste setzen, bei der ersten als österreichischer Botschaftsangehöriger, bei der zweiten als deutscher Schriftsteller, bei der dritten als Schweizer Filmemacher, immer mit der erfundenen Begründung, man habe mich von offizieller Seite eingeladen, es wäre unabdinglich, daß ich morgen abend dort anwesend wäre.

Der Krieg war in der ganzen Woche weiter weg gewesen als in Europa. Vom Zimmer aus telefonierte ich dann mit Haleh, einer iranischen Journalistin, die als Stringer arbeitete und ausländische Kollegen im Land herumführte. Sie gab mir die Nummer eines gewissen Darra, der mich in Mashad begleiten und dolmetschen könnte. Er war nirgendwo zu erreichen, also versuchte ich es mit den anderen Nummern, die sie mir genannt hatte, die Büros von MSF, der WFP, dem UNCHR, Namen, die ich vom Hörensagen nachbuchstabierte, während ich weiterverwiesen wurde: von einem Holländer namens Marius zu De Gaay-Fortmann über Françoise zu jemandem, der anscheinend Beau Shack hieß, den man aber ›Shaft‹ nannte; es war eine Liste wie aus einem Dreigroschenkrimi und ich auf der Suche nach ›Darra‹. Aus Françoise wurde François, dann wurde ich mit Henning Scharpff vom *World Food Program* verbunden, machte mit beiden ein Treffen aus, falls ich rechtzeitig ankäme, und erwischte schließlich auch besagten Darra, der keine Zeit hatte, leider.

Zuletzt rief ich dich an und erzählte dir, daß ich jetzt das *gh* in deinem Namen aussprechen gelernt hatte wie ein weiches *q* hinten in der Kehle: Shagayegh. Du lachtest und sagtest, bis Teheran, dann, vielleicht.

Abends im Bazar entdeckte ich eine kleine, dicke Lederscheibe an einem Halsband, in der mit winzigsten Buchstaben eine Abschrift des Koran eingenäht war. Im Café über den Dächern, das Mundstück der Wasserpfeife über den Kohlen ausbrennend und den mit Orangenschalen versetzten Tabak rauchend, dachte ich an nichts oder an das Mädchen gegenüber, das von zwei Burschen flankiert wurde und die Aufmerksamkeit genoß. Es dauerte lange, bis mir auffiel, daß sie ihr schwarzes Kopftuch über ihrem kohlschwarzen Haar vollständig abgelegt hatte. Mein lesender Sitznachbar sprach mich auf Englisch an und meinte, daß man vor ein paar Tagen zwei Mädchen ihrer Kleider wegen abgeführt habe; das Rot wäre zu rot gewesen. Er hatte den Finger zwischen den Seiten eines Hafiz-Bandes, und ich fragte, wie sein Orakel ausgefallen sei. Gut, sagte er, aber der Kommentar zu der Stelle riet ihm, der Kirche einen Obolus zu entrichten. Wir schwiegen und sahen über den einen halben Kilometer langen Khomeni-Platz.

Bis vor zwanzig Jahren hatte er Naghsh-e Jahan geheißen, der *Plan der Welt.* Auf seinen Längen liegen sich, perspektivisch verkürzt, Königspalast und Königsmoschee gegenüber, auf seinen Enden der Bazar und die Imam-Moschee. Dazwischen standen die Pfeiler für das Polo, das man gespielt hatte, einen abgeschlagenen, in einen Sack gewickelten Kopf als Ball. Die Berge dahinter lagen gerade noch in der letzten Dämmerung. Er zeigte mit dem Finger, daß der Platz um 18° von der eigentlichen Nordachse der Stadt abweiche, der Sonneneinstrahlung auf dieser geographischen Breite wegen, und davon die Ausrichtung der Moschee an seinem Ende wieder um 45° gen Mekka. Und mit dem Postkartenblick über diesen Grundriß und seinen Abweichungen schien einen Augenblick lang alles begriffen.

Für meinen auf die Warteliste gesetzten Platz war auch am nächsten Vormittag noch kein O.K. von *Iran Air* da. Ich vertrieb mir die Zeit bei dem Windturm und der Chubi-Brücke mit ihren abgegriffenen Granitlöwen, in deren Maul ein Soldat steckte, als Ausdruck seiner Furchtlosigkeit. In Shiraz waren die Kanten an Hafiz' alabasternem Sarkophag ebenso rund geschliffen gewesen von den vielen, die an seinem Grab gekniet waren und nun an diesem, zum nationalen Ereignis erklärten Feiertag vor ihm knieten, die Stirn dagegen gepreßt, zwei Finger auf dem mit Arabesken verzierten Relief, um ein Gebet zu murmeln; abends dann, bei der Festveranstaltung, hatten Tausende Menschen die Zeilen aus seinem *Diwan*, die ich als Hommage auf Persisch versuchte, aus dem Gedächtnis mitgesprochen. Hier, unter den Bögen der Brücke, sang eine Gruppe von Männern eine seiner Ghaselen, Koloraturen von Stimmen, die über dem trockenen Flußbett im Gewölbe widerhallten. Daneben wurden auf einer Decke Kugelschreiber verkauft, Militärhemden, Rubbelbilder und Plastikwecker.

Im dritten Reisebüro hatte ich schließlich mit einer Rückmeldung aus Teheran Glück; im Augenrand las ich auf dem Schirm die Bemerkung, daß man mich als ›iranian director cultural films‹ führte. Ich zahlte an die 40 Mark; der Flug ging in zwei Stunden. Neben der Eingangshalle war eine Glasvitrine aufgebaut, in der neben Photos eines bärtig grinsenden Mannes Relikte als Reliquien lagen, ein Rasierer, eine Haarbürste, ein Löffel, ein Kompaß und eine zerborstene Granathülse. Darunter stand zweisprachig die getippte Legende: *Märtyrerkommandant Mostafa Raddani Pour. M.R.P. war ein Student des Theologieseminars von Khom. Er schloß sie 1979, nach der Islamischen Revolution, ab, um den Unterdrückten in den armen Gegenden zu helfen. Zu Beginn des aufgezwungenen Krieges, als ein Teil des islamischen Heimatlandes, unterstützt vom allgemeinen Imperialismus, besetzt wurde, schloß er sich dem Heer im Süden an und nahm bis zu seinem Martyrium an allen Schlachten gegen den Aggressor teil. Für seine Fähigkeiten und seine Intelligenz wurde er vor seinem Tod zum Postenkommandant erhoben. Zu seinen berühmten Charakterzügen zählte, daß er während der Nacht Gott huldigte. Geboren: 1957 / Martyrium: Region von Haj Omran / Datum des Martyriums: 15.8.1983*

Am Flughafen in Mashad dann wollte der Taxifahrer, der seinen abgegriffenen Hafiz am Sitz neben sich liegen hatte, zuerst wissen, wie alt ich sei, um mir, noch bevor er sich erkundigte, wohin er mich bringen könne, den Anfang der 37. Ghasele vorzulesen und darauf auch gleich auszulegen. Er setzte mich schließlich an einem der großen Hotels gegenüber des Komplexes ab, in dem der Heilige Schrein steht, eine golden aufglänzende Kuppel, zu der alle Straßen führen. Auch er schrieb Gedichte.

Mashad bedeutet wörtlich ›Ort des Martyriums‹ – jenes Imam Reza's, der unter Harun ar-Rashid zum achten Imam wurde und von dessen Nachfolger wahrscheinlich mit einem vergifteten Granatapfelsaft umgebracht wurde. Es ist eine der heiligen Stätten der Schiiten, ihr Mekka, umgeben von einem Moloch aus Betonbauten; unter dem Iran-Irak-Krieg zogen die Menschen in Scharen hierher, weil sie am weitesten von der Front entfernt war, dem Giftgas und den Raketen. Der Krieg, hatte man mir in Teheran erklärt, war nur deshalb schon lang vergessen, weil es ungleich viel mehr Tote als Verwundete gab; es sind nur die Verwundeten, für die er dann zum Trauma wird.

François von den *Médecins Sans Frontières* hinterließ ich eine Nachricht, Henning Scharpff von der WFP hatte dagegen spätabends Zeit. Das eine Fenster im Zimmer war vermauert, das andere ließ sich nicht schließen; das Laken war voll Spermaflecken, der Vorhang aus Plastik, die Stühle vor dem Fernseher im riesigen Vorzimmer auch. In der Lobby, die immer noch voller eincheckender Pilger war, stach ich als einziger Ausländer heraus; einer der Rezeptionisten, der das Schaltbrett der Telefonanlage bediente, winkte mich zu sich. Er hieß Khosro, hatte als Professor in Punjab unterrichtet und neben der Arbeit im Transportwesen war dies hier sein zweiter Job: um sein Englisch zu üben; in zwei Stunden habe er frei, was ich denn sehen wollte? Den Schrein, erwiderte ich. Er nähme mich gerne mit, aber ich müsse mir andere Schuhe kaufen; man erkenne die Ausländer immer an ihren Schuhen, meinte er, aber daß ich unrasiert sei, würde helfen.

Im Bazar kaufte ich Safran, den es hier in verschieden geformten Fläschchen gab, die säuerlichen roten Berberitzenbeeren, die man unter den Reis mischt, weiß kandierte Pistazienschnitze, die wie winzige Birkenkätzchen aussahen, aber wie Manna schmeckten, bis ich ein paar billige schwarze Schuhe fand. Ein Junge in einem weiten, weißen Hemd rannte währenddessen mit offenem Mund die unendlich lange Gasse der schmalen Halle hinunter, stöhnende Schreie dabei ausstoßend; eine Viertelstunde später kam er wieder, aus derselben Richtung, schwitzend, die Augen weit aufgerissen.

Khosro begutachtete mich, rückte mein Jackett zurecht und nickte. Am Eingang wurden seit dem Bombenattentat 1994 Sicherheitskontrollen durchgeführt. Dann schlossen wir uns der beinah unübersehbar großen Menschenmenge an, die über die Innenhöfe wandelte;

ich zog mir die Schuhe wieder aus, machte die Waschungen mit und versuchte seine rituell gemurmelten Gebete nachzusprechen, während mein Blick wieder nur die filigranen Ranken der glasierten Fassaden absuchte. Keine dieser Fronten mit ihren Spandrillen, Voluten, Kapitellen und Säulchen, Waben und Nischen war in sich spiegelbildlich; fast unscheinbare Details brachen stets den Anspruch auf eine vollkommene Symmetrie, die nur Gott zusteht.

Auch unter den sich verzweigenden Arabesken waren die ausgeklügelt gezirkelten Kurven, Vielecke und Spiralen kaum mehr sichtbar, ihre Stilisierung entzog sie jeden definitiven Konturen, aller Bildlichkeit; selbst noch die arabischen Lettern der Inschriften, die mit unserem Alphabet einen fast noch erkennbaren hieroglyphischen Ursprung teilten, hatten mit ihren Schwüngen und Linien alles Figürliche verloren und waren längst zur Wahrheit der Metapher geworden.

Vielleicht geriet die Bibel deshalb zunehmend in Vergessenheit, weil sie in Bildern und Personen erzählte, während die Metaphorik des Koran und seine viel ungegenständlichere Ästhetik alterslos schien. Zumindest waren es diese historischen Bilder und alttestamentarischen Geschichten gewesen, die die Wissenschaft im letzten Jahrhundert zusammen mit ihrem Gott zu Grabe getragen hatte, während es im Koran eine Welterklärung ganz anderer Art gab, die abstrakter blieb, rein symbolisch und dadurch paradoxerweise einem gegenwärtigen wissenschaftlichen Weltbild, seiner mehrdimensionalen Mathematik, seinen Wellen, Partikeln und Superstrings, besser zu entsprechen schien.

Gott war hier Licht, war es wirklich, war nichts anderes als Licht, das in Spiegeln reflektierte, im Gold und Silber aufleuchtete; es war nichts vom Dunkel unserer Kirchen an ihm. Dem Schrein hielt ich mich dennoch fern. Ich stand in der Nische des Mihrab, wo man betet, um seinen inneren Dämon zu besiegen, aber da war nichts, an das ich geglaubt hätte oder jemals habe, als wollte ich mir eine agnostische Leere unantastbar bewahren; wenn, dann dachte ich nur an deine dunklen, großen Augen, deinen Mund. Und schritt langsam gebückt und rückwärts gehend wieder zum Portal zurück, die Hand auf der Brust.

Ich holte Henning Scharpff vom WFP in seiner Absteige ab. Er war erst vor vier Tagen aus Herat in Afghanisten gekommen, wo er die Nahrungsmittelversorgung koordiniert hatte. Von den anfangs 200 000 in den offenen Lagern hielten sich jetzt nur 150 000 dort auf, von Talibansoldaten bewacht, die einzelne Blockführer für die Verteilung der Lebensmittel verantwortlich machten. Sie unterbreiteten oft auch gefälschte Listen oder holten sich ihren Schnitt eben anders. Als man deshalb mit Steinen auf seinen Geländewagen losging, war es schwer zu sagen, ob sie deshalb aufgebracht oder bloß aufgehetzt worden waren. Inzwischen aber war das erste Lager geplündert worden und der Nachschub zum Erliegen gekommen, weil sich die Lastwagenfahrer weigerten, sich in der unsicheren Lage auf den Weg zu machen. Von den 8000 Tonnen, die seit dem 11. September notwendig gewesen wären, war kaum mehr als die Hälfte ausgeliefert, deshalb versuchte er jetzt von Mashad aus den Transport zu organisieren; übermorgen gingen erst einmal 150 Tonnen Hafer und Weizenmehl zur afghanischen Grenze, um zu sehen, ob dies auch zu bewerkstelligen war. Jedenfalls hatte in den nächsten vier Wochen noch viel zu geschehen. Und das Verhältnis zwischen dem Iran und Afghanistan war immer schon gespannt gewesen, seit in Mazar-e Shariff einmarschierende Taliban damals die persischen Diplomaten der Botschaft dort massakriert hatten.

Im Augenblick aber suchte er nur ein Büro. Und etwas zu essen. Er fluchte über die verantwortungslose Fahrweise der Leute hier, daß er hier genausowenig Farsi verstand wie die Sprache der Afghanen die letzten Jahre über und er schon am ersten Tag in Teheran ausgeraubt worden war, von zwei Männern, die sich als Polizisten in Zivil ausgegeben hatten. Wir marschierten eine halbe Stunde durch die dunklen Straßen, bis wir schließlich ein umgetauftes Kentucky Fried Chicken fanden; das Menü, die Tische und Tabletts waren die gleichen, nur das Fanta hieß Zam-Zam.

Spätnachts schnappte ich mir schließlich ein Taxi. Im Hotelzimmer oben versuchte ich dein Handy zum x-tenmal zu erreichen, aber kam wieder nur zur Mailbox; ich hätte deine Stimme gern gehört, das Weiche an ihrem Rand. Im toten Licht der Neonröhre schlug ich meinen englischen Hafiz auf und versuchte irgendein Gedicht für dich, über seinen Wein, die ewigen Rosen und die Nachtigall, aber die gab es im Augenblick wohl nur im Park hinter der Residenz des deutschen Botschafters in Teheran. Irgendwann gab ich auf und schlief auf den zusammengeschobenen Sesseln ein.

Kurz nach Sonnenaufgang weckte mich das Klingeln; François stand mit Pascal von den MSF unten in der Lobby, um mich zu ihrer Runde mitzunehmen. Pascal war Arzt, jünger als ich, aber fast grau im Gesicht, eine Krankenschwester saß mit im Bus und François kümmerte sich um den Rest – aber nur wenn ich meinen Flachmann herausrücke, meinte er in seinem Marseiller Dialekt und grinste. Noch einmal, erwiderte ich, und notierte mir ihre Namen; Pierre-Pascal Vandini und François Vinsot. Der Flüchtlingsstrom, begann Pascal ohne viel Floskeln, habe nach der russischen Besetzung angefangen; aus 700000 Menschen 1979, denen man offiziell Asyl gewährte, waren 1993 1,5 Millionen geworden, und anteilsmäßig die meisten lebten in Mashad. Dann begann man sie zurückzuschicken, nur dafür habe es hier jemals Camps gegeben. Von den im Fernsehen gezeigten Flüchtlingsströmen aber sah man keine Spur; seit dem 11. September waren hier vielleicht zwei Dutzend Neuankömmlinge zu verzeichnen gewesen. Statt dessen wurde jetzt Viertel für Viertel gesäubert, um sie für afghanenfrei zu erklären, worauf die Asylanten untertauchten oder bei ihren Verwandten und Bekannten Unterschlupf fanden; grob geschätzt waren es jetzt 2,5 Millionen, im ganzen Land verstreut, ohne Krankenversorgung oder Schulen für die Kinder. Es gab kaum ein Volk, das die Perser mehr als Schmuggler, Diebe und Opiumhändler verachtete. Nur deshalb habe sich der Iran im Konflikt zwischen Amerika und Afghanistan für neutral erklärt, andernfalls würde die Lage im Land unhaltbar.

Ich sah, was er meinte, als wir aus den Vorstädten draußen waren und auf ein halbverfallenes Dorf zufuhren. Wir hielten vor der Tür eines Hauses, an dem die Lehmziegel bröckelten; neben der Schwelle lag ein großer Haufen Pistazienschalen. In jedem Zimmer, das mit dreckigen dünnen Teppichen ausgeschlagen war, wohnte eine Familie, zu fünft, zu sechst, zu acht; alle zusammen teilten sie sich die Küche und den Abtritt. Das Wasser kam von einem tropfenden Hahn, unter dem ein aufgeschnittener Plastikkanister stand. Während Pascal am Lager eines gebrechlichen Alten mit eingefallenen Wangen saß, erzählte François die Geschichte dieses Greises.

Sein Sohn war ein schiitischer Mullah, in einem Dorf irgendwo nördlich von Herat, der vor den Talibanmilizen flüchten mußte, weil er einen von ihnen in Notwehr umgebracht habe. Statt seiner bedrohte man jedoch seinen Vater, daß dieser mit seinen gut sechzig Jahren untertags in die Berge stieg und sich nur nachts zum Essen ins Haus stahl. Das ging so ein erstes Jahr, bis darauf auch die Dürre in ihrem dritten Jahr noch nicht aufhörte und sie schließlich alles Geld zusammenkratzten, gut tausend Mark pro Person, was soviel war wie der Verkaufspreis eines Kilos Opium hier. Bis zur Grenze waren sie vierzig Tage unterwegs; einmal angelangt, wollten die Schlepper dann noch einmal soviel. Weil sie nichts mehr besaßen, wurde sein jüngster Sohn als Geisel genommen; er mußte nun irgendwo als Zwangsarbeiter schuften, so lange, bis sie das Geld vorstrecken könnten, ohne daß sie wußten, woher. Telefonieren durften sie nicht mit ihm, ob er oder die anderen der Söhne noch am Leben war, wußten sie genausowenig. Bevor seine Diabetes akut geworden war, hatte sich der Vater für knapp zehn Mark als Ziegelarbeiter verdingt; wenn es regnete, gab es keine Arbeit, dann sammelte er Schrott, um ihn weiterzuverkaufen. Die Frauen waren froh, Pistazien schälen zu dürfen; alle drei Tage brachte man eine neue Ladung, für die sie noch weniger erhielten; die Amerikaner, sagten sie, wären ihnen egal, sie warteten hier, bis sie sicher zurückkehren könnten.

Darauf wurden in der Moschee ein paar Leintücher aufgespannt und dahinter die mobile Krankenstation aufgebaut; die Schlange der Leute war lang, aber Zeit blieb bloß bis zum Mittagsgebet. Durch die Gassen hörte man einen schrillen Lautsprecher, die Stimme gepreßt in ihrem Stakkato, bis schließlich ein dreirädriges Gefährt um die Ecke kam und aggressiv hupte: Kartoffeln waren zu verkaufen, billige Kartoffeln.

Am Nachmittag machte ich mich mit dem Taxi in Richtung afghanische Grenze auf; der Fahrer fragte nicht weiter, wir verständigten uns mit Brocken. Ich weiß nicht, was ich sehen wollte; vielleicht nur die Leere. Erst brache Felder, dann Kiesebenen bis zum Horizont, vergilbtes Alfalfa, die Berge, an denen sich das Licht brach, immer heller blau schattiert dahinter. Dorther, wo einmal der Lapislazuli kam. Der Himmel seit Tagen wolkenlos, beinahe transparent. Irgendwo im staubigen Dunst drüben lief ein 400 Kilometer langer, vor kurzem vom

Militär aufgeschobener Wall an der Grenze entlang, pyramidenförmig und selbst noch für Geländefahrzeuge zu hoch.

Nach mehr als einer Stunde stand ein Minibus am Straßenrand, der Fahrer winkend. Wir hielten und halfen ihm mit einem Wagenheber aus. Vor den Fenstern waren Vorhänge zugezogen und man hörte Frauenstimmen leise von innen. Niemand stieg aus, also bockten wir den Wagen mit dem ganzen Gewicht auf. Beim Radwechsel sah ich, daß die Spur scharf vom Asphalt abbog und sich irgendwo in der Steppe verlief.

Bei der ersten Militärkontrolle wurden wir zurückgewiesen; ich hatte keine Genehmigung. Ein Soldat kauerte in einer Betonröhre, den Helm auf, das Gewehr innen angelehnt; er starrte zu uns hinüber, dann wieder nach Norden, dorthin, wo die Wüste der Tataren begann.

Auf dem Rückweg stieg ich direkt am Flughafen aus. Diesmal brauchte ich nur die Visitenkarte hinzuhalten, die mir ein Ayatollah nach einem mittelalterlichen Disput mit anderen Theologen über Religion und Sprache gnädig überreicht hatte; er hatte einen schwarzen Turban getragen, zum Zeichen, daß er seine Abstammung auf Mohammed zurückverfolgen konnte. Beim Essen danach in der Botschaft mit Adolf Muschg und Hans Magnus Enzensberger war ich neben ihm zu sitzen gekommen; er schwieg, ignorierte uns, schmatzte und hob dann die Tafel mit einem obszönen Witz auf. Ich roch ihn, sah die Poren in seinem Gesicht, ein säuerlich teigiger Geruch ging von ihm aus; vielleicht war es das, worin Macht immer aufging. Seine Visitenkarte verschaffte mir binnen fünf Minuten einen der in jedem Flugzeug für die Nomenklatura dauerreservierten Sitzplätze.

Am nächsten Morgen um acht war ich in Teheran. Ich klapperte den Taxistand ab, bis ich einen Fahrer gefunden hatte, der genug Englisch sprach, und handelte einen Preis für den Tag aus. Nach einer guten Stunde waren wir in Qazvin, das durch die Safaviden, die auch Isfahan groß werden hatten lassen, zur Hauptstadt Persiens geworden war. Darauf fuhren wir ins Elbrus-Gebirge, weitere drei Stunden durch die kahlen, karstigen Berge, Kehre um Kehre höher, durch Schluchten voller Walnußbäume, mehr Piste als Straße, die Berggipfel bedeckt mit dem ersten Schnee, in einer Kurve dann hinter einem Kar das Kaspische Meer, in der Ferne. Die letzten zwanzig Minuten stieg ich dann den Pfad dem Felsvorsprung entlang nach Alamut hinauf, Hassan Sabahs Burg.

Der Alte Mann vom Berg hatte dort im 11. Jahrhundert seine Assassiyun um sich geschart, eine schiitische Sekte, die die Wiederkunft des verborgenen Imams und den Anbruch eines neuen Millenniums erwarteten, dem ›Assass‹ treu, dem Fundament des Glaubens. Von dieser Basis schickte er seine Anhänger in Selbstmordkommandos aus, weniger gegen die Kreuzritter, als um die bestehenden Herrschaftsverhältnisse der seldschukischen Türken durch öffentliche Anschläge zu untergraben. Die Attentate fanden meistens Freitag mittags in der vollen Moschee statt, als öffentliches politisches Statement, bei dem sich auch der Mörder hinrichten ließ, Martyrium erduldend, das ihm das Paradies verhieß. Der größte Terror aber hatte im Ausbildungslager dieser Burg geherrscht. Daß er sie, wie Marco Polo berichtete, durch Haschisch gefügig hielt, war ein naheliegendes, aber grundfalsches Mißverständnis. Wein, Tanz und Musik waren in seinen Mauern verboten; wer dagegen verstieß, wurde geköpft, seine eigenen Söhne eingeschlossen. Die Legende weiß aber noch, daß Omar Khayyam zu seinen Jugendgefährten gehörte, jener Dichter des Weins und des Carpe Diem, dem wir als Mathematiker auch das x als Symbol verdanken, das für ihn noch *xay* hieß, Sache, und eine Gleichung mit dem Unbekannten war.

Die Wälle der Burg hatten schließlich die Reiter Chingis Khans geschliffen; was jetzt noch auf diesem schmalen Plateau zwischen Berggraten vor mir lag, war nur mehr ein Grundriß, ein anderer, zerstörter, apokalyptischer Plan der Welt. Und der Feind längst schon eingefallen.

Eine Weihe hoch oben, die sich wohl aus dem Marschland hierher verirrt hatte; ein seltsamer Name für einen Raubvogel. Die ersten Wolken seit zwei Wochen; vielleicht auch der erste Schnee, der die Pässe in Afghanistan unpassierbar machen würde, der Regen die Pisten zu Schlamm. Als wir wieder abends nach Teheran zurückgelangten, hatte ich Kopfweh von den Abgasen des kaputten Auspufftopfs, die nach innen drangen. Ich stieg im ehemaligen Hyatt ab, froh um ein heißes Bad. Und ein Maß der Freiheit, das sich in der Lobby durch jeden Fingerbreit zeigte, mit dem die Frauen ihre Kopftücher zurückgeschoben hatten.

Gegen zehn erreichte ich dich schließlich; ich konnte deinen Namen schon flüssig sagen, ihn schreiben, ohne zu stocken, und wußte jetzt auch, was er bedeutete. Ich wüßte ja nichts von dir, sagtest du am Telefon; deswegen würde ich dich ja gerne sehen, antwortete ich. Nichts als Stille. Du weißt nicht, daß ich verlobt bin; er ist in Amerika. Mehr als irgendwo einen Tee miteinander zu trinken müssen wir ja auch nicht, log ich. Ich hielt eine silberne Schatulle, die ich in Isfahan gefunden hatte, in der Hand. Irgendwann dann legten wir auf. Im Fernsehen liefen lautlos die *reruns* der Luftangriffe, flirrend grün im Nachtsichtgerät das Flackern der Luftabwehr.

Am nächsten, dem letzten Tag stand ich im Nationalmuseum vor dem Relief Gilgameshs und seiner Löwen und einem Grundstein aus Granit, in den die gleiche Keilschrift eingemeißelt war wie für seine Geschichte, diese älteste Geschichte der Welt. Auch er hatte die Pässe des Elbrus-Gebirges überschritten und war dahinter auf ein Meer gestoßen, hinter dem er das ewige Leben glaubte, ohne es zu finden; er wehrte sich gegen die Götter, um mit leeren Händen in seine Stadt zurückzukehren und im Schutt wieder mit seinem Mauerbau von vorne zu beginnen. Das Relief war nicht beschriftet; niemand kannte hier mehr sein Epos, obwohl man überall Bruchstücke davon ausgegraben hatte. Es hatte sich dennoch weitertradiert; und bereits darin waren die Frauen verschleiert gewesen, selbst noch die, die er für Göttinnen hielt: aus gesenkten Lidern begehrend aufblickend. Dabei wollte ich nur noch einmal dein Gesicht sehen, die Augen, das große Schwarz darin.

Mit Christiane und Tim Guldimann verbrachte ich den späten Nachmittag in der Schweizer Botschaft; wir besprachen die letzte Woche mit Adolf Muschg und Hans Magnus Enzensberger, die mir ein ganz anderes, aber ebenso ambivalentes Persien vor Augen geführt hatten. Auf dem Tisch lag eine alte Zeitung, eine Luftaufnahme vom Flughafen in Kabul auf der Titelseite, die Bombenkrater auf den Landepisten wie markierte Punkte in einem Koordinatensystem, ein weiterer, schwarzweißer Plan der Welt. Und wir redeten auch über eine Reise der Seidenstraße entlang bis Kashgar und dann durchs Karakorum nach Lahore.

Zum Abendessen waren wir bei Haleh eingeladen. Sie erzählte von der Grenze in Belutschistan und den beiden englischen Journalisten, die sie dorthin mitgenommen hatte, der halb für die anwesende Presse inszenierte Aufruhr, vor der sie eine ruhig zusehende Polizei schließlich abgeführt hatte. Zugleich wurde das Spiel Iran gegen Bahrain übertragen; sie verloren 1:3 und damit die Qualifikation für die Weltmeisterschaft. Auf den Straßen war dennoch ein Auflauf, die Autos stauten sich, hupten und tröteten, und Fenster wurden heruntergekurbelt, um sich Anzüglichkeiten an den Kopf zu werfen; es schien, als wäre jede Gelegenheit recht, um alle halb verwirklichten oder vorgefaßten Pläne wieder zu durchkreuzen. Revolutionen aber ließen sich weder so noch so planen; als ich nach zwei Stunden schließlich am Flughafen anlangte, war sie bereits wieder im Abflauen.

Im Flieger nach Paris dann las ich Halehs Story im *Economist*; die Journalisten hatten sie derart dramatisiert, daß die eigentliche Geschichte nicht einmal mehr zwischen den Zeilen wiederzuerkennen war; genauso wie sie erzählt hatte, hatten sie jedoch alles für bare Münze genommen: *at face value*.

CHOR Sehr geehrte Damen und Herren, Ihre Aufmerksamkeit bitte.
Wir haben mit Ihnen ein Hühnchen zu rupfen, Auge in Auge.
Wir sind die Wolken. Wir tun Euch mehr Gutes
Als all die anderen Götter zusammen. Wir schauen auf Euch
Tag und Nacht – und was tut *Ihr* für uns?

Aristophanes

Angaben zu den Texten

VORREDE sowie DE PERSONIS &c. entstanden als Antrittsrede bei der Sternwarte des Wissenschaftskollegs der ETH Zürich, wo man mich im Herbst 1998 eingeladen hatte, drei Monate mit Dissertanten und Habilitanten aus den Naturwissenschaften an einem Tisch zu sitzen und ihre Projekte zu diskutieren; im Gegenzug fand dann im Frühjahr 1999 ein Kolloquium statt, bei dem, unter anderen auch, acht Naturwissenschaftler sich mit meinen Arbeiten auseinandersetzten und sie auf ihre fachliche Richtigkeit abklopften – was angesichts des sonstigen Fehlens eines Dialogs zwischen den Geistes- und den Naturwissenschaften zu einer wahren Sternstunde wurde.

DER KÖNIG IST TOT war ursprünglich eine Hommage anläßlich H. C. Artmanns 75. Geburtstag, die ich ihm damals noch im Präsens vortrug, ohne daß ihm das geringste schelmische Glitzern in die Augen gekommen wäre – Gentleman, der er war, schwieg er stets zu solchen Kapriolen; ebenso aufrecht und gerade starb er dann auch, wie seine Frau Rosa erzählte, eines wahren Dichters Tod.

Das DIVERTIMENTO wurde für die Frankfurter Buchmesse geschrieben, als die Schweiz im Mittelpunkt stand, die KONTRAFAKTUR, als Österreich dieses Vergnügen hatte. Vormittags vom Schweizer Tagesanzeiger gefordert, mittags abgeliefert, war das wohl der schnellste Text meiner kurzen Karriere, weil man dazu nur dieses Genre bedienen mußte, das die österreichischen Schriftsteller zu einem Kabinettstück gemacht haben: die Österreichbeschimpfung.

Die MAINZER STADTSCHREIBERREDE entstand zum zwanzigsten Jubiläum dieser Würde im Februar 2004; ich hätte sie gerne auf Artmanns graugrüner Olivetti getippt, die er in seinem Amtsjahr dort in der Wohnung am Domplatz ließ – wenn sie aufzufinden gewesen wäre (oder es sie je dort gegeben hätte).

DIE KEHRSEITE DER POETISCHEN MÜNZE war mein Dank anläßlich der Überreichung des Peter-Huchel-Preises im März 1999, DIE DRITTE SEITE DER MÜNZE mein Dank für die Verleihung des Joseph-Breitbach-Preises im September 2004.

EIN ARABISCHES ABC druckte die Frankfurter Rundschau zur Eröffnung der Frankfurter Buchmesse im Oktober 2004 ab, als die arabische Literatur im Mittelpunkt stand. Wo es kulturelle Übertragungen und Übernahmen auflistet, versuchten die FÜNFEINHALB GEMEINPLÄTZE DIE ÜBERSETZUNG BETREF-

FEND dagegen aus den Einwänden gegen die Nachdichtungen in der *Erfindung der Poesie* die Kriterien und Kontexte literarischen Übersetzens auf den Punkt zu bringen (eine erste, kürzere Fassung dieses Essays wurde im Begleitheft zur CD Enzensberger/Schrott, *Mutmaßungen über die Poesie*, hrsg. v. Denis Scheck und Hubert Winkels, Frankfurt 1999, abgedruckt). EXEMPLARISCHES ZUM ÜBERSETZEN erschien zu Ehren von H. M. Enzensbergers 75. Geburtstag im Schweizer Magazin DU.

FÜNFEINHALB GEMEINPLÄTZE DIE LITERATURKRITIK BETREFFEND entstand ursprünglich im Frühjahr 1998 auf die Aufforderung der Neuen Zürcher Zeitung, Kritiker und Autoren sich gegenseitig auf den Zahn fühlen zu lassen, und wurde danach erweitert – und aus Lust am Disput (den Widerpart hatte Dorothea Dieckmann übernommen).

Die FÜNFZEHN KUNSTGRIFFE EINES VERRISSES boten mir im Herbst 2003 die seltene Gelegenheit, der unter dem akademischen Deckmantel der Germanistik auftretenden Rhetorik auch einmal das eigene akademische Handwerkszeug entgegenzusetzen – wenn auch nur als Skizze einer bloßen Seminarübung. Daß es aber auch anders – und weitaus kenntnisreicher – zur Sache gehen kann, soll EXEMPLARISCHES ZUR KRITIK zeigen, eine Laudatio auf Heinz Schafroth anläßlich der Verleihung des Merck-Preises im Herbst 1997.

FÜNFEINHALB GEMEINPLÄTZE EINEN VERLEGER BETREFFEND war ein Geschenk für Michel Krüger zum 60., meine Lesart seiner Person als hauptberuflicher Dichter, abseits aller Küngeleien und Klüngeleien, die man einem Verleger – der als Schriftsteller ja bestens die Literatur vertreten kann – nur deshalb zuschreibt, weil man ihm in erster Linie eine Machtfunktion zuschreibt.

FÜNFEINHALB GEMEINPLÄTZE DIE POESIE BETREFFEND ist ein erster Versuch, zu demonstrieren, daß die Dichtung mit ihren Rastern kein bloßes Orchideenfach ist, sondern wesentlich mit den Mustern unseres Denkens zu tun hat – um dann, anhand einiger ausgewählter Stilmittel, diese Denkfiguren vorzuführen. Der Vorspann wurde abgedruckt in *Minima Poetica – Für eine Poetik des zeitgenössischen Gedichts,* hrsg. v. Joachim Sartorius, Köln 1999.

Die VERTEIDIGUNG DER POESIE war die Eröffnungsrede für Poetry International in Rotterdam 2003 und wie bei vielen der historisch ausholenden Essays der Versuch, vorzuführen, daß es so etwas wie Ideen gibt, die ähnlich wie Gene einer Evolution unterworfen sind und gleich Viren unsere Wahrnehmung vorprägen: ›Meme‹ ist der inzwischen geläufige Ausdruck für diese sich quer durch die Geschichte behauptenden kulturellen Konzepte, die sich nur immer wieder in einer leicht variierten Ausformung zeigen, in sich jedoch beständig bleiben – und alles scheinbar so moderne Denken weitaus stärker bestimmen, als es der Zeitgeist glauben will. HUNDERTUNDEIN GEHÖRTER AMERIKANISCHER DICHTER – als Einleitung für die CD-Sammlung des Hörverlags München *The Spoken Arts Treasury – 100 American Poets Reading Their Poems*, hrsg. v. Claudia Baumhöver, im Juni 2000 geschrieben – greift das Argument auf und führt es weiter.

WIDER JEDE BESTENLISTE geht zurück auf eine Anfrage der ZEIT im Dezember 1998.

EIN NICHT MEHR GELESENER DEUTSCHER DICHTER beruht auf der Rezension der Ausgabe von Rückerts *Weisheit des Brahmanen* für die Frankfurter Allgemeine Zeitung im November 1998.

ÜBER DAS FORTLEBEN DER POESIE entstand auf eine Anfrage des österreichischen Profil.

DREI ANSICHTEN EINES GEHEIMNISSES war eine Auftragsarbeit für die Frankfurter Allgemeine Zeitung 1998 – aber ich habe durch solche Anfragen, konfrontiert mit Themen, auf die ich nicht von selbst gekommen wäre, immer noch am meisten gelernt. Das PORTRÄT EINER GEIGERIN dagegen drängte sich beim Besuch des Kammermusikfestivals in Bantry auf, das jeden Sommer veranstaltet wird; die Süddeutsche Zeitung druckte dieses Porträt von Viviane Hagner im Herbst 2002.

MAHLERS HUND wurde für die Eröffnung der Erler Festspiele im Juni 2001 verfaßt, um anzudeuten, wie aus einer Verszeile eine Symphonie werden kann und was unser Vergnügen dabei an Komplexität umfaßt – wobei das Vergnügen des Auditoriums damals keines war: das Saalmikrophon fiel aus.

DER WÖLFISCHE HUNGER entstand auf die offizielle Einladung hin, den saarländischen Schulabgängern des Jahres 2004 eine Rede zu halten: aber was erzählt man einem Kollektiv?

DIE NAMEN GOTTES war eigentlich eine für die Frankfurter Allgemeine Zeitung im Mai 1999 geschriebene Rezension, um Navid Kermanis *Gott ist schön* einen weiteren Kontext zu geben; sie erschien jedoch unerklärlicherweise ohne Hinweis auf dieses Buch – womit ich also erst hier die Quelle für die meisten Zitate, außer den sprach- und zahlenspielerischen, nachtragen kann.

DIE LEERE DES HIMMELS geht auf das Projekt ›Zeitenwende‹ des Kulturamts Lüdenscheid zurück; die Frankfurter Allgemeine Zeitung druckte es am 1. 1. 2001.

Das JOURNAL entstand anläßlich einer Reise mit Adolf Muschg und Hans Magnus Enzensberger in den Iran; organisiert vom Schweizer Botschafter, kam es dabei wirklich zu einem Dialog zwischen den Kulturen, so daß ich das erste Mal das Gefühl hatte, hier könnte Kultur abseits aller diplomatischen Stehempfänge wirklich etwas bewirken; nach der einen offiziellen Woche mit allen nur denkbaren offiziellen und inoffiziellen Vertretern des iranischen Geisteslebens blieb ich und fuhr weiter zur Grenze, wo man – nach den eben begonnenen Bombardierungen der Amerikaner – einen Flüchtlingsstrom erwartete, der nicht kam: die politische Lage zeigte sich wie immer vollkommen anders als sie Zeitungsberichte oder CNN vermittelten.